開発経済学の挑戦 VIII

Development Economics from
Historical, Cultural, and Customary Perspectives
by Hiroyuki Yamada

歴史, 文化, 慣習から考える開発経済学

山田浩之

まえがき

　私が高校卒業まで生まれ育った福井県嶺北地域は，誤解を恐れずに表現するならば，仏教各派（とりわけ浄土真宗，浄土宗，さらには大本山永平寺のある曹洞宗など）に対しての信仰心が深い人が多く，どちらかといえば保守的な考え方の人が多く住む地である（もしくはあった）といえると思う．そして，控えめな自己主張や言動と，その場の空気を読んだうえで考えたさりげない振る舞いが美徳とされる，そんな風潮もあった．

　そんな私は，大学進学のために移り住んだ東京で，青年海外協力隊で派遣されたザンビアで，留学したアメリカで，そして多様なバックグランドを持つ人たちが働く国際機関の国際通貨基金（International Monetary Fund: IMF）で，その都度あらゆる意味でさまざまなカルチャーショックを受けた．日本の北陸地方で生まれ育った私がその後体験したさまざまな出来事が，本書で取り上げる歴史，文化，慣習などを深く考える遠因になったことは間違いない．

　本来政策志向的でありかつそうあるべき開発経済学の書籍としては，いかようにすれば開発途上国が経済成長・発展をなせるかという内容のものが王道であろう．しかし，今日の開発途上国の多様性及び現状と，開発経済学の現状を鑑みるに，そのような内容をまとめ上げることは極めて難易度が高いだけでなく，強調されるポイントが書き手によって大きく異なることが容易に想像できる．

　本書はそういった開発経済学の王道の重要性を認めつつ，しかしながら人間が意識するしないにかかわらず無縁ではいられない歴史，文化，慣習といったものの影響や重要性に脚光を当ててみようという試みの書である．もし本書を手にとった読者の開発経済学の学びがより一層深まるようであれば，本書のような内容の開発経済学の書も存在意義があるということであろう．

　本書は，多くの研究者との共同研究の成果から成り立っている．よって，本書は共同研究者各氏が，仕事の遅い私に根気よくお付き合いしてくださった賜

物といって過言ではない．Tien Manh Vu 氏，金山雄樹氏，吉川香菜子氏，Kyaw Wai Aung 氏，松島みどり氏，Chris Rohlfs 氏，Alexander Reed 氏には心から感謝している．各氏きっと「山田と仕事するんじゃなかった……」と後悔していること間違いないと私は確信しているが，引き続きお付き合い願いたい．

　また，勁草書房社の宮本詳三氏は，一向に仕事が進まないどころか，仕事を始めようともしない，恐らく氏の息子くらいの年齢にあたるであろう私に，折に触れ励ましの言葉をかけ，適切にご助言いただいた．宮本氏と，小浜裕久氏・浅沼信爾氏らとの酒宴の席は，私に執筆させるための「直接的な言葉なき圧」となって（？），本書を書き上げることができた．これは後付け的な解釈になるが，感謝したい．

　最後となるが，ふるさと福井に暮らす父・諭喜一（ゆきかず），母・さゆみには，感謝を表現できる言葉すら思いつかないほど感謝している．学部4年生当時，大学院に進学すると伝えていた私から，何の前触れもなく「俺やっぱ，大学院休学して，青年海外協力隊でザンビア行くわー．ん，どれくらいって？　2年間やねー．ザンビア？　そうそうアフリカのザンビア．そんじゃの！」ガチャン！　という短い電話を受けたふたりは，きっと自宅の固定電話の前で青天の霹靂だったに違いない．「親の心子知らず」とはまさにこういうことをいうのであろう．しかし，今の私があるのはふたりの理解があったからこそである．遥々ザンビアまで弟の恭宏と3人で訪れてくれ，孤児院で「日本のカレー」を作ってみんなで食べたり，任地で生徒が作ってくれた現地食「シマ」を実食したり，ヴィクトリアの滝をヘリコプターで遊覧した体験が心に残ってくれているのであれば，望外の喜びである．

2024年11月

山田浩之

iii

目　　次

まえがき

初出一覧

第1章　イントロダクション ……………………………………………………　3

第2章　ベトナムの皇帝試験の遺産（1075年から1919年まで）……………　11
　　　　──儒教文化の教育投資及び男女不平等への影響

1. はじめに　11
2. データ　14
　　2.1. 皇帝試験（1075-1919）の合格者数に関する歴史的データ　15
　　2.2. 現代のデータ　17
3. 皇帝試験（1075-1919）の合格者数の出身地区（district）レベルでの
　　持続的相関関係　21
4. 計量経済学的手法　23
5. 儒教文化の現代の教育投資への影響：推計結果及びメカニズム　26
　　5.1. 現代の教育達成の「量」への永続的な影響　26
　　5.2. 現代の就学年数延長努力に対する持続的効果　28
　　5.3. 現代の教育の「質」への永続的な影響　28
　　5.4. 儒教文化の現代の教育投資への持続的影響の
　　　　考えられうる経路　28
6. 儒教文化の現代の男女不平等への影響：推計結果及びメカニズム　34
　　6.1. 男女比較のための変数の作成　34
　　6.2. 推計結果　36
　　6.3. メカニズム　45
7. 結論：研究の限界及び残された課題　47

補論 1. ベトナム皇帝試験（1075 年から 1919 年まで）　49

補論 2. 現在の教育制度（1992 年以降）　50

補論 3. 2009 年の NEEU　50

第 3 章　仏教における輪廻感と商業的性行為の関連 …………………………… 53

1. はじめに　53

2. 仏教と輪廻転生　58

3. データと実証モデル　59

　　3.1. データ　59

　　3.2. 実証モデル　62

4. 推計結果　63

5. 結論　70

第 4 章　共産党中央部の幹部による出身地贔屓・縁故主義 ………………… 73

　　　　　──ベトナムにおける企業活動との関係からの証拠

1. はじめに　73

2. 政治家による出身地贔屓と CPV 中央委員会　75

　　2.1. 政治家による出身地贔屓と地域開発　75

　　2.2. CPV 中央委員会　77

3. データ　78

4. 計量経済学的手法と定式化　80

5. 推計結果と潜在的メカニズム及び動機　86

　　5.1. 企業と出身地贔屓・縁故主義　86

　　5.2. 政治的メカニズム　90

6. 結論　96

補論　データ構築に関して　96

第 5 章　医療現場における賄賂の慣習 ……………………………………… 99

　　　　　──患者の厚生及び公的医療保険加入との関係

1. はじめに　99

2. 既存研究と本章の貢献 101
3. 本研究の背景 103
   3.1. 医療サービスにおける汚職 103
   3.2. 健康プロファイルと医療サービス 104
4. データと分析手法 106
   4.1. 省レベルのパネルデータ分析 106
   4.2. 個人レベルデータの分析：賄賂と健康 109
   4.3. 個人レベルデータの分析：賄賂と公的医療保険加入 114
5. 推計結果 116
   5.1. 省レベルパネルデータを用いた推計結果 116
   5.2. 個人レベルデータの推計結果：賄賂と健康 118
   5.3. 個人レベルデータの推計結果：賄賂と公的医療保険加入 121
6. 考察及び政策的含意 122
7. 結論 123

第6章　家庭内出生順序効果の変遷 ……………………………………… 125
      ——3回の国勢調査を用いたカンボジアの事例

1. はじめに 125
2. 出生順序効果の潜在的メカニズム 128
3. データ 129
4. グラフを用いた分析 133
5. 計量経済学的手法 133
6. 分析結果 139
7. 結果の考察及び議論 148
8. 結論 150
補論1. サンプルの構築 151
補論2. もともとの出生順序と相対的出生順序 152

第7章　丙午年における出生行動への影響 ……………………………… 153
——親の子に対する性別嗜好の研究

1. はじめに　153
2. データ　156
3. 歴史的背景と記述的データの結果から得られる情報　158
   3.1. 歴史的背景　158
   3.2. 出生数の時系列推移　159
   3.3. 丙午エピソード以前の性比　161
   3.4. 3回の丙午エピソードにおけるコーホート及び性別ごとの人口　164
   3.5. 子どもの性別性盲目的な出産回避行動と乳児死亡の直接的指標　166
4. 概念的枠組み　170
   4.1. 出生回避の経済モデル　170
   4.2. 政策関連パラメーター　174
   4.3. 経済発展との関連性　176
5. 計量経済的モデル及び手法　178
   5.1. 誘導系推計の定式化　178
   5.2. 政策含意的なパラメーターの識別　179
6. 実証分析結果　181
   6.1. 誘導系モデルの推計結果　181
   6.2. 性別選択出生行動の地域間格差　184
   6.3. 構造パラメーターの推計　186
7. 結論　189
   7.1. 本章の結論　189
   7.2. 2026年の丙午年にまつわる出生行動への示唆　189

補　論　丙午年に生まれた女性は本当に不運なのか？ ………………………… 193
——1966年の丙午年生まれの女性の社会・経済的環境に関する分析

1. はじめに　193
2. 1996年の丙午年，概念的枠組み，関連文献　195
3. データ　198

4. 丙午年生まれの女性は，その周辺の年に生まれた女性と
   大きく異なるのだろうか？　199
   4.1. 両親の観測可能な変数の比較　200
   4.2. 教育水準の比較　203
   4.3. 結婚市場での違い　205
   4.4. 家計内の資源配分　208
5. 差の差分析を用いた丙午年生まれの男女間の比較　212
6. ディスカッション：予想通りか，不可解か，
   それとも何か考慮が欠けているのか？　215
7. 結論　218

第8章　歴史，文化，慣習と開発経済学 ……………………………… 219

参考文献 ……………………………………………………………………… 223
索　　引 ……………………………………………………………………… 243

開発経済学の挑戦　刊行にあたって

　開発経済学は 1980 年代から，大きく変化してきた．また，1997-98 年のアジア通貨・金融危機およびその後のロシア・ブラジルへのコンテジョン（危機の伝染）以降，発展途上国の問題は急速に進む経済のグローバル化のもとで世界経済全体に影響を及ぼすようになった．われわれが予期しない新しい危機が世界を襲うかもしれない．開発経済学はさらにその重要性を増しているといえる．

　また，マクロ経済学がミクロ経済学の成果を取り入れて新しい局面を迎えたことも，開発経済学が大きく発展したひとつの理由であろう．例えば，経済成長を説明するにあたってのミクロ的基礎付けであり，内生的成長理論の分析枠組みを開発経済学でも議論するようになったことなどである．そういったことから，開発経済学は，農業，労働，工業，人口，貧困，所得分配等の伝統的な問題だけではなく環境や情報技術といった新しい問題に対して，応用ミクロ経済学，新しい貿易理論，国際金融論，財政学，ゲーム理論，新しい成長理論，新しい制度経済学，集積の経済，ガバナンスに関連した政治経済学など理論および実証分析において著しい進展が認められる枠組みを取り入れて分析されるようになった．ますます今後の展開が期待される．

　世界人口の 80% を占める発展途上国の貧しい人々の生活水準を改善するためには，どのような政策が必要とされるのか．その問題解決にいたる手法がさらなる開発経済学のみならず経済学の発展につながるだろう．

　2000 年 9 月の国連総会において，貧困削減，保健・教育の改善，環境保護に関する具体的な達成目標である「ミレニアム開発目標」が採択され，世界銀行も『世界開発報告 2000/2001』で貧困特集を組んでいる．これらの動きも開発経済学の調査・研究のさらなる進展を刺激・促進するものとみられる．

　開発経済学と実際の開発・援助の潮流は，良くも悪くも，世界銀行・IMF の考え方が主流であった．そこでの考え方も大きく振れてきたこともまた事実である．最近の 20 年間を見ても，1980 年代は市場メカニズムを活用することによって経済効率を高め，成長を促進すべしとする「ワシントン・コンセンサス」の時代であったが，1990 年代に入って貧困削減があたかも唯一至上の目標といった観がある．21 世紀に入ると，以前からの問題に加えて，人口大国である中国やインドなどの経済成長が著しいことから，環境，資源や食料の供給，所得格差などの問題が注目されるようになった．今われわれは再び経済成長こそが発展と貧困削減の原動力であるとする時代に回帰したのかもしれない．

　開発協力は開発経済学の重要な応用問題であり，上のような開発理論・援助思潮の変化は，日本の開発協力にも大きな影響を与えつつある．ODA 予算の削減のもと，日本の途上国援助政策は今後どのような方向を目指すべきかを考えるにも，これまでの開発経済学の流れを概観すると同時に最先端の考え方を理解することもまた不可欠である．本シリーズでは，このような視点に立って，アカデミックな開発経済学の新潮流だけでなく，「開発援助に関する考え方の潮流」あるいは，「日本の援助のあり方」についても加える予定である．

　開発経済学は経済学の実験室ともいわれる．本シリーズは，このような開発経済学がその役割を自覚し発展する新しい流れのなかで，広い意味で学術的な貢献を果たすことを目的に，「若手・中堅」の研究者による「開発経済学の挑戦」として企画されたものである．

2008 年 4 月　　　　　　　　　　　　　　　　　　監修者　浦田秀次郎・小浜裕久

初出一覧

第2章

Vu, T. M., and Yamada, H. (2024). "The impacts of Confucianism on gender inequality in Vietnam," *The Journal of Economic Inequality*, 22(1), pp. 165-184. https://doi.org/10.1007/s10888-023-09584-8

Vu, T. M., and Yamada, H. (2023). "Legacies of Vietnam's imperial examinations, 1075-1919: More investment in education and better educational outcomes," *Journal of Comparative Economics*, 51(1), pp. 2-14. https://doi.org/10.1016/j.jce.2022.09.004

第3章

Kanayama, Y., Yamada, H., Yoshikawa, K., and Aung, K. W. (2024). "Commercial Sex, Reincarnation, and Occupational Immobility," Unpublished manuscript.

第4章

Vu, T. M., and Yamada, H. (2021). "Firms and regional favouritism," *Economics of Transition and Institutional Change*, 29(4), pp. 711-734. https://doi.org/10.1111/ecot.12308

第5章

Matsushima, M., and Yamada, H. (2016). "Impacts of bribery in healthcare in Vietnam," *The Journal of Development Studies*, 52(10), pp. 1479-1498. https://doi.org/10.1080/00220388.2015.1121241

第6章

Kanayama, Y., and Yamada, H. (2024). "Changing Effects of Birth Order on Education Over Time: Evidence From Cambodia," *The Journal of Development Studies*, 60(9), pp. 1329-1351. https://doi.org/10.1080/00220388.2024.2337374

第 7 章

Rohlfs, C., Reed, A., and Yamada, H. (2010). "Causal effects of sex preference on sex-blind and sex-selective child avoidance and substitution across birth years: Evidence from the Japanese year of the fire horse," *Journal of Development Economics*, 92(1), pp. 82–95. https://doi.org/10.1016/j.jdeveco.2008.11.005

補論

Yamada, H. (2013). "Superstition effects versus cohort effects: is it bad luck to be born in the year of the fire horse in Japan?" *Review of Economics of the Household*, 11, pp. 259–283. https://doi.org/10.1007/s11150-012-9162-9

歴史，文化，慣習から考える開発経済学

第1章　イントロダクション

　本書の目的は，これまでの開発経済学ではややもすると分析の簡略化のため除外もしくは抽象化されてしまいがちであった歴史，文化，慣習といった要因が，人々の社会経済活動にいかように影響を及ぼしているか・及ぼしうるかに関して実証分析を用いて探求することである．とりわけ，東・東南アジアにフォーカスを当てて，具体的な事例を扱って実証分析を試みる．

　開発経済学はほぼ一貫して政策志向的な学問として発展してきた．とりわけ，古典的な開発経済学は経済発展論から多くの知見を取り入れており，国家のマクロ政策に指針を与えるようなモデルが提示されてきた．具体的にはマクロ経済の仕組みを説明するモデルを構築した Harrod（1939）や Domar（1946）らの研究である．その後，それらのモデルを修正する形で爆発的に研究領域が広がったのが新古典派経済成長理論である．こういった経済理論においては，フォーカスを当てたい経済問題の側面をクリアーに描き出すために必要最小限な経済変数のみを経済モデルに組み込んで構築されることが作法となっているといっても過言ではない．その点では経済モデルの抽象化のエレガンスさが追及されているともいえよう．しかしながら，その過程で，モデルには組み込み難い要素が除外されている可能性は多分に考えられる．その例が，本書で取り扱う歴史，文化，慣習である．

　また，本来政策志向的な学問である開発経済学が，開発問題の解決に対して適切な処方箋を提供できていなかったことも深刻な問題となっていた．第2次世界大戦直後から有力であった開発途上国の開発モデルの典型は「輸入代替工業化政策」と呼ばれるものであった．輸入代替工業化政策とは，経済発展における市場の失敗を強調し，それを是正するため政府の計画と指令の強化によって，資本蓄積の強化と国内の近代産業の保護育成を図ることを強調するアプロ

ーチであった．しかしながら，1960 年の末頃からすでにこのアプローチの限
界が明らかになり始め，1980 年代には社会主義経済の行き詰まりと崩壊によ
ってそのことがより明確となった．加えて，1982 年のメキシコから始まる一
連の開発途上国のデフォルト（債務返済不能）も，輸入代替工業化政策の限界
を露呈した．

　この開発経済学を取り巻く重苦しい状況を一変させたのが，無作為化比較実
験（Randomized Controlled Trial: RCT）を用いたミクロレベルの研究である．
このことは，2019 年のノーベル経済学賞が現在も第一線級の経済学者である
マサチューセッツ工科大学のアビジット・バナジー氏，エスター・デュフロ氏
とシカゴ大学のマイケル・クレーマー氏（受賞時はハーバード大学）に授与され
たことからも明らかであり，開発経済学は経済学の分野でも実証分析の識別問
題に関しては最先端の分野の一つに躍り出た形となった．実証分析の識別問題
における無作為化比較実験アプローチのパワフルさは開発経済学者であればお
そらく誰もが認めるところであろう．しかしながら，無作為化比較実験は原則
的に，対象となる集団を無作為にプロジェクトやプログラムの恩恵を受ける処
置群と，そのような恩恵を受けない比較対象群に振り分け，一定の期間後にそ
の両者の群の間の差を検証する試みである．この手法は明快かつ上に述べたよ
うに識別戦略として極めてパワフルであるため，多くの開発途上国で大々的に
も局所的にも実施され，数多くの研究が世に出た．しかし，その厳格ともいえ
る無作為化比較実験のプロトコルゆえに，本書が関心の中心に据える歴史，文
化，慣習といった要素が盛り込まれることが大変稀なようにうかがえる．加え
て，文化や慣習といった要素はその形成に長い時間を必要とするという側面も
あることから，比較的短期間のスパンで実施される無作為化比較実験の対象と
なることもまずないと考えられる．

　以上のことから本書の目的をクリアーにさせるならば，以下のようになろう．
つまりは経済理論モデルや実証分析におけるパワフルな識別戦略が必ずしも十
分に考慮できてこなかった，歴史，文化，慣習といった要素そのものが社会経
済にどのような影響を及ぼすのかを，綿密な実証分析を用いて解き明かす一助
となることである．

　歴史に関しては経済史という一大研究分野があり，膨大な研究がある．しか

しながら，因果関係にまで踏み込んだ研究が隆盛してきたのは近年になってからと考えられている．本書では歴史的事象の長期的な社会経済への影響に関して取り上げる．このような試みはミクロデータやアーカイブデータなどがより利用可能性が増してきた近年において経済史分野でも急速に見られる動きであり，2021 年に刊行された The Handbook of Historical Economics のいくつかの章でも詳細が取り上げられている．例えば，Caicedo（2021）では操作変数法や回帰不連続デザイン（regression discontinuity design: RDD）を用いた研究が，Cantoni and Yuchtman（2021）では歴史的事象を自然実験に見立てて分析を行う応用実証分析に関して議論がなされている．

　文化や慣習に関しては，その定義からしてさまざまなものが考えられ，統一見解を得られうることはまずないと考えられる．そのような事情も鑑みて，本書においては，次のように幅広く解釈できる定義を念頭に置くこととする．まず「文化」は文脈によって多様な定義があるが，本書では「複数名により構成される社会の中で共有される考え方や価値基準の体系」として定義する．「慣習」については，「ある社会で古くから受け継がれてきている生活上のならわし，しきたり」と定義する．

　さて，定義としては上記に与えられたものを念頭に置くとして，本書はここで大きな課題に直面する．それは，文脈によっては，歴史，文化，慣習のすべてもしくは複数が不可分な関係にあることが多々あることである．例えば歴史的事象に端を発して文化や慣習が生まれることは多分に考えられよう．また，文化と慣習に関してもどちらか一方に完全に区別しきれるものではないことが多分にある．よって，本書ではあえて，各章を歴史，文化，慣習という区切りで分けることはせず，そのような事象によって引き起こされる社会経済の変容に着目するケーススタディーをいくつも含める形をとることとする．

　より経済学的に解釈するならば，本書のとりわけ文化や慣習に関するテーマを扱った章は，人間の中に内在する「ディープパラメーター」の探求の試みと捉えることも可能である．本書ではディープパラメーターを「人々の行動を規定する，政策などによって動かすことが極めて難しいパラメーター」と定義することにしよう．本書の目的に照らし合わせるならば，文化や慣習は長い時を経て形成され容易に変化しないが，人々の効用関数の中に内在する要素であり，

行動や意思決定に重要な影響を及ぼすものと考えられる．よって，それらの働きを炙り出すことは，現実の社会経済の中で生きる人々の行動を理解するためには，必要不可欠なことだといえる．この点は強調してもしすぎることはないといえよう．最も直感的な例の一つとしては，その人の持つ宗教感が考えられよう．宗教が異なれば，その教えや行動規範にも差異が存在する．この宗教感を考慮に入れずして，単に画一的な政策的議論をすることに限界があることは容易に想像できよう．極端なケースでは，本書で扱うようなディープパラメーターで完全に人々の行動や意思決定が規定されてしまうことも想定される．

　それでは，ディープパラメーターだけで人々の行動や意思決定が規定されてしまうのであれば，政策志向的な開発経済学が提示する政策提言は無意味となってしまうのだろうか．答えは必ずしもそうとは言い切れないと考えられる．むしろ，政策提言の際に，その政策と文化や慣習との相互作用により細心の注意が必要であることが求められることを意味すると考えられる．

　ここでは，Ashraf et al.（2020）を具体例として文化・慣習と政策の相互作用についての重要性を紹介する．Ashraf et al.（2020）では，大規模な小学校の新設という教育分野の供給面における重要な政策と，新郎が新婦の家族に結婚時に支払う金額（Bride price）の相互作用について，インドネシアとザンビアを事例に挙げて比較分析を行った．両国共に，Bride price の文化・慣習の存在する民族グループとそうではない民族グループがあり，その存在の有無によって，小学校の新設のインパクトがどのように異なったかを調べた．結果，Bride price の文化・慣習のない民族グループにおいては，学校建設計画は女子の就学に何の影響も及ぼさなかった一方，そのような文化・習慣のある民族グループでは大きなプラスの効果があった．これは，娘の教育が，結婚時に親が受け取る金額を増やすことによって，親が娘を教育する追加的なインセンティブを生み出すからであると結論付けられている．この研究は，一見誰もが賛同するように思われる小学校建設のインパクトの帰結が，存在する Bride price という文化・慣習のために必ずしも思ったような効果が得られなかったことを示す一例といえよう．言い換えるならば，文化・慣習は今日の政策の議論と密接なつながりがあるということがわかる．この一例をとってしても，政策志向的な開発経済学を探求する際には，その地域に根付く文化や慣習という

ものを軽視してはならないことが容易に理解できよう．

　冒頭で述べたように，本書では東・東南アジアの事例を扱い，歴史，文化，慣習の影響を丁寧に見ていくことを主眼とする．それぞれのトピックではできる限りの利用可能なデータを用いて実証分析的なアプローチをとる．ここで実証分析に関して何点か留意点を述べておきたい．

　第1に，近年の信頼性革命との関係である．信頼性革命とは実証分析において因果関係を特定するときに必ず付きまとう「内生性」や「逆の因果関係」の問題をいかに回避・克服するかという試みである[1]．上で触れた無作為化比較実験は信頼性革命の核心的手法といえる．しかしながら，既述のとおり，歴史，文化，慣習といったテーマを無作為化比較実験の俎上に乗せることはほぼ不可能であり，このアプローチは本書では用いられない．その代わりに，本書のいくつかの章では「自然実験アプローチ」を用いて因果関係を推定するという方法論を採用している．「自然実験アプローチ」とは，偶発的な事情や政策変更によって引き起こされた，分析したい要因が疑似的にランダム（無作為）とみなせる状況を分析する手法のことである．とりわけ，歴史的な分析に関してはこのアプローチが援用できる側面も少なくないと考えられる．信頼性革命にどれだけ耐えうる実証的手法がとられているかは，取り扱うテーマが，歴史・文化・慣習ということから限界がある側面もあり，その許容の判断は読者に任せたい．

　第2に，「外的妥当性」という面からの本書の内容をどう考えるかである．外的妥当性とは，ある研究で見いだされた結果が，他の文脈においてや，あるいは同じ文脈であっても規模を拡大した場合に妥当性を持つのかを問うことである．この問いはとりわけ小規模な政策介入やプロジェクトを扱う無作為化比較実験では厳しく問われる点である．しかしながら，本書に関しては扱うテーマゆえ，外的妥当性に関しては検証のしようがないというのが答えとなると考える．というのも，本書で扱うテーマは，その国独自の歴史的背景や，固有の文化・慣習がほとんどである．ゆえに，外的妥当性を問うことはほぼ不可能で

---

1) この信頼性革命の発展に寄与したことから2021年のノーベル経済学賞はデービッド・カード氏，ヨシュア・アングリスト氏，グイド・インベンス氏に贈られた．

あると同時に，あまり意味がないことであろう．

　しかし，この点が問えないがために本書の価値が下がるとは考えていない．なぜなら，歴史，文化，慣習のそれぞれが人為的な「実験」では得難いというある意味逆説的な意味で重要性を持つからである．とりわけ歴史にまつわる名言はいくつも存在するため，そのいくつかを紹介しておこう：

— *We are not makers of history. We are made by history.*（私たちは歴史を作る者ではない．私たちは歴史によって作られている．）Martin Luther King Jr.

— *History repeats itself.*（歴史は繰り返す．）Curtius Rufus

— *A generation which ignores history has no past and no future.*（歴史を無視する世代には過去も未来もない．）Robert Anson Heinlein

多くの慣習・文化が歴史的起源から由来していることも含めて考えれば，本書の価値が外的妥当性の一面のみから下がるとは考えていない．

　本書の具体的な構成は以下のとおりとなっている．第2章では，儒教文化の影響が強く存在するベトナムにおいて，その影響の濃淡が今日のさまざまな社会経済的変数にどのような影響を及ぼしているかを検証する．第3章では，仏教を信奉する人々が大多数のミャンマーにおいて，なぜ商業的性行為が，たとえ違法であるにもかかわらず広く普及しているのかに関して，性的売春婦をインタビュー調査したミクロデータを用いて検討する．第4章では，いわゆる政治家の出生地縁故主義的慣習を，ベトナムの政治家リストと企業活動のデータを組み合わせることで炙り出す．第5章では，日本でも過去にはよく見られたであろう慣習である，医療従事者への心付けを，ベトナムの文脈では賄賂の慣習として捉え，それらの患者の厚生へのインパクトや医療保険加入への影響を検証する．第6章では，カンボジアを対象国として，歴史的背景や変遷する価値観，経済状況によって出生順序の影響がどのように時間を通じて変化していくかを検証する．第7章は，迷信を取り上げる．迷信は「道理に合わない言い

伝えをかたくなに信じること」と定義されるように慣習の一例として考えられうる．第7章では，日本の過去3回（1846年，1906年，1966年）の丙午の迷信を取り上げ，それによって出生行動がいかように変化したかを検証する．補論では第7章を受けて，直近（1966年）の丙午年生まれの女性が本当に悲惨な人生を送っているのかどうかを，ミクロデータを用いて検証する．第8章は結語の章となる．

第2章　ベトナムの皇帝試験の遺産（1075年から1919年まで）
——儒教文化の教育投資及び男女不平等への影響

1. はじめに

　ベトナムの皇帝は1075年（Ly朝時代）から，国民から官僚を選抜するために皇帝試験を実施した．この，中国の科挙制度にならったベトナムの科挙は，当初は儒教，道教，仏教の教えに基づいていたが，1232年からは儒教とその文献のみに焦点が当てられた（Ngo, 2006）．この皇帝試験はフエを首都とするNguyen朝時代の1919年まで，実に800年以上もの長きにわたり断続的に実施された[1]．よって，その間儒教文化は深くベトナムに根付いていたと考えられる．では果たして，この儒教文化の影響は今日まで持続しているのであろうかというのが，本章で中核となる問いである．とりわけ，ベトナムの皇帝試験（1075-1919）の合格者（以降ではエリートという表現も同義として扱う）数が，その出身地区（district）における現代の教育の量と質，及び現代の男女不平等に影響を与えているか否かを検証する[2]．

　以下，現代の教育及び男女不平等に焦点を当てる根拠を述べる．まず教育投資に焦点を当てる根拠は，人的資本への投資は経済発展にとって重要であり，経済成長のモデルの多くは人的資本を考慮している（Goldin, 2019）ことに依拠する．人的資本への投資という概念は，Mincer（1958）とSchultz（1961）の

---

1) この皇帝試験はベトナム語でKỳ thi Đại khoa（thi Hội）と呼ばれている．ベトナムの皇帝試験は，中国の科挙試験から大きな影響を受けており，中国での科挙試験終了後も15年長く1919年まで行われていた．この試験は，中央または地方レベルで，帝政に携わる官僚を選抜するために行われた．
2) ベトナムの行政区画は州（province），地区（district），コミューン（commune）の順に細分化されていく形態となっている．

業績によって注目されるようになったが，そのような投資は何世紀にもわたって実践されてきた．言い換えれば，人的資本の研究は本質的に歴史的なものである（Goldin, 2019）．これは，経済発展の違いを説明するには歴史的ルーツを考慮する必要があるという Nunn（2020）の見解と一致する．

　しかし，人的資本への経年的な投資に関する研究は乏しく，人的資本の世代間伝達の経路はまだ解明されていない．数少ない先行研究の中で，Valencia Caicedo（2019）は，1609 年から 1767 年にかけてイエズス会のグアラニー語宣教師が存在した地域（現在のアルゼンチン，ブラジル，パラグアイ）は，現在でも教育水準が高いことを見出している．また，Chen et al.（2020）は，中国 278 県において，中国帝国エリート（1368-1905）の人口密度が，現代における学校教育年数の長さと関連していることを示している．これは，氏族間のソーシャル・キャピタルや，教育や学校の価値観が文化的規範を形成し，社会組織（慈善団体，農民組合，労働組合，宗教団体など）を介して，教育を受けたエリート一族の外部に広まっていくことを示している．ベトナムを対象とした本章の研究では，人的資本投資の文化が世代から世代へと伝達し，その影響が現代まで極めて重要であることを示すことを試みる．

　男女不平等に関しては，2015 年に国連の「持続可能な開発目標」（Sustainable Development Goals: SDGs）の一つとして「ジェンダー平等と女性のエンパワーメント」が採択されるなど，21 世紀においてジェンダー平等とこの問題に関する研究の重要性はますます高まっている．一方，男女不平等の起源に関する研究は，この目標の達成に役立つと期待されている．Giuliano（2017）は，農業（技術），言語，産業革命以前の社会的特徴（母系制など），家族構造，宗教など，男女不平等に寄与してきた男女間の役割の歴史的起源について，いくつか重要なものをレビューしている．

　特に，宗教の教えや慣習は，世代から世代へと男女規範に大きな影響を与える可能性がある．例えば，プロテスタントは男女ともに聖書を読むべきであると強調しており（Giuliano, 2017），19 世紀のプロイセンに関する研究（Becker and Woessmann, 2008）では，プロテスタントの人口比率が高かった地域では，教育における男女不平等が少なかったことがわかっている．同様に，アフリカの植民地時代の研究（Nunn, 2014）によれば，プロテスタントの宣教は女性の

教育に長期的に大きな影響を与えたが，カトリックの宣教は男性の教育のみに影響を与えたことを示した．しかし，われわれの知る限り，東アジアにおける宗教が男女の役割に与える影響に関するこのような定量的研究はない．

とりわけ，儒教が今日の男女不平等に与えた影響を解明することは重要である．数千年にわたり，儒教の教義は，東アジア，特に中国とその勢力圏である朝鮮半島やベトナムを含む地域において，古代の国家制度が構築される際の倫理的基盤を形成した．儒教の教義は女性を劣った社会的地位に追いやり，生涯を男性家族に依存させるものであった[3]．中国やベトナムでは，女性は皇帝試験（中国では科挙）(Rosenlee, 2006, p. 129) を受けることが禁じられていたため，文学は男性の特権となった．さらに，儒教は性別による分業の規範を確立した．すなわち，男性は家の外で働き，女性は家の中で働くという規範である (Rosenlee, 2006, pp. 82, 127)．したがって，労働参加率，世帯内労働分担，教育など，現代の重要な経済的状況の多くは，儒教の教義の歴史的遺産の影響を受けていると考えられる．

現在の儒教の勢力範囲は約 15 億人（世界人口の約 20%）に及んでいる．世界経済フォーラムの 2021 年世界ジェンダーギャップ報告書に含まれる 156 カ国の中で，中国，韓国，ベトナムはそれぞれ 107 位，102 位，87 位にランクされている[4]．おそらく，古代の（非公式の）制度が文化的規範として今日まで存続している可能性がある (Alesina and Giuliano, 2015)．多くの研究（例えば Das Gupta et al., 2003）では，男性優先の原因の一つとして儒教の影響が示唆されており，それが現在の中国，韓国，ベトナムの性比の偏りをもたらしていると考えられている．しかし，単純に文化的規範を原因として非難することは容易に過ぎず，文化とそれに対応する代理変数を用いて定量的な推定を行いその影響の証拠を提供することは意義があると考えられる．

しかし，今日のベトナム（及び中国）は共産主義国家であり，儒教に代わっ

---

3) 儒教の主要な正典である『四書五経』では，女性の親孝行として 3 つの服従と 4 つの徳目を規定している．3 つの服従は，社会秩序を維持するために，幼少期は父親に，結婚したら夫に，未亡人になったら息子に従うよう女性に説いている．4 つの徳目は，勤勉，慎み深い態度，適切な言動，道徳的行動という厳格な基準を女性に課すものである．

4) 報告書は https://www3.weforum.org/docs/WEF_GGGR_2021.pdf で閲覧可能．最も優れた男女平等を達成している国から順にリストアップされている．

て異なる国家イデオロギーを導入している．共産主義は男女の役割の平等にプラスの影響を与えると考えうる．Campa and Serafinelli（2019）は，旧東ドイツの女性は旧西ドイツの女性に比べてキャリアの成功を重視しており，女性の雇用が増加している地域ではさらに大きな差が見られることを発見している．Meng and Kidd（1997）は，共産主義政策の結果として，中国では労働力率が高く，男女の賃金格差が小さいことを示している．共産主義イデオロギーの下で育った中国人女性は，競争意欲が高いと報告されている（Booth et al. 2018）．したがって，儒教の影響が共産主義への移行後も残っているかどうかを検証することは，価値がある課題である．旧儒教圏の国々の中で，ベトナムは今日，儒教の影響を最も受けていないかもしれない（グローバル・ジェンダー・ギャップ・レポート 2021 で（旧）儒教圏の国々の中で最も上位にランクされている）こともあり，本章の分析から得られる示唆は他国の状況を推察する際にも示唆を与えうる．

　次節以降の構成は次のとおりである．第 2 節では分析に用いられるデータに関して詳細な説明を行う．第 3 節では皇帝試験（1075-1919）の合格者数に関しての分析を行い，王朝が変遷していってもエリートの数に関して出身地区レベルで持続的相関関係が存在することを示す．第 4 節では計量経済学的モデル，とりわけ主たる識別戦略である操作変数法とそこで用いられる操作変数について述べる．第 5 節では儒教文化の教育投資への影響に関する推計結果を報告し，背後のメカニズムに関して議論する．第 6 節では，儒教文化の男女不平等への影響の結果を報告し，議論する．第 7 節では結論，研究の限界，残された課題について議論する．

2.　データ

　本章での分析は，いくつかの重要な歴史的・現代的データに基づいている．これらを地理的データと組み合わせ，州（province）及び地区（district）名を用いて歴史的データと現代データを重ね合わせ，688 の地区からなるデータセットを構築した．以下で説明する変数の記述統計は表 2-1 に要約されている．

表2-1 地区（district）レベルの記述統計

変数	平均値	標準偏差	最小値	最大値
エリートの数（Elite number）	4.13	11.20	0	98
（石碑に記された）エリートの数	2.30	6.28	0	49
エリートの密度（Elite density）	0.05	0.34	0.00	7.78
操作変数	1,109.79	1,036.73	119.7435	3,253.27
地区人口	126,301	87,709	83	701,194
地区面積（km^2）	434	403	2	2,679
都市化率	0.02	0.11	0	1
作付面積率	0.47	0.32	0	1
平均標高（m）	215.90	309.61	1.00	1,544.59
海岸線への距離（km）	86	85	0	435
夜間光照度の対数値	1.32	2.12	-3.45	4.84
キン族の割合	0.76	0.33	0.02	1
教育年数				
≥18歳	9.00	1.50	6.10	17.58
≥22歳	7.61	1.27	5.27	13.40
≥25歳	7.46	1.28	5.05	13.16
就学率				
1991年生まれ*	0.55	0.18	0.14	0.92
18-24歳	0.17	0.13	0.05	0.75
7-10歳の義務教育*				
就学率	0.96	0.04	0.61	1
退学率	0.02	0.01	0	0.07
未就学率	0.02	0.04	0	0.38
NEEU受験率**	0.45	0.14	0.00	1
教育支出の家計支出に占める割合（2002-2008）***	0.04	0.02	0.00	0.19

注：地区の数＝688
    *地区の数＝687（一つの島の地区は該当する個人がいないため））
    **地区の数＝682（この割合は1991年生まれの12年生修了者におけるものである）
    ***地区の数＝590（2002-2008年のベトナム家計調査の全世帯から，地区レベルの平均シェアを算出した）

2.1. 皇帝試験（1075-1919）の合格者数に関する歴史的データ

　本章では1075年から1919年にかけての国家レベルの皇帝試験に合格した受験者をエリートして定義し，地区ごとの合格者数を儒教の影響の代理指標として構築・解釈する．データソースとして，皇帝試験合格者の情報を記録している資料の中で，最も包括的なものとして知られているNgo（2006）から抽出した情報を使用する．Ngo（2006）が作成したエリートのリストは，極東仏語学校（フランス語でÉcole Française d'Extrême-Orient）とシノ・ベトナム研究所

（ベトナム語で Viên Hán Nôm）が 1900 年代初頭に行った，碑石（ベトナム語では Bia Văn Miếu）や皇帝試験記録（ベトナム語で Đăng Khoa Lục）などの古代資料に関する先行研究に基づいている[5]．このため，ベトナムにおける壊滅的な近代の戦争や紛争の間に記録が失われることはなかった．Ngo（2006）は，各皇帝試験におけるエリートの名前，受験年，出身地区とそれに対応する現在の地区を整合的に提供している．

皇帝試験の内容は主に儒教とその文学であった（Ngo, 2006）．皇帝試験出願者は出自を問わず，宮廷に仕える者や地方官吏となる者を選抜するために実施された．一般に，皇帝試験は地方試験と全国試験の 2 段階の筆記試験で構成されており，全国試験に進むためにはまず地方試験に合格する必要があった．その競争率は激烈であり，例えば 1463 年の全国試験の選抜率は全受験者の 1% と極めて狭き門であった（Ngo, 2006）．全国試験はその当時の王朝の首都で実施された．1400 年から 1407 年の間の皇帝試験の記録によれば，受験者はまず首都に移居した上で，全国試験の準備のためにほぼ 1 年間首都に滞在しなければならなかった（Ngo, 2006）．全国試験を通過した者は，皇帝による直接の面接を受ける必要があり，その面接には皇帝に使える最高位級の儒教学者も参席した．この面接の目的は，全国試験合格者内で順位付けを行うと同時に，皇帝からの特別な賜物とその栄誉を授与される者を決定することであった．

本章では，Ngo（2006）に記録された 180 以上の皇帝試験から得た 2,888 人のエリートの名前[6]と出身地区のリストを使用している．しかし，現代の地理的位置と照合すると，2,888 人中 2,844 人のエリートについての地区（198 の地区に対応）の情報が入手可能であった[7]．各地区のエリートの数を数え，主たる説明変数である *Elite number* を作成した．時代ごとのエリートの数を表

---

5) 極東仏語学校は 1900 年にハノイに設立された（現在もパリで活動している）．この学校は，利用可能なすべての碑石の内容をコピーする作業を行った．その後，シノ・ベトナム研究所が最後の皇帝試験の記録作業を実施した．

6) Ngo（2006）は当初，2,894 人のエリートの名前をリストアップしていた．ただし，受験者の中には最高ランクを獲得するべく複数回皇帝試験を受け合格した者もいるため，重複がいくつかある．

7) 本籍地が不明または特定できないエリートも存在する．2009 年の国勢調査では，ベトナムの行政区分は 63 の省（province：レベル 1）と 689 の地区（district：レベル 2）で構成されている．平均的な地区の人口は 126,227 人，面積は 434 km^2 である．

表 2-2 試験開催地，スケジュール，記録されたエリートの数

試験実施年	王朝	試験開催地		試験回数及びエリートの数 (Ngo, 2006)		今日の夜間光照度
		地区 (district)	省 (province)	試験回数	エリートの数	順位
1075-1225	Ly	Ba Dinh	Hanoi	4	11	16
1232-1393	Tran	Ba Dinh	Hanoi	16	49	16
1400-1405	Ho	Vinh Loc	Thanh Hoa	3	11	298
1426-1526	Le (I)	Ba Dinh	Hanoi	32	1,008	16
1529-1592	Mac	Ba Dinh	Hanoi	22	482	16
1554-1595	Le (II)	Tho Xuan	Thanh Hoa	8	51	280
1598-1787	Le (II)	Ba Dinh	Hanoi	64	723	16
1822-1919	Nguyen	Hue	Thua Thien Hue	39	553	65
合計				188	2,888	

注：「順位」は全 688 地区のうち，2009 年の夜間光照度の対数値による順位である．順位は 1（最高）から 688（最低）までとなっている．

2-2 に，エリートの地理的分布を図 2-1 に示した．

2.2. 現代のデータ

2.2.1. 教育の「量」に関するデータ

　教育の「量」に関するデータは，ベトナム統計局（General Statistics Office of Vietnam: GSO）が実施した 2009 年の国勢調査（ベトナム国内の全数調査約 8,690 万人分，以下「国勢調査」）に依拠している．この国勢調査には，就学状況（2009 年 4 月 1 日時点）に関する質問項目が含まれており，この質問項目から出席率（*attendance rate*）を求めた．また，個人が学校に通ったことがあるかどうか，そして国勢調査の時点でまだ学校に通っているかどうかを尋ねており，これらの情報から教育からの脱落率を求めた（*dropout rate*）．さらに，一度も学校に通ったことのない人の情報を用いて，未就学率（*never enroll rate*）を求めた．これらの変数は，それぞれの地区内で該当する人数を同じ年齢コーホートの地区人口で割ったものである．

　国勢調査には，個人が教育を修了している場合は，その個人が到達した最高学年または教育レベルの情報が記録されている．この指標を各個人の教育年数に変換し，教育を修了している可能性が最も高い年齢コーホート（18 歳以上，

図 2-1 エリートの数（左図）とベトナムのおおよその領土拡大年表（右図）

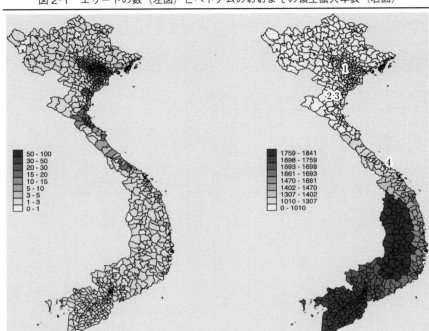

エリートの数　　　　　　　　　領土拡大の年表

注：右図において 1: Ba Dinh, Hanoi; 2: Tho Xuan, Thanh Hoa; 3: Vinh Loc, Thanh Hoa; 4: Hue city, Thua Thien Hue の位置を示している．
地図形状は 2015 年の区分に対応している．おおよその領土拡大の年表は Tran（1920），Tran et al.（2017），Truong et al.（2017）に基づいている．

22 歳以上，25 歳以上など）を考慮して分析に用いた．

また，2002 年から 2008 年にかけて 2 年おきに GSO によって実施されたベトナム家計生活水準調査（Vietnam Household Living Standard Survey: VHLSS）を用いて世帯の教育支出の割合を計算し，その割合を世帯の平均年齢で重み付けし，地区レベルでその数字を集計して，生活支出に対する教育支出の平均世帯割合を算出した．

2.2.2. 教育の「質」に関するデータ

　教育の質を評価するために，2009 年 7 月に実施された大学入学共通テスト（National Entrance Exams to Universities: NEEU）の得点データを用いた．NEEU は，ベトナム教育訓練省（Ministry of Education and Training）によって，同じ日時に，同じ試験問題で，集中匿名採点システムを使って実施される（詳細な説明は補論 1 を参照）．NEEU のデータ（Vu, 2022）には，約 98 万人の受験者の情報が，あらかじめ決められた 11 の試験グループに従って記録されている．ここでは，2009 年の NEEU 受験者全体の約 95% を占める 4 つの主要グループを分析する．それらは A（数学，物理，化学），B（生物学，数学，化学），C（文学，歴史，地理），D（文学，数学，外国語）である．3 つのスコアの合計（以下，「合計スコア」）で進学する大学が決定される．

　NEEU テストのスコアは，ベトナムに関連して用いることのできるデータの中では人的資本と教育の質への投資を示す最良のものであると考えられる．入学試験は年に 1 回のみ実施される．この試験は非常に競争率が高い（Vu, 2022）．2009 年では，定員と受験者の比率は 1：2 から 1：23 であった．受験者は 3 科目すべてに全力を尽くすことが求められ，合否の基準は試験前にはわからないようになっている．

　NEEU 受験者が受験願書で申告した出身地区を使って，A，B，C，D グループのテストスコアとエリートの出身地区を結合させた．1991 年生まれの受験者は，2009 年の NEEU 受験者全体の約 73% を占めている．また，これらの受験者のほとんどは，生まれて初めて NEEU を受験した可能性が高い[8]．ここでは，3 科目の得点と合計得点を用いている．より正確には，各グループのテストスコアを基準化したもの（*z-score*）を個人レベルのアウトカム（以下「*z* スコア」）として使用する[9]．各グループの記述統計は表 2-3 に示されている．

---

8)　よって，2009 年 5 月に高校を卒業した人をサンプルに含めた．

9)　*z* スコア（*z-score*）は基準化されたテストスコアであり，素点から次のように求める：

$$z\text{-}score = (素点 - 素点の平均値) / 素点の標準偏差.$$

よって，*z* スコアが高いほど優れた成績であることを意味する．

表 2-3　2009 年に実施された NEEU のスコアに関する記述統計

変数	平均値	標準偏差	最小値	最大値
グループ A				
N = 341,085				
z スコア				
合計点	0.0000	1.0000	− 1.3259	2.8196
物理	0.0000	1.0000	− 1.7885	4.2505
数学	0.0000	1.0000	− 3.3757	2.6521
化学	0.0000	1.0000	− 2.6303	4.6248
性別（女性ならば 1）	0.5245	0.4994	0	1
特権対象外（= 1）	0.8998	0.3002	0	1
グループ B				
N = 178,840				
Z スコア				
合計点	0.0001	1.0000	− 1.4543	2.7257
生物	0.0000	1.0000	− 3.2974	4.0949
数学	0.0001	1.0001	− 1.5672	3.1413
化学	0.0001	1.0000	− 2.8163	3.9163
性別（女性ならば 1）	0.5375	0.4986	0	1
特権対象外（= 1）	0.9026	0.2965	0	1
グループ C				
N = 50,778				
z スコア				
合計点	0.0000	1.0000	− 1.6403	2.9178
文学	0.0002	0.9999	− 3.4451	3.0550
歴史	0.0001	1.0000	− 1.4652	3.6285
地理	− 0.0002	1.0001	− 3.4745	2.9814
性別（女性ならば 1）	0.8166	0.3870	0	1
特権対象外（= 1）	0.8533	0.3538	0	1
グループ D				
N = 111,104				
z スコア				
合計点	0.0000	0.9999	− 1.3448	3.2335
文学	0.0000	1.0000	− 3.6740	3.4757
数学	0.0000	0.9999	− 1.4702	3.2093
外国語	0.0000	0.9999	− 2.4647	4.2135
性別（女性ならば 1）	0.8083	0.3937	0	1
特権対象外（= 1）	0.9448	0.2285	0	1

2.2.3. コントロール変数

Spolaore and Wacziarg（2013）に基づき，いくつかの情報源からの地理情報システム（geographical information system: GIS）データを使用して，地区レベルでのコントロール変数を作成した．われわれは，各地区のより過去の特徴を反映させるべく，最も古い地理データを用いた．米国地質調査所地球資源観測科学センター（United States Geological Survey Earth Resources Observation and Science Center: USGS EROS）の1992年世界土地被覆特性（Global Land Cover Characterization）は，各地区の都市化土地比率と農地比率を生成するために用いた．1996年のUSGS EROSセンターのランドサット画像から，各地区の平均標高を算出．また，Database of Global Administrative Areasが提供するシェープファイルを使用して，現在の各地区の中心から海岸線までの距離（海岸線までの距離）を算出した．

3. 皇帝試験（1075-1919）の合格者数の出身地区（district）レベルでの持続的相関関係

　同じ地区のエリートの数には，王朝間で強い相関関係があるのであろうか．そのことを確認するため，皇帝試験を実施した最後の王朝であったNguyen朝時代（1822-1919年）の皇帝試験合格エリートの数（$nelite_{Nguyen,i}：i$は各地区を表す）を，それ以前の王朝"t"時代の皇帝試験の合格エリート数（$Elite\ number_{t,i}$）に回帰して相関関係があるかを確認した[10]．具体的には次のような通常の最小二乗（OLS）モデルを用いた：

$$Elite\ number_{Nguyen,i} = \beta_0 + \beta_1 Elite\ number_{t,i} + \beta_2 C_i + \varphi_i \qquad (1)$$

ここでC_iはコントロール変数で，海岸線までの距離と1996年の平均標高である．φ_iは誤差項である．ここでの関心は，$Elite\ number_i$のパラメーターβ_1である．推計結果は表2-4にあるように，Nguyen朝のエリートの数は，それ以前の王朝の同じ地区出身のエリートの数で十分に説明できることがわかる．こ

10）　各王朝時代のエリートの数は表2-2を参照のこと．

表 2-4 Nguyen 朝時代のエリート数（1822-1919 年）への持続的相関

各王朝時代の エリート人数	Nguyen 朝時代のエリート数 (1822-1919)					
	(1)	(2)	(3)	(4)	(5)	(6)
Le Dynasty II (1554-1787)						0.2696*** (0.0473)
Mac Dynasty (1529-1592)					0.1700*** (0.0350)	
Le Dynasty I (1426-1526)				0.1317*** (0.0265)		
Ho Dynasty (1400-1405)			1.4207*** (0.3820)			
Tran Dynasty (1232-1393)		1.4620*** (0.5033)				
Ly Dynasty (1075-1225)	0.5377 (0.6424)					
コントロール 変数	No	No	No	No	No	No
決定係数	0.001	0.021	0.035	0.062	0.034	0.166
	(7)	(8)	(9)	(10)	(11)	(12)
Le Dynasty II (1554-1787)						0.2625*** (0.0471)
Mac Dynasty (1529-1592)					0.1574*** (0.0348)	
Le Dynasty I (1426-1526)				0.1247*** (0.0265)		
Ho Dynasty (1400-1405)			1.3454*** (0.3816)			
Tran Dynasty (1232-1393)		1.3081*** (0.5003)				
Ly Dynasty (1075-1225)	0.3529 (0.6101)					
コントロール 変数	Yes	Yes	Yes	Yes	Yes	Yes
決定係数	0.039	0.056	0.070	0.092	0.067	0.190
地区数	688	688	688	688	688	688

注：コントロール変数は 1996 年時点の平均標高と海岸線までの距離．
　　（　）内は頑健な標準誤差（***p<0.01, **p<0.05, *p<0.1）．

の結果はコントロール変数の有無にかかわらず頑健である．唯一の例外は，Ly朝（1075-1225年）のエリート数である（ただし，この期間には11人のエリートしか記録されていない）．よって，皇帝試験の合格者数には時間を通じて強い相関関係があることがわかり，その過程を通して儒教文化の土壌が醸成されていくプロセスの濃淡が地区（district）によって異なっていったであろうことがうかがわれる．

4. 計量経済学的手法

過去から現代への儒教文化の持続性を検証するために，ある出身地区iの皇帝エリートの数$Elite\ number_i$がその地区（もしくは地区民）の現在のアウトカム（$Outcome_i$）に影響を与えるかどうかを，次の誘導形のOLSモデルを用いて推定する：

$$Outcome_i = \alpha_0 + \alpha_1 Elite\ number_i + \alpha_2 control_i + \varepsilon_i. \qquad (2)$$

ここでの関心は，$Elite\ number_i$のパラメーターα_1である．$control_i$には上記(1)式に含められているコントロール変数に加えて，キン族の民族比率，2009年の人口密度，1992年の都市土地比率，耕作地比率も追加した．

しかしながら，(2)式を単純にOLSで推計した場合，観察不可能な要因が内生性の問題を引き起こすかもしれない．例えば，エリートの数は過去と現在の人々の能力と相関があるかもしれない．また，過去におけるエリートの数や現代における男女不平等の度合いには，教育施設の数など，地区（district）に関連する多くの要因が影響すると考えられる．そこで，操作変数（Instrumental Variable: IV）法を用いる．よって(2)式を推定する前に，第1段階目の推計を以下のように行う．

$$Elite\ number_i = \omega_0 + \omega_1 IV_i + \omega_2 control_i + u_i \qquad (3)$$

ここでIV_iは操作変数（IV）である．(3)式の当てはめ値は式の第2段回目で使用される．エリートの数の操作変数は，皇帝試験会場の変遷とベトナム領土の拡大（図2-1参照）を考慮し，以下のように構築した：

$$IV_i = \sum_{k=1}^{179} (eligible_{ik} \times Distance\ to\ test\ venue_{jk}) / \sum_{k=1}^{179} eligible_{ik} \qquad (4)$$

各地区 i にダミー $eligible_{ik}$ を設定し，第 k 回皇帝試験時において i 地区がベトナムの領土であった場合は $eligible_{ik} = 1$（そうでない場合は $eligible_{ik} = 0$）とする．異なった 4 つの試験会場（$j=4$）は，1075 年から 1919 年の間に皇帝試験を実施したベトナムの 8 つの王朝に対応している（表 2-2 を参照）．*Distance to test venue$_{jk}$* は第 k 回皇帝試験の試験会場地 j までの距離である．距離は教育費の代理として機能する．ベトナムの狭い S 字型の領土は，北部と南部が高い山と川によって隔てられている．このような地理的条件・地形を考慮すると，試験会場までの交通費は受験者一人一人の教育費の大きな部分を占めていたと考えられる．よって IV は地域 i にとって「受験可能であった回の皇帝試験の試験会場地までの距離の合計」を「受験可能であった皇帝試験の回数」で除したものである．

いくつかの観点からこの IV の有効性を主張することができる．第 1 に，この IV は過去の人々の教育費の代理として用いることができ，またエリートの数とも強い関連がある．表 2-5 から明らかなように，エリートの数と IV の間には負で 1% 水準で統計的に有意な相関関係がある．

第 2 に，IV は地区の人々にとって外生的である．*Distance to test venue$_{jk}$* は，皇帝試験の受験者にとって外生的であるベトナム王朝の変化と関連している．この距離は，皇帝が最終試験で受験者に面接を行ったため，皇帝が住んでいた場所や都があった場所である皇帝試験会場に依存する．表 2-2 に示すように，1075 年から 1919 年の間，いくつかの異なる都があった．特に 1529 年から 1592 年の間は，ベトナムは 2 つの異なる王朝によって同時に統治されていたため，2 つの首都があった[11]．いくつかの首都は，地政学的・文化的な理由ではなく，歴史的な理由から選ばれた[12]．また，$eligible_{ik}$ という成分は，過去の人々にとって外生的なものである．なぜなら，皇帝試験の受験資格回数はベトナムの領土拡大の歴史と関連しているからである．13 世紀から 18 世紀にかけ

---

11) Ngo（2006）は，この時期，受験者は王朝間の境の制限なしにどちらの王朝のテストを受けるかを選ぶことができたと述べている．

4. 計量経済学的手法　　　25

表2-5　地区内のエリートの数と操作変数との相関関係

変数	エリートの数	エリートの数	エリートの密度	エリートの密度
	(1)	(2)	(3)	(4)
操作変数	−0.0036***	−0.0046***	−0.0000***	−0.0001***
	(0.0004)	(0.0004)	(0.0000)	(0.0000)
キン族の割合（2009年）		9.2805***		0.1331***
		(1.0693)		(0.0390)
都市化率（1992年）		−4.6031		−0.0115
		(4.5709)		(0.5016)
作付面積率（1992年）		12.3863***		0.1012***
		(1.6230)		(0.0319)
平均標高（1996年）		0.0053***		0.0001***
		(0.0011)		(0.0000)
人口密度（2009年）		0.2357**		0.0207*
		(0.0924)		(0.0123)
海岸線への距離		−0.0002		0.0002**
		(0.0035)		(0.0001)
地区の数	688	688	688	688
決定係数	0.108	0.303	0.022	0.164

注：（　）内は頑健な標準誤差（***p＜0.01，**p＜0.05，*p＜0.1）.

て，ベトナムの領土は南へ拡大し（図2-1参照），面積はほぼ2倍になった．新たに獲得された領土の人々は，併合以前は王朝の試験に参加する資格がなかった．つまり，併合以前にこれらの地域に住んでいた人々はベトナム人ではなく（すなわちキン族ではなく），皇帝試験を実施する機関を含め，同じ文化，言語，制度を共有していなかった（Dell et al., 2018 を参照のこと）．

　第3に，Kiviet（2020）によると，内生変数に対して操作変数を使用する場合，操作変数の除外制限（exclusion restriction）を統計学的に検証することは不可能である．除外制限条件とは，操作変数が被説明変数（ここでは $Outcome_i$）に直接影響を与えないことを意味する．このような理由から，除外制

---

12)　その典型的な例が，Nguyen 朝の首都フエである（フエはハノイから 600 km 以上南に位置する）．1598 年から 1787 年にかけての第2王朝 Le 朝の時代，この国はチン族とグエン族の2人の領主によって統治されていた．チン一族は北部に住み，首都は現在のハノイ市だった．グエン氏の初代領主グエン・ホアンは，勢力の強いチン氏との対立を避けるため，Le 朝領内の最南端の都市フエに移り住んだ．その後，グエン氏は新たな領土を併合し，領地をさらに南へと広げていった．そして 1802 年，グエン一族は全国を統一して権力を固め，Nguyen 朝を建国しフエを首都とした．

限条件を正当化するためには補強的な議論を用いてのみ可能である．そこで，いくつかの地理的コントロールを追加した．ほとんどの皇帝試験地（Hue, Vinh Loc, Tho Xuan）は，現在の経済活動において重要な役割を担っていない．このことは皇帝試験地の経済活動の代理指標である 2009 年の夜間光強度が，上位にランクされていないことからもわかる（表 2-2 参照）．IV と夜間光強度との間に有意な相関はなく，IV と夜間光強度の対数との間の正の相関は小さい（0.05）．

操作変数法を用いて(2)式を修正し，2 段階目では以下の(5)式を得る．

$$Outcome_i = \alpha_0 + \alpha_1 \widehat{Elite\ number}_i + \alpha_2 control_i + \tau_i \tag{5}$$

ここで，$\widehat{Elite\ number}_i$ は(3)式から得られる当てはめ値である．

上記で説明された操作変数法のモデルを用いて教育投資，及び男女不平等に関する被説明変数への儒教文化の影響を分析する．

5. 儒教文化の現代の教育投資への影響
：推計結果及びメカニズム

5.1. 現代の教育達成の「量」への永続的な影響

表 2-6 に示すように，ある地区におけるエリートの数は，現在の教育達成度の高さと関連していることがわかった．表 2-6 の(4)列と(6)列で示されるように，22 歳以上と 25 歳以上で，1 人の追加的エリートが 0.15 年の追加的な就学年数と関連している．

操作変数法の第 1 段階の結果（表 2-6 の(7)列，(8)列，及び(9)列）は，操作変数法の有効性に関するわれわれの議論を裏付けている．IV とエリート数の相関は 1% 水準で統計的に有意である．第 1 段階の F 統計量は 128.72 と十分大きい．IV の係数（表 2-6 の 7 列目）は，例えば，1010 年以降ベトナムに属し（$\sum_{k=1}^{179} eligible_{ik} = 179$），すべての試験会場から平均約 450 km 離れている地区（$IV_i = \sum_{k=1}^{179}(eligible_{ik} \times Distance\ to\ test\ venue_{jk}) / \sum_{k=1}^{179} eligible_{ik} = 450$）は，常に皇帝試験会場（全国レベル）である反実仮想地区と比較して，より高い教育コストを負担することを示している．このコストは，1075 年から 1919 年の全期

5. 儒教文化の現代の教育投資への影響：推計結果及びメカニズム　　27

表2-6　今日の「教育量」への影響

年齢層	≥18歳		≥22歳		≥25歳	
被説明変数	教育年数					
	OLS	IV 第2段階	OLS	IV 第2段階	OLS	IV 第2段階
	(1)	(2)	(3)	(4)	(5)	(6)
エリートの数	0.0333***	0.1668***	0.0298***	0.1518***	0.0297***	0.1522***
	(0.0053)	(0.0164)	(0.0043)	(0.0145)	(0.0043)	(0.0146)
決定係数	0.314		0.350		0.347	

被説明変数	エリートの数	エリートの数	エリートの数
	IV 第1段階	IV 第1段階	IV 第1段階
	(7)	(8)	(9)
操作変数	−0.0046***	−0.0046***	−0.0046***
	(0.0004)	(0.0004)	(0.0004)
キン族の割合	9.2805***	9.2805***	9.2805***
(2009年)	(1.0693)	(1.0693)	(1.0693)
都市化率	0.2357**	0.2357**	0.2357**
(1992年)	(0.0924)	(0.0924)	(0.0924)
作付面積率	−4.6031	−4.6031	−4.6031
(1992年)	(4.5709)	(4.5709)	(4.5709)
平均標高	12.3863***	12.3863***	12.3863***
(1996年)	(1.6230)	(1.6230)	(1.6230)
人口密度	0.0053***	0.0053***	0.0053***
(2009年)	(0.0011)	(0.0011)	(0.0011)
海岸線への距離	−0.0002	−0.0002	−0.0002
	(0.0035)	(0.0035)	(0.0035)
定数項	−5.0532***	−5.0532***	−5.0532***
	(1.0951)	(1.0951)	(1.0951)
F値[†]	128.72	128.72	128.72

地区数	688	688	688	688	688	688

注：[†] Kleibergen-Paap Wald rk F値である.
　　（　）内は頑健な標準誤差（***$p<0.01$，**$p<0.05$，*$p<0.1$）.
　　すべての推計に，キン族の割合，人口密度，都市化率，作付面積率，平均標高，海岸線への距離がコントロール変数として含まれている.

間において，エリートが2人少なくなることに相当する．しかし，その地区がもっと南にあり，ベトナム領であった期間が短い場合，そのような地区に住む人は，皇帝試験を受ける機会がより少なく，皇帝試験会場までの移動距離もより長いため，IVのエリートの数への影響もよりマイナスになる．

5.2. 現代の就学年数延長努力に対する持続的効果

　表2-7の(8)列，(9)列，及び(10)列に示されるように，ある地区におけるエリートの数は，2009年の就学率と有意な正の関係を持つ一方，中退及び未就学とは有意な負の関係を持つことがわかった．この結果は，エリートの存在が，現代における人生のごく初期段階での教育の継続に人々がより大きな関心と努力を払うことと関連していることを示唆している．また，ベトナムでは小学校への就学は義務教育であり無償であるため，中退率や未就学率は学習コストによって歪められる可能性が低く，それ以外の可能性のためであると考えられる．

5.3. 現代の教育の「質」への永続的な影響

　2009年のNEEU受験者のzスコアは，同じ出身地区を共有するエリートの数と関連していることがわかった[13]．表2-8に示されるように，地区内にエリートが1人増えると，テストの得点は最大0.02標準偏差上昇する．この結果は，グループ，科目（生物学，歴史，外国語を除く）に関係なく一貫している．

5.4. 儒教文化の現代の教育投資への持続的影響の考えられうる経路

　持続性のメカニズムを理解することは重要だが，大きな困難が伴う（Voth, 2021）．というのも，正式な制度（Acemoglu et al., 2002），地理的条件，歴史的な出来事，そして制度への信頼（Becker et al., 2016）といったインフォーマルなものなど，複数の経路が考えられうるからである．

　よって，儒教文化の現代の教育投資への影響に関しても，その経路が一つしかないとは考えにくい．しかしながら，人的資本投資における伝統と文化的要因が最も重要な経路である可能性が示唆される．儒教文化の遺産の本質は儒教の内容そのものではない．例外的なケースは次節で検証する儒教文化とジェンダー規範である．現在のベトナム人には，儒教に関する過去の知識を学ぶ動機

---

13)　追加的なコントロール変数として性別ダミーと，その個人が現代の教育政策上の特権を受けられないかどうかを示すダミーが含まれている（受けられない場合は1，そうでない場合は0）．教育政策特権の対象者は，戦闘で負傷または死亡した兵士の子弟やその他の国家的英雄である（ベトナム政府の規定による）．

表 2-7 教育年数への影響

被説明変数	未就学率	退学率	就学率		NEEU 受験率		教育支出の家計支出に占める割合
年齢層	7-10歳	7-10歳	7-10歳	18-24歳	1991年生まれ	1991年生まれ	すべて
OLS	(1)	(2)	(3)	(4)	(5)	(6)	(7)
エリートの数	-0.0002***	-0.0004***	0.0006***	0.0008*	0.0051***	0.0011***	0.0003***
	(0.0000)	(0.0000)	(0.0001)	(0.0005)	(0.0007)	(0.0003)	(0.0001)
決定係数	0.354	0.209	0.324	0.313	0.310	0.523	0.193
IV 第2段階	(8)	(9)	(10)	(11)	(12)	(13)	(14)
エリートの数	-0.0017***	-0.0018***	0.0034***	0.0073***	0.0241***	0.0038***	0.0013***
	(0.0002)	(0.0002)	(0.0004)	(0.0011)	(0.0022)	(0.0009)	(0.0002)
F値†	128.84	128.84	128.84	128.72	128.84	128.88	130.40
地区数	687	687	687	688	687	682	590

注：表2-6に同じ。

表2-8　2009年NEEUのzスコアを用いた［教育の質］への影響

テストグループ	A				B			
被説明変数	合計点	物理	数学	化学	合計点	生物	数学	化学
	(1)	(2)	(3)	(4)	(5)	(6)	(7)	(8)
OLS								
エリートの数	0.0043***	0.0049***	0.0023***	0.0042***	0.0051***	0.0000	0.0066***	0.0045***
	(0.0006)	(0.0008)	(0.0005)	(0.0006)	(0.0009)	(0.0005)	(0.0011)	(0.0008)
決定係数	0.036	0.035	0.029	0.021	0.058	0.020	0.063	0.041
IV 第2段階	(9)	(10)	(11)	(12)	(13)	(14)	(15)	(16)
エリートの数	0.0205***	0.0225***	0.0114***	0.0201***	0.0216***	-0.0035***	0.0292***	0.0202***
	(0.0022)	(0.0022)	(0.0017)	(0.0021)	(0.0023)	(0.0013)	(0.0028)	(0.0023)
F値†	151.71	151.71	151.71	151.71	147.78	147.78	147.78	147.78
受験者数	341,085	341,085	341,085	341,085	178,840	178,840	178,840	178,840

テストグループ	C				D			
被説明変数	合計点	文学	歴史	地理	合計点	文学	数学	外国語
	(17)	(18)	(19)	(20)	(21)	(22)	(23)	(24)
OLS								
エリートの数	0.0026***	0.0057***	0.0001	0.0014	0.0038***	0.0082***	0.0028***	-0.0017**
	(0.0009)	(0.0009)	(0.0009)	(0.0009)	(0.0010)	(0.0013)	(0.0009)	(0.0008)
決定係数	0.038	0.089	0.019	0.020	0.062	0.095	0.047	0.063
IV 第2段階	(25)	(26)	(27)	(28)	(29)	(30)	(31)	(32)
エリートの数	0.0186***	0.0351***	0.0022	0.0119***	0.0270***	0.0401***	0.0212***	0.0021
	(0.0023)	(0.0033)	(0.0019)	(0.0022)	(0.0035)	(0.0042)	(0.0028)	(0.0024)
F値†	155.98	155.98	155.98	155.98	124.41	124.41	124.41	124.41
受験者数	50,778	50,778	50,778	50,778	111,104	111,104	111,104	111,104

注：†Kleibergen-Paap Wald rk F値である．
（　）内は地区レベルでクラスター化された標準誤差（***$p<0.01$，**$p<0.05$，*$p<0.1$）．
すべての推計に性別，特権対称か否か，キン族の割合，人口密度，都市化率，作付面積率，平均標高，海岸線への距離がコントロール変数として含まれている．

がほとんどない．中国とは対照的に，漢字は現在のベトナム人の生活の一部ではない．また知る限りでは，儒教の教科書の内容が現代の教科書に転用されたり，今日の大学入試や技術に影響を与えたりしていることはない．したがって，儒教の内容や知識を社会的相互作用を通じて強制的に伝達しても，過去に多くのエリートを輩出した地区に現代住んでいる人々には何の教育的利点もない．

その代わりに，地元の人的資本に投資するという長い伝統に由来する経路があると考えられる．Nguyen（2005）は，村に保存されている石碑の記録から村の制度について考察している．Nguyen（2005）は，1767年に村人が学校建設のために土地を寄付したことに注目している．彼らは教育目的のために公営の田んぼまで持っていた．田んぼを貸して得たお金は，村人のための私立学校に使われた．そのお金は優秀な教師を雇い，ボーナスを支払うためにも使われた．また，村人たちは村の図書館を管理する人を指名した．村人たちは（学習や試験準備のための）本を買い，学習の意欲ある人たちに分け与えた．Nguyen（2005）は，教育担当者は本を長持ちさせるために，晴れた日には儒教の本を直射日光の当たる場所に置かなければならないという村の規則を発見した．Nguyen（2005）はまた，村人に学習を奨励する村のプログラムの記録も発見している．公務などの強制労働を免除し，皇帝試験に合格するとボーナスを支給する．このプログラムでは，学習者が国家レベルの皇帝試験で最高位を獲得することも奨励された．皇帝試験合格者の名前は，石碑に刻まれたり，村の共有の家に保管されている記録に残されたりした．これは今日でも一族の誇りとされ，代々受け継がれている[14]．

地元の人的資本に投資するという長い伝統，すなわちこの人的資本投資の文化の持続性の議論を支持するいくつかの統計的証拠がある．第1に，表2-4に示した推計結果は，王朝を超えて同じ出身地のエリート間に持続的な相関があることを示している．

第2に，表2-7の推計（⑭列）は，エリートの数と現在の教育投資との関連を示している．エリートの数が1人増えると，現代の家計支出全体に占める教

---

14) この伝統はエリートの一族の中だけに存在するのではないことに注意したい．ベトナムの各村には一般的にいくつかの姓がある．

表 2-9　教育機関の密度に及ぼす影響

被説明変数	以下の変数の密度の対数値			
	小学校	中学校	高校	大学
OLS	(1)	(2)	(3)	(4)
エリートの数	0.0047	0.0176***	0.0091***	0.0017
	(0.0032)	(0.0035)	(0.0031)	(0.0080)
決定係数	0.151	0.086	0.016	0.261
IV 第2段階	(5)	(6)	(7)	(8)
エリートの数	0.0179	0.0641***	0.0565***	0.0196
	(0.0140)	(0.0140)	(0.0152)	(0.0152)
F 値[†]	128.84	128.72	128.84	128.84
地区数	687	688	687	687

注：GSO が作成している 2007 年の Establishment Census を利用し，地区内にある小学校，中学校，高校，大学
　　の数をカウントした．学校・大学の密度は，2009 年の対応する学齢コホートの子ども 10 万人当たりである．
　　密度の対数値は次の変換を用いている：$\ln(x) = \ln(x + (x^2 + 0.001)^{\wedge}(1/2))$．
　　（　）内は頑健な標準誤差（***p<0.01，**p<0.05，*p<0.1）．
　[†] Kleibergen-Paap Wald rk F 値である．
　　すべての推計に，キン族の割合，人口密度，都市化率，作付面積率，平均標高，海岸線への距離がコントロ
　　ール変数として含まれている．
　　Con Co 地区は対象年齢の人口が存在しないため除外した．

育費の割合が約 0.13% 増加する．これは教育支出の 1.7% 増に相当する．

　第 3 に，人的資本投資は地域の学校の密度が高いことと関連しているかもし
れない．（各対応する学齢コホート）人口 10 万人当たりの学校数と大学数の
対数値を新たなアウトカム変数として(5)式を推計した．表 2-9 の(2)列，(3)列
に示した結果は，エリートの数が多いほど中学・高校の密度が高いことを示唆
している．残念ながら，これらの結果が地域の教育サービスの供給サイドに由
来するものなのか，需要サイドに由来するものなのかを区別することはできな
い．

　ただし，小学校や大学の配置に関してエリート数が統計的に有意性ではない
ことについては，理由が考えられる（表 2-9 の(1)列，(4)列，(5)列，及び(8)列を参
照）．小学校に関しては，2009 年のベトナムの小学校のほとんどは公立であり，
普遍的な初等教育を保証するために，市場原理によるこのサービスの提供の失
敗に対処するためにベトナム政府が介入していた．大学に関しては，規模の経
済の理由から，すべての地区に大学がある必要はない．本章で検討している行

政単位である地区はおおよそ半径 12 km, 平均人口 126,227 人と小さい. また, 大学は地元住民だけのためにあるわけではないため, 統計的に非有意であっても不思議ではない.

人的資本への投資の持続的な遺産は, いくつかの経済的インセンティブによって説明することも可能である. 第 1 に, 全国学力テストの得点に対するリターンは大きい. 2009 年の NEEU の z スコアが 1 標準偏差上昇すると, 9〜11 年後の賃金は 9% 上昇する (Vu and Yamada, 2023). 第 2 に, 学歴は賃金水準において重要な役割を果たす (Vu and Yamada, 2018). したがって, より多くの就学年数を追求することは, より高い所得につながり, その結果, 個人を貧困から脱却させるはずである. 人的資本への投資が長期にわたって高い水準にある地域に住む人々は, この投資に対する見返りを認識しやすい. 一方, 大学入試は競争的である. 需要が大学の定員をはるかに上回り, 入試受験者のわずか 4〜50% しか大学に入学できない.

したがって, 人的資本への投資は文化の一部として存続し, インフォーマルな制度を通じて伝達され, それがフォーマルな制度によって可能になったのである. 現在のベトナムの正式な制度は共産主義イデオロギーに基づいている. ベトナムの王朝制度は 1945 年に廃止された. しかし, 特に村レベルの行政は常に中央政府の統制から自由であったため, 正式な制度が村の文化とその規制の繁栄を可能にしている (Dell et al., 2018). 現在の政府規則 (2009 年 11 月付政令第 92/2009/ND-CP 号参照) では, コミューンレベルの行政職のうち, 政府予算から給与を受け取ることができるのはわずかな役職に限られている. さらに, 2019 年 4 月付政令第 34 号/2019/ND-CP では, 村レベルで政府予算からわずかな補助金を受けることができる役職の数は 3 つ以下と定められ, 非専門職に限定された. これは, 村の役人が主に地元の有権者の意思と利用可能な資金に基づいて選出されることを示唆している.

大家族制度を含む家族の絆も重要であり (Wantchekon et al., 2015), 教育投資文化の遺産の直接的な経路を提供すると考えられる. 残念ながら, Chen et al. (2020) らが中国の科挙制度の文脈で用いた方法でベトナムに関してこの経路をさらに調査することには多大な困難がある. 例えば, 一部のベトナム人の姓がどれほど一般的であるかということを考えれば想像に難くない. とりわけ,

Nguyen という姓は，エリートと 2009 年の NEEU 受験者の両方の 3 分の 1 近くを占めている．さらに，現在ベトナム文字で書かれている特定の姓は，過去に同じ発音の漢字で書かれたいくつかの異なる名前と関連付けられている可能性がある．よって，この経路に関してベトナムでさらなる分析をすることは困難である．

6. 儒教文化の現代の男女不平等への影響
：推計結果及びメカニズム

6.1. 男女比較のための変数の作成

前節では，地区の教育投資の違いにフォーカスを当てて分析・解釈を行った．本節では，分析単位は地区で変わらないものの，地区内での男女間の差異にフォーカスを当てる．具体的には地区レベルの分析において，労働及び経済活動，健康，教育のアウトカム変数を作成する．その際可能な限り，各変数について 3 つのカテゴリーを用意する．具体的には，男女別に一つずつ，また，女性の変数を男性の変数で割った相対的な変数を作成する．相対的な変数は，男女間の不平等に関する地域間の違いを表す．唯一の例外は性比（sex ratio），つまり女性 1 人当たりの男性の数である．相対的な変数を用いた場合，儒教の全般的な影響は相対的な変数（比率）の範囲内で，男女間で均等な影響を与えると考えられる．一方，儒教が男女間の差異を生み出しているのであれば，これら比率が儒教の影響が異なる地区間で異なってくると考えられる．

具体的には，労働及び経済活動に関しては 3 つの変数を作成する．最初の変数は，男女別の地区における経済活動参加率である．この変数作成のために GSO の 2010 年 VHLSS を用いた．2010 年の VHLSS は 46,995 世帯，185,696 人を対象とする全国代表調査である．VHLSS には，調査前の直近 12 ヵ月間の回答者の労働に関する情報が含まれている．それぞれの地区で収入を得るために働いていると答えた人の数を男女別に合計する[15]．その合計を対応する性別の地区人口で割って参加率を求める．この計算では，22-55 歳の年齢層を

---

15) 給与所得者（労働時間や契約に関係なく）も自営業も含まれる．

対象とした[16]．2つ目の変数については，妻と夫のどちらか一方が世帯主である世帯のみ経済活動への参加を示す変数を用いて，妻と夫の間の格差を計算した．VHLSS において，収入のために働いていると申告していれば1に等しく，そうでなければ0に等しい指標を作成する．したがって，この指標のギャップ（世帯内のギャップ）は，−1，0，1のいずれかである．ここでは，対応する世帯の情報から地区ごとの平均ギャップを集計した．第3の変数は，その地区に所在する企業の最も高いポジションに就いている女性の比率である．ここでは，2012 年ベトナム経済センサス（Vietnamese Economic Census: VEC）を用いた．2012 年の VEC には，ベトナム企業 33 万 9,000 社における最高職位者（オーナー及び／または取締役）の性別情報が含まれている．この比率は，2012 年のその地区に所在する全企業の最高役職者のうち，女性の人数をカウントすることによって作成した．

さらに，保健と教育の変数を作成する．健康アウトカム（女児の生存率対男児の生存率）については，2009 年の人口センサスで 0-4 歳の男児の数を数え，同じ年齢層の女児の数で割って地区ごとの男女比を求める．教育については，2009 年には教育を修了している人が大半であろう 22 歳以上の人口を基に，各地区の平均就学年数を算出した．

年齢コーホート別の地区別教育変数については，中学，高校，高校卒業後（高等教育）に対応する3つの年齢コーホート（11-14 歳，15-17 歳，19-21 歳）の3つの変数を追加した．各地区の就学率は，2009 年4月1日時点で「就学している」と確認された人の数を，同じ年齢コーホートの対応する総人口で割っている．2009 年4月1日時点で中途退学した者についても同様の計算を行う．また，各年齢コーホートについて，各地区の未就学率を算出した．

さらに，1991 年生まれの NEEU 受験者の数学 z スコアに関連するいくつかの変数を構築する．第1に，地区と性別（女性は F，男性は M）ごとの平均 z スコアと，地区内の2つの性別間の平均 z スコアの差（F−M）を計算する．第2に，地区ごとに z スコアが1より大きかった女性（男性）受験者数を数え，

---

16) 2008 年時点では，女性の法定定年は 55 歳だった．また，22 歳の人々は学校教育をすでに修了している可能性が高い．

第2章　ベトナムの皇帝試験の遺産（1075年から1919年まで）

表2-10　労働，経済活動，保健，教育に関する地区データの記述統計

変数	地区数	平均値	標準偏差	最小値	最大値
22-35歳人口の経済活動への参加率					
女性	680	0.34	0.16	0	0.88
男性	680	0.54	0.16	0	1
家庭内のギャップ（妻−夫）の平均値	680	−0.21	0.14	−0.72	0.5
企業の最高職位に女性がついている割合	686	0.19	0.08	0	0.5
教育年数（22歳以上）					
女性（F）	688	7.10	2.29	2.82	54.5
男性（M）	688	7.48	1.61	2.93	13.79
相対比（F/M）	688	0.95	0.14	0.77	4.31
男女比（5歳未満）	688	1.08	0.04	0.71	1.26

その人数をその地区の NEEU の女性（男性）受験者総数で割って比率を求める．女性の比率を男性の比率で割って相対比率を求める．第3に，zスコアが−1未満の受験者の相対比率についても同様の手順を踏んで比率を求める．2番目と3番目の指標は，zスコア分布の両端における不平等の違いを測定する．

　以上で説明された変数に関する記述統計は表2-10と表2-11に示されている．これらの変数に関して，第4節で紹介した操作変数法のモデルを用いて推計を行った．

6.2. 推計結果

6.2.1. 労働及び経済活動

　男女別の経済活動への参加率，企業のトップにおける女性の比率から，儒教的規範の影響が見られるか検証する．特に家庭内分業については，妻と夫の経済活動への参加率の変数（家庭内格差）を検証する．表2-12の(6)列の結果は，儒教的規範の影響が存在することを明確に示している．エリートの数が1標準偏差（SD＝11.2）増加すると，妻が夫より経済活動への参加率で劣る可能性が0.04倍高くなる．また，表2-12の(8)列に示すように，エリートの数と地区内企業の最高ポジションにおける女性比率との間には負の関係が見出される．一方，表2-12の(2)列に示すように，統計的に有意ではないものの，係数が負であることから，エリートが多い地区の女性は，他の地区の女性よりも経済活動に参加しにくい可能性が示唆される．

6. 儒教文化の現代の男女不平等への影響：推計結果及びメカニズム

表2-11　教育に関する地区データの記述統計

変数	地区数	平均値	標準偏差	最小値	最大値
パネル A：11-14 歳人口					
就学率					
女性（F）	688	0.89	0.10	0.38	1
男性（M）	687	0.88	0.09	0.52	0.99
相対比（F/M）	687	1.01	0.07	0.57	1.36
中退率					
女性（F）	688	0.09	0.08	0	0.41
男性（M）	687	0.11	0.08	0.01	0.34
相対比（F/M）	687	0.84	0.26	0.19	2.02
未就学率					
女性（F）	688	0.02	0.05	0.00	0.49
男性（M）	687	0.02	0.02	0.00	0.24
相対比（F/M）	686	1.00	0.60	0.00	4.99
パネル B：15-17 歳人口					
就学率					
女性（F）	687	0.66	0.17	0.16	0.95
男性（M）	687	0.61	0.15	0.09	0.94
相対比（F/M）	687	1.09	0.18	0.40	3.88
中退率					
女性（F）	687	0.33	0.15	0.05	0.75
男性（M）	687	0.38	0.15	0.05	0.91
相対比（F/M）	687	0.84	0.17	0.40	1.58
未就学率					
女性（F）	687	0.03	0.07	0	0.60
男性（M）	687	0.02	0.03	0	0.31
相対比（F/M）	685	1.11	0.80	0	7.13
パネル C：1991 年生まれ人口					
NEEU の z スコアが−1 未満の受験者の割合					
女性（F）	679	0.15	0.07	0	0.67
男性（M）	679	0.15	0.08	0	0.75
相対比（F/M）	673	1.11	0.50	0	4.50
NEEU の z スコアの平均値					
女性（F）	679	0.01	0.26	−1.17	0.66
男性（M）	679	0.10	0.28	−0.96	0.79
差分（F−M）	679	−0.09	0.18	−0.86	0.92
NEEU の z スコアが 1 を上回る受験者の割合					
女性（F）	679	0.17	0.08	0	0.40
男性（M）	679	0.20	0.09	0	0.50
相対比（F/M）	645	0.84	0.37	0	5.87
パネル D：19-21 歳人口					
就学率					
女性（F）	687	0.18	0.19	0.02	0.91
男性（M）	687	0.18	0.17	0.03	0.85
相対比（F/M）	687	0.99	0.28	0.19	2.28
中退率					
女性（F）	687	0.81	0.19	0.09	0.98
男性（M）	687	0.82	0.17	0.15	0.97
相対比（F/M）	687	0.99	0.10	0.44	1.60
未就学率					
女性（F）	687	0.05	0.10	0	0.71
男性（M）	687	0.03	0.04	0	0.37
相対比（F/M）	686	1.31	0.90	0.20	7.40

表 2-12 女性の経済活動への参加への影響（22–55 歳人口）

	経済活動参加率				家庭内のギャップ（妻ー夫）		企業の最高職位に女性がついている割合	
	女性		男性					
	OLS	IV 第2段階	OLS	IV 第2段階	OLS	IV 第2段階	OLS	IV 第2段階
	(1)	(2)	(3)	(4)	(5)	(6)	(7)	(8)
エリートの数	−0.0004	−0.0006	−0.0002	0.0011	−0.0007	−0.0035***	−0.0025***	−0.0084***
	(0.0005)	(0.0011)	(0.0005)	(0.0010)	(0.0005)	(0.0011)	(0.0004)	(0.0009)
決定係数	0.140		0.219		0.042		0.195	
F値†		126.7		126.7		126.7		126.4
地区数	680	680	680	680	680	680	686	686

注：† Kleibergen-Paap Wald rk F 値である.
（ ）内は頑健な標準誤差（***p<0.01, **p<0.05, *p<0.1）.
すべての推計に、キン族の割合、人口密度、都市化率、作付面積率、平均標高、海岸線への距離がコントロール変数として含まれている。

6. 儒教文化の現代の男女不平等への影響：推計結果及びメカニズム　　39

表2-13　男女比及び教育年数への影響

年齢層	0-4 歳	22 歳以上		
	男女比	教育年数		
	男性/女性	女性	男性	女性/男性
OLS	(1)	(2)	(3)	(4)
エリートの数	0.0011***	0.0268***	0.0314***	−0.0004**
	(0.0001)	(0.0042)	(0.0045)	(0.0002)
決定係数	0.283	0.159	0.465	0.054
IV 第2段階	(5)	(6)	(7)	(8)
エリートの数	0.0022***	0.1522***	0.1634***	−0.0009
	(0.0003)	(0.0181)	(0.0161)	(0.0008)
F 値†	126.2	126.2	126.2	126.2
地区数	688	688	688	688

注：表2-12に同じ.

6.2.2. 男女比と成人の教育年数

　2009年の地区レベルの5歳未満児の男女比において，儒教の長期にわたる影響，すなわち性別の偏りを発見した．より具体的には，エリートの数が1標準偏差増加すると，表2-13の(5)列のIV第2段階で示されているように，同地区の0-4歳の女児10,000人のうち，約246人の「失われた（missing）」女児（すなわち，追加的246人の男児）と相関している．これは，人口約12万6,000人のベトナムの典型的な地区では，3,105人（毎年621人）の女児が「失われている」ことに相当する．幼い子どもに対する性別選択は，出生前選択（性選択的中絶）と出生後選択（娘のネグレクト）の両方が要因として考えられる．これまでの人口統計学的研究では，儒教（息子優先主義）が性別選択的中絶の原因であるとされてきたが，直接的な統計的証拠はなかった．エリートの数という連続変数に基づくここでの結果は，この議論に対する最良の統計的証拠であると考えられる．

　次に成人の教育年数の結果に移る．他の地区の結果と比較すると，エリートを輩出した地区では，男女ともにエリートの数に応じて教育年数が高くなっていることに注目したい（表2-13の(6)列と(7)列参照）．これは，これらの地区では教育への投資がサンプルを男女別に分けても継続的に行われているためと考

えられ，前節の結果と整合的である．これを男女比で見た場合（表2-13の(8)列参照），エリートを輩出している地区で女性の教育年数が男性のそれに比べて低くなる傾向がうかがえるが，統計的な有意性は見られない．

しかし，地区内の男女不平等は依然として問題を引き起こしている．家庭内での仕事の分担については，エリートのいる地区の女性は，経済活動への参加という点で劣る傾向が強い．また，働いていても，会社のトップになる確率は他の地区の女性より低い．

6.2.3. 特定の年齢層における教育達成度

まず，男女不平等は，就学率と未就学率において，エリートの数と関係していることがわかった．表2-14の(12)列と(18)列に示されているように，相対的に見ると，11-14歳のコーホートでは，地区内のエリートの数が1標準偏差増加すると，女子の就学率が0.014倍低くなり，女子未就学の確率（つまり，学校に行くか行かないかの最初の選択）が0.05倍高くなる．15-17歳のコーホートでは，対応する数値は0.023倍と0.1倍であるが，前者は統計的に有意ではない．

しかし，表2-14及び表2-15の(15)列に示されているように，学校中退率という結果では逆の効果が見られる．地区内のエリートの数が1標準偏差増加すると，11-14歳（15-17歳）コーホートでは，女子の退学率が男子の0.1倍（0.05倍）相対的に低くなる．しかし，女子の退学率の改善は，未就学率の悪化を十分に補っていない可能性がある．したがって，総合的に考えると儒教の影響は依然として女性にとって不利に働いていると思われる．

次に，1991年生まれのコーホートにおける大学進学状況（表2-16）について，地区ごとのzスコアの平均値を考慮すると，同じ地区の女性と男性のzスコアの差（平均値）は，エリートと正の相関があることがわかる．zスコアの高い方（つまり1標準偏差以上）では，エリートの数とzスコアの高い学生の割合は女性に関しては正で統計的に有意な関係が見られる（表2-16の(16)列）が男性のそれでは同様の傾向は見られない．これらの男女の変数の比率とエリートの数の相関は正であり，これは女性にとってメリットである．対照的に，得点分布の下限（zスコア< -1）では，異なった傾向が見られる．とりわけ，表2-16の(11)列に示した結果は，エリートを輩出した地区の親が，他の地区の

表 2-14 11-14歳の年齢層における教育進学への影響

	就学率			退学率			未就学率		
	女性	男性	女性/男性	女性	男性	女性/男性	女性	男性	女性/男性
	(1)	(2)	(3)	(4)	(5)	(6)	(7)	(8)	(9)
OLS									
エリートの数	0.0023***	0.0027***	−0.0004***	−0.0023***	−0.0025***	−0.0021***	−0.0001***	−0.0002***	0.0025**
	(0.0003)	(0.0003)	(0.0001)	(0.0003)	(0.0003)	(0.0005)	(0.0000)	(0.0000)	(0.0011)
決定係数	0.296	0.219	0.361	0.220	0.212	0.284	0.425	0.260	0.466
	(10)	(11)	(12)	(13)	(14)	(15)	(16)	(17)	(18)
IV 第 2 段階									
エリートの数	0.0116***	0.0124***	−0.0013***	−0.0104***	−0.0113***	−0.0097***	−0.0015***	−0.0015***	0.0047*
	(0.0011)	(0.0012)	(0.0004)	(0.0010)	(0.0011)	(0.0018)	(0.0002)	(0.0002)	(0.0025)
F 値[†]	126.2	126.3	126.3	126.2	126.3	126.3	126.2	126.3	126.4
地区数	688	687	687	688	687	687	688	687	686

注：表 2-12 に同じ。

表 2-15 15-17 歳の年齢層における教育進学への影響

	就学率			退学率			未就学率		
	女性	男性	女性/男性	女性	男性	女性/男性	女性	男性	女性/男性
	(1)	(2)	(3)	(4)	(5)	(6)	(7)	(8)	(9)
OLS									
エリートの数	0.0044***	0.0046***	-0.0009***	-0.0043***	-0.0045***	-0.0012**	-0.0002***	-0.0003***	0.0031**
	(0.0006)	(0.0006)	(0.0003)	(0.0006)	(0.0006)	(0.0006)	(0.0001)	(0.0000)	(0.0015)
決定係数	0.293	0.275	0.209	0.253	0.266	0.214	0.450	0.250	0.451
	(10)	(11)	(12)	(13)	(14)	(15)	(16)	(17)	(18)
IV 第 2 段階									
エリートの数	0.0199***	0.0202***	-0.0021	-0.0189***	-0.0193***	-0.0048***	-0.0021***	-0.0020***	0.0094***
	(0.0019)	(0.0019)	(0.0013)	(0.0018)	(0.0018)	(0.0011)	(0.0003)	(0.0003)	(0.0036)
F 値†	126.3	126.3	126.3	126.3	126.3	126.3	126.3	126.3	126.4
地区数	687	687	687	687	687	687	687	687	685

注：表 2-12 に同じ。

表 2-16　1991 年生まれの NEEU 受験者テストスコアへの影響

	NEEU の z スコアが−1 未満の受験者の割合			NEEU の z スコアの平均値			NEEU の z スコアが 1 を上回る受験者の割合		
	女性	男性	女性/男性	女性	男性	女性−男性	女性	男性	女性/男性
	(1)	(2)	(3)	(4)	(5)	(6)	(7)	(8)	(9)
OLS									
エリートの数	−0.0006***	0.0005***	−0.0083***	0.0025***	−0.0003	0.0028***	0.0007***	0.0004*	0.0014**
	(0.0002)	(0.0001)	(0.0013)	(0.0006)	(0.0005)	(0.0004)	(0.0002)	(0.0002)	(0.0006)
決定係数	0.232	0.311	0.060	0.429	0.576	0.138	0.449	0.492	0.062
IV 第 2 段階	(10)	(11)	(12)	(13)	(14)	(15)	(16)	(17)	(18)
エリートの数	−0.0033***	0.0015***	−0.0374***	0.0096***	−0.0021	0.0116***	0.0022***	0.0006	0.0047*
	(0.0006)	(0.0004)	(0.0047)	(0.0018)	(0.0014)	(0.0015)	(0.0005)	(0.0005)	(0.0026)
F 値†	127	127	127	127	127	127	127	127	128
地区数	679	679	673	679	679	679	679	679	657

注：表 2-12 に同じ。

表 2-17 19-21 歳の年齢層における教育進学への影響

	就学率			退学率			未就学率		
	女性	男性	女性/男性	女性	男性	女性/男性	女性	男性	女性/男性
	(1)	(2)	(3)	(4)	(5)	(6)	(7)	(8)	(9)
OLS									
エリートの数	0.0005	0.0007	−0.0022**	−0.0005	−0.0006	0.0001	−0.0002**	−0.0004***	0.0053***
	(0.0006)	(0.0005)	(0.0009)	(0.0006)	(0.0005)	(0.0004)	(0.0001)	(0.0001)	(0.0018)
決定係数	0.306	0.329	0.188	0.295	0.324	0.030	0.527	0.312	0.521
IV 第 2 段階	(10)	(11)	(12)	(13)	(14)	(15)	(16)	(17)	(18)
エリートの数	0.0060***	0.0063***	−0.0076***	−0.0056***	−0.0060***	0.0001	−0.0033***	−0.0028***	0.0148***
	(0.0013)	(0.0012)	(0.0021)	(0.0013)	(0.0012)	(0.0008)	(0.0005)	(0.0003)	(0.0037)
F 値†	126.3	126.3	126.3	126.3	126.3	126.3	126.3	126.3	126.4
地区数	687	687	687	687	687	687	687	687	686

注：表 2-12 に同じ.

親に比べて，NEEU に合格する確率の低い男子を受験させた可能性を示唆している．これとは対照的に，エリートを輩出した地区では，NEEU に合格する確率の低い女子が受験する確率が低い（表2-16 の⑽列）傾向が見受けられる．これは，エリートを輩出した地区での女性差別の表れかもしれないといえよう．

第3に，19-21 歳のコーホート（表2-17）については，相対的な出席率と未入学率について，結果の解釈は同様であり，つまり，男女不平等が大きいこととエリートの数の間には正の関係性がある．19-21 歳の出席率は，おそらく高校卒業後の教育，つまり高等教育課程と関連していると思われる．

6.3. メカニズム

前節の教育投資文化の形成の経路の議論と同様に，儒教の教えの伝播や，儒教の影響がなぜ持続しているのかを説明できる経路や要因はいくつもあると考えられる．第1に，儒教の強さの代理として地区ごとの 1075 年から 1919 年までのエリートの総数を用いたが，儒教文化とジェンダー規範に関するその教えは，世代から世代へと時間をかけて伝達された．第3節で示したように，ある王朝でエリートが多かった地区は，次の王朝でもエリートが多い傾向があることがわかっている．エリートは氏族や村落の成功例であるため，儒教文化は時間の経過とともに形成され，強化される．さらに，エリートを擁する村の規則は，儒教の教えの影響を受けている可能性が高い．というのも，村内のエリートはその村において重要な地位を占めている可能性が高く，彼らが地域の規則に儒教的な学識や慣習を植え付ける可能性が高いからである．儒教の影響を受け，村の掟は家訓や教えを通じて次世代に受け継がれ，それが地域のジェンダー規範の形成にも寄与したと考えられる[17]．

第2に，儒教の教えが現代まで存続している経済的な理由として，農業・養殖業・畜産業がベトナムではいまだ盛んであることが考えられる．表2-18 の⑷列に示されているように，エリートの数は，男性に有利な傾向があるこうし

---

17) 共産主義が地域レベルでのジェンダー規範の伝達に及ぼした影響については Boelmann, Raute, and Schönberg (2021) も同様に説明している．

表2-18　エリートと現代の指標との相関

変数	移住者受入比率		農業・養殖業・畜産業従事者比率		農水産業従事者1人当たりの耕作地面積	
	OLS	IV 第2段階	OLS	IV 第2段階	OLS	IV 第2段階
	(1)	(2)	(3)	(4)	(5)	(6)
エリートの数	−0.0005**	−0.0015***	0.0033***	0.0097***	−0.0001***	−0.0002***
	(0.0002)	(0.0005)	(0.0007)	(0.0014)	(0.0000)	(0.0001)
決定係数	0.184		0.439		0.087	
F値†		126.4		126.7		115.2
地区数	685	685	680	680	654	654

注：表2-12を参照。

2009年国勢調査の15%版には、過去5年以内にその地区に移り住んだ5歳以上の間人に関する情報が含まれている。この情報を用いて、地区人口（5歳以上）に占める移住者の割合を算出した。その他の被説明変数は、VHLSS 2010、耕作地比率、2009年の地区人口から算出した。

た生産への労働力参加の割合が高いことと正の関係がある．したがって，孔子の教えと儒教が信奉する性別による分業は，この種の生産と依然として適合している．

第3に，孔子の教えに直接言及しなくても，村の文化や制度が存続し，インフォーマルな形で孔子の教えの維持に役立っている可能性がある．かつて，皇帝は村の規制や村の組織方法に干渉しなかった（Dell et al., 2018）．さらに，ベトナムの人々はもはや儒教の原典を使わず，読むこともできないため，孔子の教えは伝統的な儒教の書物から直接伝えられていない．さらに，王朝は孔子のイデオロギーに従ったが，宗教的な人物として孔子を崇拝することはなかった．ベトナムで孔子を祀る公の場所を見つけるのは容易ではない．

第4に，儒教的影響が持続するもう一つの有力な説明として，移住者の流入に対する抵抗が考えられる[18]．表2-18の(2)列に示すように，エリートの数は2005年から2009年にかけての移住者受入比率と負の相関がある．この結果は，エリートを輩出した地区では，文化規範が流入移民とその文化をあまり歓迎していないことも示唆している．これは，エリートを輩出した地区では，労働者1人当たりの農地面積が小さい傾向があるためかもしれない（表2-18の(6)列）．したがって，地区住民は流入移住者，特に同種の生産労働に従事する移住者を歓迎することをためらう可能性がある．なぜなら，流入移住者は同じ希少資源である農地をめぐって地区住民と競合する可能性が高いからである．

7. 結論：研究の限界及び残された課題

本研究では，操作変数法を用いて，ある地区における儒教エリートの数を指標とした儒教が，現代の教育の量と質とどう関係しているかを検証した．その結果，エリートの数と平均就学年数（18歳以上，22歳以上，25歳以上）や家計支出に占める教育費の割合などの教育変数において，正の統計的有意な関係が認められた．NEEUテストのzスコアも，エリートの数と正の関係がある

---

18) 移住に関しては，人口の15%を無作為にカバーした2009年の国勢調査の追加質問の情報を使用した．

ことがわかった．次に，儒教文化が現代のベトナムにおける男女不平等に持続的な影響を与えるかどうかを検証した．その結果，経済活動への参加，男女比，就学率において，儒教が男女不平等に与える影響は持続的であることがわかった．また，女子生徒の場合，エリート輩出地区の女子ほど，学校中退率が比較的低く，平均の NEEU z スコアが高いだけでなく，教育年数も長いため，エリートを輩出しなかった地区と比べてメリットがあることもわかった．しかし，これらのメリットは，儒教の影響による男子（もしくは男性）が好まれることから生じる損失を補うには十分ではないことが示唆された．

　本研究にはいくつかの限界がある．第 1 に，エリートを輩出しなかった地区では儒教の実践レベルが異なる可能性があるが，その手掛かりとなる情報が存在しないために，本研究ではエリートを輩出しなかった地区に関しては儒教文化の度合いはすべて同レベルであるとみなした．第 2 に，本研究で使用したエリートのリストは，現在入手可能なものとしては最大であるが，不完全なものである．記録が破壊されたり，破棄されたり，紛失したりしたために，エリートの名前やリスト全体が欠落している可能性がある．これは非古典的な測定誤差をもたらし，推計に偏りをもたらす可能性がある．このようなバイアスの問題に対処する計量経済学の手法が利用できるようになれば，今後の研究課題の重要な部分となろう．第 3 に，儒教の文化は地区レベルよりも詳細な行政区画である村レベルに根付いていると考えられる．したがって，もし村レベルで情報が特定されれば，その効果は推定されたものよりもさらに高くなる可能性がある．第 4 にエリートの国内移住を説明するのに必要な情報は存在しなかったため用いることができなかった．第 5 に，1919 年から 2009 年の間に起こったいくつかの歴史的出来事について，とりわけ，フランスの植民地化の影響，北ベトナムで 1953 年から 1956 年の間に実施された土地改革，1975 年のベトナム再統一，南ベトナム特有の改革など，コントロールに含めるべき十分詳細なデータがなかった．

　以上のような研究の限界は，歴史的事象を遡りそこから派生する文化や慣習の現代への影響を検証しようとする際に直面する典型的なものであると思われる．よって，これらに関しての根本的克服法を検討することそのものも今後の研究課題であるといえよう．

補論 1. ベトナム皇帝試験（1075 年から 1919 年まで）

　ベトナムの皇帝は 1075 年（Ly 朝時代）から，国民から官僚を選抜するために皇帝試験を実施していた．中国の科挙制度に影響を受けたベトナムの科挙制度は，当初は儒教，道教，仏教（ベトナム語では Tam giáo）の教えに基づいていたが，1232 年からは儒教とその文献のみに焦点が当てられた（Ngo, 2006）．1396 年以降，国家試験は地方試験（ベトナム語で thi Hương）と国家試験（ベトナム語で thi Hội）の 2 段階に分けられた（Ngo, 2006）．地方試験に合格した者だけが国家試験を受けることができた．Ho 王朝時代（1400-1407 年）には，国家試験の勉強のために 1 年近く都を訪れることさえ求められた（Ngo, 2006）．

　本研究では国家試験合格者のみを対象としている．国家試験の選抜率は，1463 年には全受験者の 1% という低さだった（Ngo, 2006）．国家レベルでは，王朝によって 1 回または 2 回の試験があった．1 次試験は筆記試験で，2 次試験は筆記試験の成績上位者のみに行われた口頭試問（ベトナム語で Thi Đình）であった．

　Ngo（2006）は，国家試験は受験者が誰かわからないように評価されていたと報告している．例えば，1442 年には，解答用紙の原本は手書きでコピーされ，封印され，大切に保管された．2 人の独立した評価者が，解答用紙のコピーを匿名で採点評価し，その点数を試験管理責任者に提出した．皇帝はこの官僚の助けを借りて，最終選考に残った候補者と直接面接し，上位者（合格者）を選んだ．

　合格者の数，授与される称号の名前は時代によって異なる．1247 年からは，最高位の受験者が主席卒業者（ベトナム語では Trạng Nguyên）とみなされた．1442 年からの合格者に対する皇帝からの特別待遇には，皇帝による宴会への招待，衣服，使用人，馬，故郷の先祖に成功を報告する特別な儀式（ベトナム語で Vinh quy bái tổ）の許可が含まれていた．また，最高得点者の名前は石碑に刻まれ，国の文化寺院に保管され，国家レベルの試験（筆記試験）に合格した者全員の名前は，「帝国エリート一覧（ベトナム語で Đăng Khoa Lục）」と題された書物に記録された．

補論 2. 現在の教育制度（1992 年以降）

　1992 年以降，ベトナムの教育制度は 12 学年で編成され，学年は 9 月から翌年 5 月までとなっている．小学校は義務教育で，5 学年からなる．ベトナムの教育法に従い，当年より 6 年前に生まれた子どもは 9 月に小学校に入学する．例えば，1991 年生まれの子どもは，誕生月に関係なく 1997 年 9 月に小学校に入学する[19]．したがって，1997 年には「理論上」6 歳になる．中学校は 4 学年制で，11 歳から 14 歳の生徒が多い．高校は 3 学年制で，ほとんどの生徒は 15 歳から 17 歳である．中学校を卒業すると，職業訓練学校に通い，職業学位を取得することができる．職業学位の中には，高校卒業資格に相当するものもある．

　高校卒業後の制度は，3 年制（専門学校），4 年制大学（工学や医学など特定の分野では 6 年制になることもある），大学院（修士号や博士号を取得するための課程）で構成されている．

補論 3. 2009 年の NEEU

　2002 年から 2014 年まで，ベトナム教育訓練省（Ministry of Education and Training）は，大学入学資格を決定するための全国大学入学試験（National Entrance Exams to Universities: NEEU）を一元的に実施していた[20]．2009 年には，NEEU に合格することがベトナムの大学に入学する唯一の方法となった．NEEU は年に 1 回開催される．法律により，NEEU を受験するには高校卒業資格（別途全国高校卒業資格試験に合格）または同等の学位を取得しなければならない．したがって，NEEU 受験者は，NEEU 試験と同じ年に高校卒業資格を取得した者か，前年に NEEU に不合格で再受験した者のどちらかである．再受験者は，高校を卒業したばかりの受験者（通常 17 歳）よりも年齢が高い[21]．

---

19)　このため，本章では 7-10 歳のコーホートを使用し，該当するすべての子どもたちが法律に従って小学校に通う年齢であることを確かにしている．

20)　2015 年以降，大学進学は全国高等学校卒業程度認定試験または書類審査の成績に基づいている．

補論 3. 2009 年の NEEU 　　　　　　　　　　　51

　NEEU には 11 の試験タイプがあり（Vu, 2022），各タイプごとに 3 つの科目があらかじめ定められている．ベトナム教育訓練省は各試験タイプに同じ問題セットを使用した．各タイプの試験は，全国で同じ日時に行われた．2009 年は，A 群と V 群が 7 月 4 日と 5 日に，残りの群は 7 月 9 日と 10 日に実施された．A 群は数学，物理，化学，B 群は生物，数学，化学，C 群は文学，歴史，地理，D 群は文学，数学，外国語である．それ以外のグループには，装飾，デッサン（建築），音楽・声楽（パフォーマンス・アート）など，才能・技能に基づく試験科目が一つ（またはその組み合わせが）あった．これらの才能・技能に基づく科目は，高校では教えられていない．

　ベトナム教育訓練省は毎年 2 月の早い時期に NEEU の試験日時，科目を決定し，関連情報を記載した NEEU ガイドブックを発行した．さらに，各大学は各学部や各専攻分野への合格者を選ぶための一つ以上の試験タイプを選定し，その情報をベトナム教育訓練省に提出して NEEU ガイドブックに掲載させた[22]．

　受験生は，4 月中旬までに受験する試験タイプと希望する大学（学部・学科など）を登録する必要があった．一度登録した試験タイプは変更できない．6 月に卒業認定試験が行われるため，登録時点では 12 年生はまだ高校卒業資格を取得していない．よって，高校卒業資格を得るために必要な試験に合格したことを証明する仮の証明書，または卒業証書そのものを，試験当日に NEEU の試験会場で提示しなければならなかった．

　NEEU に備えるため，生徒たちは試験タイプを選択し，その試験タイプの 3 教科の勉強を，11 年生（もっと早いケースは 10 年生）から始めた．NEEU を用いた受験競争は激しいため，受験生にとって多くの科目の試験準備をすることは困難であった．よって一般的には，受験生たちは受験する試験タイプに含まれる科目の勉強のみに集中した．

　各大学では，各々が定めた試験タイプのテストの合計点を使って受験者をラ

21）　本章の推計には高校新卒者のみを用いた．
22）　例えば，ある大学が，機械工学を専門とする工学部の学生を選抜するために A 群のタイプの試験を，バイオテクノロジーの専門分野の学生を選抜するために B 群のタイプの試験を用いるというようなスタイルである．

ンク付けし，定員が埋まるまで，合計得点の高いものから順に合格を出してい
った．不合格になった学生は，翌年も大学入学を希望する場合，NEEU を再
受験しなければならなかった．

第3章　仏教における輪廻感と商業的性行為の関連

1. はじめに

　仏教は東南アジア本土で広く信仰されており，この地域の人々の行動に長い間影響を与えてきた．Pew Research Center（2015）によると，2010年の時点でカンボジアとタイでは国民の90％以上が，ミャンマーでは国民の80％以上が仏教を信仰している．したがって，仏陀の教えはこれらの国々の人々に大きな影響を与えてきた．

　仏教における2つの重要な概念は，輪廻転生とカルマである．仏教徒は輪廻転生を信じ，人生は誕生，死，再生の繰り返しであると主張する．来世の再生の結果は，現世での行動，つまりカルマによって決まる（Kain, 2013）．善いカルマは善行の結果として蓄積されるが，悪いカルマは不道徳な行為をした場合に蓄積される．例えば，仏教徒が姦淫や他人の持ち物を盗むなど，仏教では不徳とされる行為をすると，悪いカルマが蓄積される（Bao, 2012）．良いカルマはより良い生まれ変わりをもたらすが，悪いカルマは来世における負の結果をもたらす．したがって，仏教徒は輪廻転生を強く信じているため，良いカルマと自分にとってより良い未来を確保するために，善行を行い，不道徳な行為を控えようとする傾向が強い．

　この考えを踏まえ，研究者らは，仏教では不徳とみなされている商業的性行為が，たとえ違法であるにもかかわらず，なぜ一部の仏教国で広く普及しているのか疑問を呈している．例えばミャンマーでは，国民の80％以上が仏教を信仰しており，1949年に商業的性行為が禁止されているにもかかわらず，何千人もの人々が定期的に性行為を生業としている．実際，保健スポーツ省（Ministry of Health and Sports）によると，2015年の時点でミャンマー最大の

都市ヤンゴンには 7,160 人の女性の性的売春婦（female sex worker: FSW）がいるとされる（National AIDS Programme, 2019）．UNAIDS（2019）によると，同様の現象はカンボジア（55,000 人）やタイ（43,000 人）など，東南アジアの他の仏教国でも見受けられる．これらの事実は，仏陀の教えとはまったく対照的である．したがって，なぜ仏教国で商業的性行為が蔓延しているのかは，明らかになっていない．

　仏教の教えに注目することで，この疑問に答えようとした研究もいくつかある．Ariyabuddhiphongs and Li（2015）は，FSW が高額の報酬を得ることで家族への仕送りが可能になるため，商業的性行為は仏教において必ずしも望ましくないものではない可能性があると指摘している．Tsang and Lowe（2019）は，FSW は性的行為の欠如に苦しんでいる男性客にサービスを提供しているため，商業的性行為を正当化するために仏陀の教えを活用できると主張している．これらの研究は，FSW が商業的性行為を積極的に提供することは，さまざまな解釈で商業的性行為を道徳的な行いとして解釈しうるため，必ずしも仏陀の教えに反するとは限らないことを示唆している．

　これらの研究は，仏教と商業的性行為の関係についての洞察を与えてくれるが，そもそもなぜ FSW が仏陀の教えを異なるように解釈しなければならないのか，その理由は依然として不明である．この疑問に対する答えは，2 つの理由から重要な意味を持つ．第 1 に，FSW が苦しんでいる苦悩をどうすれば軽減できるかを教えてくれる．多くの研究が，FSW のうつ病やその他の精神衛生上の問題の割合が極めて高いことを明らかにしている．例えば，これまでの研究では，FSW の 50-70% が精神障害を抱えていることが示されている（Puri et al., 2017; Ranjbar et al., 2018; Zehnder et al., 2019）．これは，FSW が仏陀の教えを異なるように解釈することで，自身の宗教的信条に対して妥協しているからかもしれない．したがって，彼女たちが輪廻転生を信じているにもかかわらず FSW として働く理由を明らかにすることは，FSW のメンタルヘルス問題を理解し対処する上で極めて重要である．第 2 に，この疑問に対して答えることは，信心深い FSW が商業的性行為から離れようと思えば離れられる方法を理解するのに役立つだろう．商業的性行為は多くの国にとって公衆衛生的な問題として脅威を与えており，政策立案者は業界を規制し，FSW の健康

を確保する方法を見つけたいと考えている．仏陀の教えにもかかわらず，信心深い FSW が商業的性行為を提供し続ける理由を理解することは，政策立案者が信心深い FSW が業界から撤退するのを助ける方法を示唆すると考えられる．この疑問の重要性にもかかわらず，この現象を調査した研究はほとんど存在しない．ましてや，データを用いて明らかにしている研究はまったく存在していないといっても過言ではない．

　本章では，ミャンマーのヤンゴンの 402 人の FSW から収集したデータを用いて，商業的性行為は仏教では不徳であり，仏教主体の国では違法であるという事実にもかかわらず，なぜ信心深い FSW が仏教国で商業的性行為を提供するのかを分析する．具体的には，2 つの疑問に答える．第 1 に，輪廻転生に対する信仰の度合いが，FSW の商業的性行為に対する態度にどのような影響を与えるかを調べる．輪廻転生を強く信じる FSW とそうでない FSW を比較することで，この 2 つの FSW グループの間で，理想的な顧客数と実際の顧客数の違いを検証する．第 2 に，輪廻転生に対する信仰の度合いと商業的性行為の関係が転職可能性（つまり，FSW をやめることができるかどうか）に影響されるかどうかを問う．直感的には，信心深い FSW が他の分野で仕事を見つけることができず，FSW として働き続けなければならない場合，Ariyabud-dhiphongs and Li（2015）や Tsang and Lowe（2019）が示唆しているように，仏陀の教えを異なるように解釈することで，商業的性行為を正当化しようとするかもしれない．そうであれば，FSW として働くことを辞められない場合に限り，信心深さの度合いと理想的な顧客数の間に正の相関が見られることになる．

　推計結果からは，3 つの重要な発見があった．第 1 に，輪廻転生への信仰の度合いは，FSW の調査時点以降 7 日間の理想的な顧客数と正の相関がある．言い換えれば，輪廻転生を強く信じる FSW の理想的な顧客数は，そうではない FSW が答えた理想的な顧客数よりもはるかに多い．例えば，「輪廻転生はありえない」と考えている FSW は，「輪廻転生を強く信じている」FSW に比べ，調査時点以降 7 日間の理想顧客数が 6 人少ない．第 2 に，輪廻転生への信仰の度合いは，調査時点からさかのぼった 7 日間に接客した実際の顧客数とは関連していない．第 3 に，輪廻転生を信じる度合いと理想的な顧客数との正の

相関を説明するのは，転職不可能な状況であるか否かであることがわかった．具体的には，FSW が商業的性行為の仕事を辞められない場合，輪廻転生への信仰の度合いは，理想的な顧客数と正の相関がある．商業的性行為の仕事を辞められると思っている場合は，正の相関は見られない．よって，本章は，FSW の輪廻転生の信仰度と理想顧客数との間に正の相関があることをデータを用いて示し，この相関を説明する上で転職可能性の有無が果たす役割を明らかにした初めての試みである．

　この結果の解釈としては，輪廻転生を信じる女性たちが商業的性行為をどう受け止めるかは，FSW の転職可能性の有無に影響される．例えば，信心深いFSW が簡単に商業的性行為の仕事を辞められるとしたら，彼女たちは，商業的性行為はミャンマーでは違法であり，仏陀の教えにおいても望ましくないので，この仕事に熱心に従事しないであろう．商業的性行為は悪いカルマを積むことにつながると考え，商業的性行為の提供をできるだけ避けようとする．一方，信心深い FSW が仕事を辞められない場合，家族のために十分なお金を稼ぐために FSW として働かざるをえないと感じる．彼女たちは，FSW として懸命に働いて多くの顧客にサービスを提供し，家族に仕送りをすることで，良いカルマを積むことができると考えているのかもしれない．したがって，信心深い FSW は，仕事を辞められないのであれば，より多くの顧客にサービスを提供することを厭わないと考えられる．これが，FSW が転職不可能な状況に直面した場合にのみ，輪廻転生への信仰の度合いと理想的な顧客数の間に正の相関が見られる理由であろう．

　一方，実際の顧客数は，輪廻転生に対する信仰の度合いとは相関関係がない．その理由の一つは，実際の顧客数は需要と供給によって決まるからである．例えば，市場における競争相手の数や性的サービスの価格は，商業的性行為の需要に影響を与える．したがって，FSW は実際の顧客数を完全にコントロールすることはできず，それは必ずしも彼らの信仰心の度合いを反映していないことを意味する．これが，実際の顧客数が輪廻転生の信仰の度合いと相関しない理由である．

　本章の研究は，主に 3 つの分野の文献に関連している．第 1 は，宗教と人々の性行動の関係に関する文献である．先行研究は，宗教信仰度の程度が性行動

を予測することを示唆している．例えば，教会によく行く人は性的に積極的でない可能性が高い（Thornton and Camburn, 1989）．米国，オーストラリア，ネパールにおける同様の研究は，宗教信仰度の強い人はそうではない人に比べて婚前交渉を持つ可能性が低いことを示している（Adhikari and Tamang, 2009; Uecker, 2008; Visser et al., 2006）．これらの研究と一致して，Quinn and Lewin (2019) による最近の研究は，家族の宗教信仰度と子どもの性行動との間に相関があることを示している．さらに，Adamczyk and Hayes (2012) は，個人の性行動は宗教の影響を受けると主張している．しかし，宗教信仰度の程度がFSW の行動にどのような影響を与えるかを調べた研究はほとんどない．さらに先行研究では，宗教と人々の性行動の直接的な関係のみに焦点が当てられており，この関係が他の要因によってどのように影響されるかを無視している．したがって，本研究は，ミャンマーにおいて FSW が他の分野で仕事を見つけることができない場合，仏教への信仰の度合いが FSW の理想的な顧客数と正の相関があることを示すことで，宗教と人々の性行動の関係に関する文献に貢献するものである．

　第2に，本章は，社会的・宗教的制約があるにもかかわらず，なぜ仏教国で商業的性行為が広まってきたのかに関する文献を補完するものである．先行研究によれば，潜在的な理由の一つは，FSW が仏陀の教えを異なるように解釈していることである（Ariyabuddhiphongs and Li, 2015; Tsang and Lowe, 2019）．しかし，そもそもなぜ FSW がそうしなければならないのかは依然として不明である．本章は，FSW が転職不可能な状況に直面した場合，より多くの顧客にサービスを提供する（すなわち，仏教の教えを異なるように解釈する）という示唆的証拠を提供することで，文献のこのギャップを埋めるものである．

　最後に，本章は，雇用機会の欠如がもたらす結果に関する広範な文献に貢献するものである．特に最近の研究では，健康への悪影響が注目されている．例えば，Guerrico (2021) は，貿易による雇用喪失がメキシコの主要な死亡原因（糖尿病など）を悪化させると主張している．さらに，経済的ショックが健康に及ぼす悪影響は，幼い子どもと女性においてより顕著である（Jofre-Bonet et al., 2018）．しかし，雇用機会の欠如と性行動との関係を，特に開発途上国における商業的性行為の文脈で検証した研究はない．したがって，本章は，自国に

おいて商業的性行為が不道徳かつ違法である場合であっても，就業機会の欠如が信心深い FSW に商業的性行為をより頻繁に提供するよう誘導し，長期的には公衆衛生に脅威をもたらすという証拠を提供することで，文献に貢献するものである．

本章の残りの部分は以下のように構成されている．第2節では，仏教と輪廻転生について詳しく述べる．第3節ではデータと実証モデルについて述べる．第4節で結果を示し，第5節で結論を述べる．

2. 仏教と輪廻転生

仏教は，キリスト教，イスラム教，ヒンドゥー教に続く世界最大の宗教の一つである．世界には約4億人の仏教徒がおり，その95%以上がアジアに住んでいる．仏教はインドを発祥とし，中国，タイ，ミャンマー，日本などのアジア諸国に広まった．仏教は釈迦の教えに基づいている．2500年前にネパールで生まれたとされるブッダがこの宗教の開祖である．

仏教には大きく分けて上座部仏教と大乗仏教の2つの大きな分派がある（Brennan, 2018）．上座部仏教は，より古く保守的な仏教の一派である．この宗派は南アジアと東南アジアに多くの信者を持つ．上座部仏教徒は，自分自身の生活を改善することで，利己的な欲望から解放されることに集中する．対照的に，大乗仏教は中国，韓国，日本などの東アジア諸国で優勢である．大乗仏教は，涅槃を達成するために他の人々のために働くことの重要性に重きを置いている．本章はミャンマーに焦点を当てているため，本章内で仏教を指す場合は上座部仏教を指すこととする．

仏教徒は輪廻転生を信じ，人生は誕生，死，再生の繰り返しであり，それは痛み，苦しみ，利己的な欲望に満ちていると主張する．どんな動物も人間に生まれ変わり，どんな人間も動物に生まれ変わる可能性がある．多くの仏教徒にとっての人生の目標は，このサイクルから抜け出すことであり，それは涅槃または悟りと呼ばれる．

涅槃を達成するために，仏教徒は八正道に従う必要がある．八正道とは，正しい知識，正しい願望，正しい言葉，正しい行動，正しい生活，正しい努力，

正しい心，正しい集中のことを指す．仏教におけるこの重要な行動規範は，五戒によって具体化されている．つまり，仏教徒が生き物を殺すこと，他人の持ち物を盗むこと，性的不品行（姦淫など）に及ぶこと，嘘をつくこと，酩酊剤を使用することを禁じている．これは，仏教徒が日常生活で慎むべきことを定めた実践的な指針ともいえる．

　仏教によれば，カルマは生まれ変わりの結果を決定する（Marsico, 2017）．善行に至れば善いカルマが生まれ，悪行に至れば悪いカルマが生まれる．具体的には，八正道と五戒に従うことで，仏教徒は善いカルマを蓄積することができる．良いカルマは生まれ変わりの結果を良くし，悪いカルマは悪い結果をもたらす．良いカルマを持つ人は三界（神，半神，人間）のいずれかに生まれ変わるが，悪いカルマを持つ人は動物や幽霊など好ましくない世界のいずれかに生まれ変わる．人間に生まれ変わることは，涅槃に到達する貴重な機会と考えられている．

3. データと実証モデル

3.1. データ

　ミャンマー南部に位置するヤンゴンの人口は約 500 万人で，ミャンマーで最も人口の多い都市である．1949 年にミャンマー全土で商業的性交渉は禁止されたが，社会経済的地位の低い女性にとって重要な収入源であることに変わりはない．2015 年現在，ミャンマーの FSW の数は 66,000 人と推定されている（UNAIDS, 2017）．保健スポーツ省は，ヤンゴンには 2015 年時点で 7,160 人の FSW がいると推定している（National AIDS Programme, 2019）．別の調査では，ヤンゴンにおける FSW の数は 2015 年には約 5,000 人と推定されている（Thein et al., 2015）しかし，FSW は隠密的な仕事であるため，正確なデータを得るのは難しく，FSW の数は過小報告されている可能性がある．

　2019 年 7 月，ミャンマーのヤンゴンで FSW を対象に，インタビューに基づく詳細な調査を実施した．他の職業とは異なり，商業的性行為に携わる労働者は密かに働いているため，無作為にサンプリングすることはできない．そのため，雪だるま式（非ランダム）サンプリング法を採用した（Atkinson and Flint,

2001; Shaghaghi et al., 2011）．FSW に関する詳細な情報を収集するため，5 人の自身も FSW である調査員を採用し，6 つの場所で FSW へのインタビューを実施した．それらは FSW のネットワーク事務所，ドロップイン・センター，調査対象の FSW の家，調査員の家，カラオケ店（KTV），マッサージ・パーラーの 6 ヵ所である．調査対象グループの代表者でもある 5 人の調査員は，チェーン・サンプリングのための最初の接触者として意図的に選ばれた．調査時点では，4 人が FSW として現役で働いており，もう 1 人は退職していた．調査員は全員，SWIM (Sex Workers in Myanmar) ネットワークに所属しており，商業的性行為について幅広い知識を持ち，ヤンゴンの他の FSW と容易に接触することができた．隠れた集団のメンバーをリクルートするためには，代表的な調査員を使うことが効果的であると考えられているため（Ellard-Gray et al., 2015），調査員にはネットワーク内の知人に連絡をとり，調査の詳細を説明し，都合を確認し，対面インタビューを手配するよう依頼した．FSW と調査員のプライバシーと安全を守るため，インタビューが行われる部屋には誰も入れないようにした．すべての FSW が，調査実施前にこの調査プロジェクトに参加することに同意した．その結果，合計 402 人の FSW の情報を集めることに成功した．

　質問票を確定するために事前調査を実施した．調査員は，事前調査の前にトレーニング・セッションに参加し，実際の調査の前にフォローアップ・トレーニング・セッションに参加して，回答者から偏りのない情報を収集する方法を学んだ．調査期間中は，データ収集の段階を通じて，調査員を監督した．調査員は各 FSW に一連の質問を行った．本研究で最も着目すべき変数は，回答者が調査日以降の 7 日間に何人の顧客にサービスを提供したかである．これはその FSW の商業的性行為に対する姿勢を示すものである．同時に，各 FSW は，過去 7 日間に接客した顧客の数を聞かれた．さらに，輪廻転生への信仰の度合いを測るために，各 FSW に輪廻転生をどの程度強く信じているかを尋ねた．この変数は「輪廻転生をまったく信じていない」，「輪廻転生を少し信じている」，「輪廻転生をまあまあ信じている」，「輪廻転生を強く信じている」の 4 段階で表される．これらの各グループを，それぞれ「信じない」，「あまり信じない」，「中程度に信じる」，「強く信じる」と呼ぶ．したがって，各グループに対

応して4つのダミー変数を作成した．ベースとなるグループは「強く信じる」と答えたFSWたちである．これらのダミー変数が回帰分析において最も注目すべき変数である．なお，19人のFSWが「輪廻転生をどの程度強く信じているか判断できない」と回答したため，彼らのデータは後述の分析には含まれていない．したがって，合計で383人のFSWのデータを分析したことになる．

また，インタビュー時に年齢，教育レベル，配偶者の有無，FSWがどれだけ魅力的かに関するデータも収集した．FSWの教育水準は，「教育なし」，「小学校レベル」，「中・高校レベル」，「大学相当以上」の4段階に分類される．そこで，学歴ごとに4つのダミー変数を作成し，「学歴なし」をベースカテゴリーとした．婚姻状況については，独身，既婚，死別，離別の4つのダミー変数を作成した．例えば，Single は，回答者がこの調査の時点で一度も結婚したことがなければ1となり，そうでなければ0となる．Married は，回答者が結婚していれば1，していなければ0である．Widowed は寡婦のダミー変数であり，Divorced は回答者が離婚している状態かどうかを示す．以下の回帰では，Single をベースカテゴリーとする．最後に，各FSWへのインタビューの後，各回答者の容姿を，「魅力的でない」（Not Attractive），「平均的」（Average），「魅力的」（Attractive），「とても魅力的」（Very Attractive）の4段階で主観的に評価するよう調査員に求めた．したがって，各分類について4つのダミー変数を作成し，「魅力的でない」をベースカテゴリーとした．これら変数の記述統計量を表3-1に示す．

表3-1 はヤンゴンのFSWの特徴を示している．まず，理想的な顧客数と実際の顧客数との間に大きなギャップがあることがわかる．平均して，FSWは1週間に18人の顧客にサービスを提供したいと考えていたが，直近の7日間では9人の顧客にサービスを提供していた．第2に，FSWの信仰心の高さである．調査対象となったFSWの約70%が，輪廻転生を信じていると答えた（すなわち，「中程度に信じる」または「強く信じる」）．一方，輪廻転生を信じていないFSWは約25%であった．第3に，本サンプルのFSWの基本的特徴は，Robinson and Yeh（2011）などの先行研究と似通っている．FSWの平均年齢は28歳で，回答者の27%は教育を受けておらず，41%が初等教育のみを修了していた．また，既婚のFSWもまれではないが，50%以上が夫なしで

表 3-1 記述統計

変数名	サンプル数	平均	標準偏差	最小値	最大値
理想の顧客数	402	18.386	15.168	1	100
実際の顧客数（過去 7 日間）	402	9.796	7.661	1	60
輪廻転生の信仰心					
信じない	402	0.042	0.201	0	1
あまり信じない	402	0.209	0.407	0	1
中程度に信じる	402	0.388	0.488	0	1
強く信じる	402	0.313	0.464	0	1
わからない	402	0.047	0.212	0	1
年齢	402	28.184	7.360	16	48
教育水準					
教育なし	402	0.271	0.445	0	1
小学校レベル	402	0.410	0.493	0	1
中・高校レベル	402	0.229	0.421	0	1
大学相当以上	402	0.090	0.286	0	1
婚姻状況					
独身	402	0.259	0.438	0	1
既婚	402	0.393	0.489	0	1
死別	402	0.072	0.259	0	1
離別	402	0.274	0.446	0	1
容姿の魅力性					
魅力的でない	402	0.057	0.233	0	1
平均的	402	0.381	0.486	0	1
魅力的	402	0.512	0.500	0	1
とても魅力的	402	0.050	0.218	0	1

あった．最後に，外見については，回答者の 56% が魅力的な女性（「魅力的」もしくは「とても魅力的」）であったが，回答者の約 40% 弱は平均的な外見であった．

3.2. 実証モデル

　本章の目的は，輪廻転生への信仰の度合いが FSW の仕事に対する態度と正の相関があるかどうか，また転職不可能か否かがこの 2 つの変数の関係を説明できるかどうかを検証することである．

　まず，次の推計式を最小二乗法を用いて推計する：

$$y_i = \gamma_0 + R_i\alpha + X_i\beta + \varepsilon_i$$

ここで，y_i は回答者 i が今後 7 日間に商業的性行為のサービスを提供したい理想的な顧客数を表し，R_i は i の輪廻転生への信仰の度合いを示すダミー変数のベクトル，X_i は i のコントロール変数のベクトルである．コントロール変数としては，前述の個人特性（年齢，学歴，容姿，婚姻状況）を含めた．よってこの式は，個人特性をコントロールした上での，FSW の輪廻転生への信仰の度合いと仕事に対する態度との関係を示している．

さらに，FSW が転職できる状況か否かによって，この 2 つの変数の関係が変化するかどうかも検証する．つまり，信心深い FSW は，転職できないような状況に直面した場合，FSW としてより懸命に働くという仮説を設ける．そこで，FSW が仕事を辞めることができるかどうかを示すダミー変数「辞めることができる（*Can Quit*）」を作成する．この変数は，回答者が仕事を辞め，商業的性行為の提供を簡単にやめることができると考えていれば 1 に等しく，そうでなければ 0 に等しい．この変数を用いて，FSW を，（A）商業的性行為を辞められる FSW と，（B）辞められない FSW の 2 つのグループに分け，前述の推計式を別々に推計する．これらの回帰の結果は，転職をできる可能性が FSW の輪廻転生信仰と意識の関係に影響を与えるかどうかを理解する鍵となる．

最後に，アウトカム変数を過去 7 日間の実際の顧客数に置き換え，上記と同じ手順で推計を行う．具体的には，実際の顧客数を，輪廻転生への信仰の度合いと他のコントロール変数に回帰する．そして，FSW を 2 つのグループに分け，別々に推計を行い，転職をできる可能性が，輪廻転生への信仰と実際の顧客数との関係の決定要因であるかどうかを検証する．

4. 推計結果

本節では主な推計結果を示す．まず，輪廻転生への信仰の度合いが，FSW がサービスを提供したいと考える理想的な顧客数とどの程度密接に関連しているかを示す．その結果を表 3-2 に報告する．

表 3-2 輪廻転生の信仰心と理想の顧客数

	被説明変数：理想の顧客数	
	(1)	(2)
輪廻転生の信仰心（ベースカテゴリー：強く信じる）		
信じない	−7.569*	−7.513
	(4.368)	(4.726)
あまり信じない	−6.952***	−6.193***
	(2.130)	(2.111)
中程度に信じる	−7.686***	−6.966***
	(1.955)	(1.907)
年齢		−0.399***
		(0.108)
教育水準（ベースカテゴリー：教育なし）		
小学校レベル		−2.040
		(1.867)
中・高校レベル		−2.001
		(2.097)
大学相当以上		−4.432
		(2.934)
容姿の魅力性（ベースカテゴリー：魅力的でない）		
平均的		9.749***
		(1.718)
魅力的		9.334***
		(1.694)
とても魅力的		18.23***
		(4.603)
婚姻状況（ベースカテゴリー：独身）		
既婚		1.165
		(2.149)
死別		3.156
		(2.727)
離別		2.060
		(2.193)
定数項	23.33***	25.15***
	(1.706)	(4.169)
サンプル数	383	383
決定係数	0.053	0.136

注：***は 1%，**は 5%，*は 10% 水準で統計的に有意であることを示す．カッコ内は頑健な標準誤差（Robust standard errors）．

表3-2は，理想的なクライアントの数が輪廻転生への信仰の度合いに応じ
てどのように変化するかを示している．(1)列は，輪廻転生を「強く信じる」
FSW 比較して，「信じない」，「あまり信じない」，「中程度に信じる」FSW の
理想的な顧客の数がはるかに少ないことを示唆しており，多くの顧客にサービ
スを提供することに消極的であることを示している．個人の特性をコントロー
ルした場合でも，輪廻転生を「強く信じる」FSW と他の FSW の間では，理
想的なクライアントの数に大きな違いがあることがわかる（(2)列）．例えば，
輪廻転生を「中程度に信じる」FSW は，「強く信じる」FSW よりも 7 人少な
い顧客にサービスを提供したいと考えている．さらに，FSW が輪廻転生を
「あまり信じない」場合，理想的な顧客数は約 6.2 減少する．一方，(2)列では
輪廻転生を「信じない」FSW の係数は統計的に有意ではない．これは，この
サンプルには少数の輪廻転生を「信じない」FSW しかいなかったため（全体
の約 4％），係数を正確に推定できなかったためと考えられる．要約すると，
表3-2は，輪廻転生を「強く信じる」FSW の理想的な顧客数が他の FSW の
顧客数よりもはるかに多いという示唆に富む証拠を示している．

さらに，コントロール変数の係数についても言及する価値がある．まず，年
齢に関する係数は負であり，統計的に有意である．これは，FSW が年を重ね
るにつれて，理想的な顧客数数が徐々に減少することを示唆している．従来の
研究によると，これは年配の FSW からの性的サービスに対する需要が若い
FSW からのものと比べて低いためであるといえる．例えば，Sohn（2016）は，
FSW の年齢がサービスの価格と負の相関があることを示している．FSW はこ
の負の相関関係を理解しており，それに応じて期待値を調整しているように見
受けられる．第 2 に，FSW の魅力性は理想的な顧客数と密接に関係している．
例えば，非常に魅力的な FSW は，魅力的でない FSW よりも理想的な顧客数
をはるかに高く設定している．さらに，容姿が平均的または魅力的であるとみ
なされる FSW の理想的な顧客数は，魅力的ではない FSW よりもはるかに高
くなる．これらの違いはかなり大きく，1％ 水準で統計的に有意である．これ
は，魅力的な FSW が顧客を簡単に見つけられるため，理想的な顧客数を増や
す傾向にあることを示している．この発見は，Arunachalam and Shah（2012）
などの既存研究とも一致している．しかし，学歴と婚姻状況を示す変数の係数

表 3-3　FSW を辞められるかどうかに応じた，輪廻転生の信仰心と理想の顧客数の関係

	被説明変数：理想の顧客数			
	辞められない		辞められる	
	(1)	(2)	(3)	(4)
輪廻転生の信仰心（ベースカテゴリー：強く信じる）				
信じない	-10.76**	-11.16*	-4.676	-3.198
	(5.325)	(5.836)	(5.992)	(5.936)
あまり信じない	-12.29***	-11.24***	-3.113	-1.776
	(3.694)	(3.444)	(2.428)	(2.392)
中程度に信じる	-10.58***	-8.019**	-5.297**	-3.818*
	(3.564)	(3.442)	(2.085)	(1.966)
年齢		-0.475**		-0.353***
		(0.224)		(0.0977)
教育水準（ベースカテゴリー：教育なし）				
小学校レベル		-0.0947		-3.457*
		(3.324)		(2.009)
中・高校レベル		-2.196		0.454
		(3.574)		(2.525)
大学相当以上		-0.375		-4.655*
		(6.128)		(2.569)
容姿の魅力性（ベースカテゴリー：魅力的でない）				
平均的		13.27***		5.500***
		(4.273)		(1.719)
魅力的		10.42**		7.555***
		(4.244)		(1.706)
とても魅力的		20.35**		15.56***
		(8.952)		(4.735)
婚姻状況（ベースカテゴリー：独身）				
既婚		0.0554		-0.417
		(4.535)		(1.834)
死別		-1.258		4.532
		(5.700)		(2.926)
離別		-5.666		5.994**
		(4.027)		(2.721)
定数項	29.76***	32.64***	18.68***	20.59***
	(2.984)	(8.505)	(1.889)	(3.884)
サンプル数	154	154	228	228
決定係数	0.092	0.211	0.033	0.188

注：***は 1%，**は 5%，*は 10% 水準で統計的に有意であることを示す．カッコ内は頑健な標準誤差（Robust standard errors）.

は統計的に有意ではない.

表3-3は，FSWが仕事を辞められるかどうかを考慮すると，表3-2で明らかにあった知見がどのように変化するかを示している．なお，「仕事を辞められるかどうかわからない」と答えたFSWが1人いたため，このFSWの回答は分析から省いた．したがって，サンプルに含まれるFSWの総数は382人である.

表3-3は，輪廻転生に対する信仰の度合いと理想的な顧客数の関係をより明確に示している．これは，FSWが仕事を辞められないと考えている場合，理想的な顧客の数が信仰の程度と正の相関があることを示している（(1)列及び(2)列）．一方，FSWが仕事を辞めることができる場合には，この2つの変数の間にさほど明確な関係を見出すことはできない（(3)列及び(4)列）.

表3-3の(2)列は，輪廻転生に対する信仰の度合いに関する係数が，表3-2の係数よりもはるかに負の方向に大きいことを示している．例えば，あるFSWが輪廻転生を「中程度に信じる」場合，そのFSWは，「強く信じる」FSWよりも8人少ない数の顧客にサービスを提供することを望んでいる．さらに，輪廻転生を「信じない」及び「あまり信じない」FSWの理想的な顧客数は，「強く信じる」FSWのそれよりもはるかに少ない．これらの結果は，FSWが仕事を辞められない場合，輪廻転生への信仰の度合いが理想的な顧客数と強く関連していることを示している.

一方，FSWが仕事を辞めることができると考えていれば，この2つの変数の間に相関を見いだすことはできない．実際，輪廻転生への信仰の度合いに関する係数は，10%水準で統計的に有意な「中程度に信じる」FSWの係数を除いて，統計的に有意ではなかった（(4)列）．このことは，FSWが仕事を辞めることができるのであれば，仏教への信仰は性的サービスを提供する意欲に影響を与えないことを示している．したがって，(2)列及び(4)列は，輪廻転生に対する信仰の度合いと商業的性行為の提供意欲との関係が，仕事を辞めることができるかどうかによって決定されるという証拠を示している.

その他のコントロール変数については，表3-3の結果は表3-2の結果とほぼ同じである．表3-2と同様，表3-3の(2)列と(4)列は，FSWが仕事を辞められるかどうかにかかわらず，FSWの年齢と容姿の魅力が理想的な顧客数と密

第3章　仏教における輪廻感と商業的性行為の関連

表 3-4　FSW を辞められるかどうかに応じた，輪廻転生の信仰心と実際の顧客数の関係

	被説明変数：実際の顧客数（過去 7 日間）			
	辞められない		辞められる	
	(1)	(2)	(3)	(4)
輪廻転生の信仰心（ベースカテゴリー：強く信じる）				
信じない	−3.147*	−2.799	−2.258	−1.821
	(1.856)	(2.201)	(3.115)	(3.027)
あまり信じない	−1.842	−1.617	−1.205	−0.599
	(1.600)	(1.572)	(1.668)	(1.664)
中程度に信じる	−2.401	−1.547	−3.958***	−3.103**
	(1.626)	(1.630)	(1.213)	(1.206)
年齢		−0.174*		−0.200***
		(0.0949)		(0.0627)
教育水準（ベースカテゴリー：教育なし）				
小学校レベル		−0.0382		−2.454*
		(1.643)		(1.384)
中・高校レベル		−0.959		0.0491
		(1.929)		(1.767)
大学相当以上		−2.386		−1.146
		(1.954)		(1.775)
容姿の魅力性（ベースカテゴリー：魅力的でない）				
平均的		3.547*		3.446***
		(1.923)		(1.212)
魅力的		3.190*		4.136***
		(1.781)		(1.195)
とても魅力的		7.544**		7.146***
		(3.451)		(2.143)
婚姻状況（ベースカテゴリー：独身）				
既婚		−1.288		−1.952*
		(1.998)		(1.116)
死別		0.337		1.363
		(3.238)		(1.924)
離別		−1.003		1.157
		(1.817)		(1.642)
定数項	11.65***	14.03***	11.62***	14.24***
	(1.301)	(3.604)	(1.112)	(2.659)
サンプル数	154	154	228	228
決定係数	0.020	0.104	0.050	0.174

注：***は 1%，**は 5%，*は 10% 水準で統計的に有意であることを示す．カッコ内は頑健な標準誤差（Robust standard errors）．

接に関連していることを示している．FSW の年齢が高ければ高いほど，FSW が希望する顧客数は少ない．さらに，魅力的な FSW ほど，理想的な顧客数が多い．注目すべき変化として，「離婚した」の係数は，FSW が仕事を辞めることができる場合にのみ，5% 水準で統計的に有意である．つまり，離婚していて仕事を辞められる FSW の場合，理想的な顧客数は独身の FSW と比して約 6 人増加する．

　ここまでは，FSW が仕事を辞められない場合，輪廻転生への信仰の度合いが理想的な顧客数と関連することを明らかにしてきた．しかしここで，理想的な顧客数を実際の顧客数に置き換えても，この正の相関が見られるかどうかも検証する必要がある．各 FSW が過去 7 日間に接客した実際の顧客数を従属変数として，同じ回帰分析を行ってみる．結果は表 3-4 に報告されている．

　全体として，表 3-2，表 3-3 の結果とは異なり，輪廻転生に対する信仰の度合いと実際の顧客数との間に相関を見出すことはできなかった．実際，個人特性をコントロールした場合，「信じない」，「あまり信じない」，「中程度に信じる」のいずれの係数も統計的に有意ではなかったが（(2)列及び(4)列），「中程度に信じる」FSW の「仕事を辞められる場合」の係数のみが例外であった（(4)列）．

　FSW が仕事を辞められない場合，理想的な顧客数は信仰の度合いと強い相関関係があるにもかかわらず，輪廻転生に対する信仰の度合いと実際の顧客数との間には相関がないという結果はどう説明できるのだろうか．一つの説明は，実際の顧客数は需要と供給によって決まるということである．例えば，市場における競争相手の数や性的サービスの価格は，各 FSW の実際の顧客数に影響を与える可能性がある．その結果，理想的な顧客数とは異なり，各 FSW が実際にサービスを提供する顧客数を決めることはできない．したがって，この 2 つの指標の間にギャップが生じる．要するに，理想的な顧客数は FSW の商業的性交渉への意欲を反映しているが，実際の顧客数は市場の力やその他の要因によって決定されるということである．そのため，必ずしも商業的性交渉への意欲を反映しているとはいえず，理想の顧客数と実際の顧客数が異なるのはそのためである．

　コントロール変数に関しては，FSW の年齢と容姿の魅力が実際の顧客数を

決定する重要な要素となる．FSW が年を重ねると，仕事を辞められるかどうかに関係なく，実際の顧客数は減少する．これは賃金プレミアムの考え方と一致しており，若い FSW は，年配の FSW よりも商業的性行為の価格をより高く設定することがはるかに容易であると考えている（Sohn, 2016）．したがって，FSW は年齢を重ねるにつれて，期待される賃金が低下し，売春をする意欲が薄れていると考えられる．さらに，容姿の魅力は実際の顧客数にも影響を与える．これは主に，魅力的な FSW によって提供される商業的性行為に対する膨大な需要によるものであり，これは従来の研究で広く言及されている（Islam and Smyth, 2012）．

5. 結論

　仏教における最も重要な行動規範である五戒によれば，仏教徒は姦通などの性的違法行為やその他の非人道的または違法な行為を戒められている．仏教では，これらの行為は悪いカルマをもたらし，望ましくない来世につながると考えられている．言い換えれば，仏教では商業的性行為は不徳であると考えられている．であるならば，信心深い FSW は，あまり信心深くない FSW に比べて，顧客と性行為をする意欲が低いと考えるのが自然である．しかし，東南アジア本土の仏教国では商業的性行為が蔓延している．例えば，ミャンマーのほとんどの人々は仏教を強く信じているため，この事実は上記の一般的な前提とはまったく対照的である．

　本章では，ミャンマーのヤンゴンの 402 人の FSW から収集したデータを用いて，この明らかな矛盾に関して分析を行った．仏教への信仰の指標として輪廻転生への信仰の度合いを使用し，商業的性行為を提供する意欲の指標として理想的な顧客の数を使用して，これら 2 つの変数に相関があるかどうかを調べた．さらに，この相関関係の根底にあるメカニズムを明らかにするために，「仕事を辞められるかどうか」がこれら 2 つの変数間の関係をどのように変化させるかを調べた．

　本章は 3 つの重要な知見を提示している．まず，FSW が輪廻転生を強く信じている場合，輪廻転生を信じない FSW と比較して，より多くの顧客にサー

ビスを提供することを望んでいる．これは，商業的性行為を禁じる宗教的教え
にもかかわらず，仏教国で商業的性行為がいまだに蔓延している理由の一部を
説明するものである．第2に，FSWの仕事を辞められるか否かがこの関係を
理解する鍵となる．FSWが仕事を辞められない場合，輪廻転生に対する彼ら
の信念は，理想的な顧客の数と正の相関関係がある．最後に，輪廻転生に対す
る信仰の度合いと実際の顧客数との間に関係は見出せなかった．

　本章の主たる貢献は，FSWが仕事を辞められない場合，輪廻転生への信仰
の度合いが理想的な顧客の数と正の相関があることを示したことである．その
一方，信心深いFSWが簡単に仕事を辞めることができるのであれば，商業的
性行為を提供することには消極的である．なぜなら，それが彼らに悪いカルマ
を蓄積させ，望ましくない来世をもたらすと信じているからである．したがっ
て，FSWが仕事を辞めることができる場合，理想的な顧客の数は輪廻転生へ
の信仰の程度と相関関係はない．一方で，信心深いFSWが仕事を辞められな
い場合，仏陀の教えでは商業的性行為は不徳であるとわかっていても，十分な
お金を稼ぐために多くの人に商業的性行為を提供しなければならないと感じる
かもしれない．この場合，彼らは一生懸命働き，家族の世話をし，愛する人に
送金することで良いカルマを積むことができると考えるかもしれない．したが
って，FSWが仕事を辞められない場合，輪廻転生への信仰の度合いは，理想
的な顧客の数と正の相関関係を持つことになる．

　ただし，将来的には本章のような研究は改善する余地が多くあると思われる．
第1に，本章の研究では輪廻転生に対する信仰の度合いが自己申告された．宗
教研究では，実際の行動（教会出席や寺院参拝など）が信仰の程度を測定する
ために使用される．しかし，本章では，各FSWがどのくらいの頻度で寺院に
行くかを観察することはできなかった．したがって，輪廻転生に対する信仰の
度合いに関するデータは，測定誤差の影響を受けやすい可能性がある．

　第2に，この調査では，各FSWに過去7日間にサービスを提供した顧客数
を尋ねた．一部のFSWは，あまりにも多くの顧客にサービスを提供したため，
サービスを提供した顧客の数を正確に思い出すのが難しいと感じたかもしれな
い．したがって，将来の研究では，より正確なデータを取得するために電子的
方法（活動トラッカーなど）を利用する必要があるかもしれない．

第3に，Robinson and Yeh（2011）などの既存研究とは異なり，FSW の日常生活に関する詳細な情報を収集することはかなわなかった．よって，観察されていない個人の特性をコントロールしきれていないため，実証分析において問題となる可能性が高い．例えば，FSW が世帯の稼ぎ手である場合，より多くの顧客を見つけるインセンティブがあるかもしれない．この場合，この省略された変数により推定値にバイアスが生じうる．

最後に，本章で用いたデータ収集においては，調査員が直接 FSW に対して質問を行った．しかし，最近の研究では，ジェンダーに基づく暴力や商業的性行為などの難しいトピックに関する情報収集には，音声コンピューター支援自己インタビュー（Audio Computer-Assisted Self-Interview: ACASI）の方が優れていることが示唆されている．また，ACASI には「社会的望ましさのバイアス（social desirability bias）」を軽減する可能性がある[1]．この試みの一環として調査時に FSW として働いているもしくは FSW として働いていた調査員を雇用したが，それでも社会的望ましさのバイアスの課題を克服できなかった可能性がある．したがって，今後の研究では，研究者は ACASI を最大限に活用して，より正確な情報を収集する必要がある．

それにもかかわらず，本章の結果は，輪廻転生への信仰が人々の行動にどのような影響を与えるかについての深い洞察を示している．仏教が人々の行動に与える影響は数多くの研究で示されているが，輪廻転生に焦点を当てた定量的な研究はほとんど見当たらない．輪廻転生は仏教の主要な教えの一つであり，仏教国の人々に長い間影響を与えてきたため，この概念が人々の生活に与える影響を理解することは不可欠といえよう．本章は FSW の輪廻転生への信仰の度合いが，FSW の仕事を辞められるか否かで大きく異なった働きをするという，一般化の難しいセッティングの研究であった．しかし，仏教の教えにまつわるより広範かつ厳密な研究の進捗は，仏教国の人々の行動を理解するためには欠かすことができないものであることは間違いない．

---

1) 社会的望ましさのバイアスとは，調査回答者が他の人から好意的・良心的に見られるような回答をする傾向のことである．それは，「良い行動」を過大報告したり，「悪い行動」や望ましくない行動を過小に報告するという形をとることがある．

第4章　共産党中央部の幹部による出身地贔屓・縁故主義
——ベトナムにおける企業活動との関係からの証拠

1.　はじめに

　政治家は特定の地域を贔屓する傾向があり，政治家の出身地はしばしば特別視される．このような贔屓は先進国でも開発途上国でも，また民主主義政権でも権威主義政権でも見られる．Hodler and Raschky（2014）は，126 ヵ国，38,427 地域のデータを用いて出身地贔屓の証拠を発見している．本章では，ベトナムの政治家の出身地に対する出身地贔屓に関連して企業数，資本集約度，雇用労働者数との関係を調べる．

　ベトナムにおける政治家の出身地に対する出身地贔屓と企業の反応は，いくつかの理由から興味深い．第1に，このような贔屓が経済的にどのような結果をもたらすかについて，直接的な証拠を示している既存研究は少ない．例えば，Hodler and Raschky（2014）は，経済活動の代理変数として夜間光データを用いており，リーダー的政治家の出身地では夜間光の照度が高いことを示している．しかし，経済活動が活発でなければ，電力などのインフラが充実していても，地域住民に大きな利益をもたらすとは考えにくい．加えて，Do et al.（2017）は，ベトナムにおける出身地贔屓の証拠を発見しており，その地域出身の政治家の行動によって，広範な出身地のインフラ整備が行われている．実際，これらの政治家の出身コミューンでは，就任後3年以内にインフラ整備プロジェクトが0.23％増加した[1]．Do et al.（2017）はインフラ整備プロジェク

1）　ベトナムは，地理的行政単位を3つのレベルに分類している．レベル1は省レベルで，省・市または省に相当するもの（64），レベル2は地区レベルで省に属する区・市・町（700以上），レベル3はコミューン（約11,000）である．

トを出身地贔屓の主な証拠としている.

　第2に，企業の反応を調べることで，日中に発生する重要な経済活動，つまり夜間光の照度のデータでは十分に把握できない，あるいは特定できない活動に関する情報を得ることができる．具体的には，企業数，雇用，資本集約度，所有権などをさらに分解し，どのような企業がどのように出身地贔屓に反応するのかを洞察する必要がある.

　第3に，企業の特殊性と出身地贔屓に関する洞察も重要である．ベトナムは，世界貿易機関（2007年）や環太平洋パートナーシップに関する包括的及び先進的協定（2018年）など，世界の重要な貿易協定のいくつかに加盟している数少ない移行経済国の一つである．企業に対する出身地贔屓，特に民間企業や外資系企業の所有権に関する研究結果は，現在および将来の世界の投資家に対するシグナルとなるだろう.

　そこで本章では，政治家の出身地贔屓と企業活動の関係について検証する．そのために2000年から2010年のベトナムの539地区（district）のパネルデータを用いる．パネルデータは，企業と，ベトナム共産党（Communist Party of Vietnam: CPV）中央委員会委員と定義されるトップ・ランクの政治家に関する情報で構成されており，彼らの出身地区と正確な任期が含まれている[2]．2000年から2010年の539の選挙区と政治家の任期に所在する企業数，雇用，資本集約度の変化を考察する．ただし，データのサンプリング方法の制約から，30人以上の従業員を有する企業のみを対象とした.

　具体的には，政治任期の開始後に企業が行動を変えるかどうかという仮説を検証する．また，地域別（農村部と都市部），企業の業種別，企業の所有形態別の異質性を検討し，ベトナムにおける政治家による出身地優遇のメカニズムについて議論する．われわれの知る限り，これはベトナムの詳細な企業レベルデータを用いて，出身地贔屓に対する企業の反応を考察した初めての研究である．また，結果の頑健性を確認するために，さまざまな近年開発された実証的手法を適用している．一般に，トップクラスの政治家が政権に就いた直後は，その出身地区で企業数が増加することがわかった．この証拠は，国内民間企業

---

2)　これ以降では，CPV中央委員会のメンバーを指して「政治家」と呼ぶ.

や建設企業に関して，また農村部の企業で特に顕著である．

　本章の残りの部分は以下のように構成されている．第2節では，ベトナムの政治的背景と関連文献について述べる．第3節では本研究で使用したデータを示し，第4節では計量経済学的手法と定式化を示す．第5節では推計結果を示し，出身地贔屓の潜在的なメカニズムと動機について議論する．最後に，第6節で本研究の結論と限界を示す．

2. 政治家による出身地贔屓と CPV 中央委員会

2.1. 政治家による出身地贔屓と地域開発

　政治的贔屓は，選挙で選ばれた政治家が，ある特定の民に対して，他の民よりも何らかの特権を与える場合に起こる．これらの民は，民族的に関連していたり（つまり民族言語的特徴を共有している），あるいは地域的につながっていたりする．Luca et al. (2018) は，1992年から2013年の間に140の多民族国家において，トップリーダーと同じ民族的背景を共有する地域で夜間光の強度がより明るかったことを示している．

　出身地贔屓とは，ある地域，特に当選した政治家の選挙区や出身地に対する政治的贔屓のことである．本章では，ベトナムの行政区域でいうところの地区レベル（レベル2）における出身地贔屓について議論する．出身地贔屓を説明する研究の数は増えてきているが，その多くはレント・シーキング行動と汚職にその要因を求めている（Hodler and Raschky, 2014）．出身地贔屓主義は，政治家が地方有権者の支持を得るために，公共支出を氏族と分け合ったり，利益誘導的な支出を行ったりすることにつながる（Fiva and Halse, 2016）．これは，イタリアにおける政治家のキャリアパスの促進に関して，確かに証明されている（Carozzi and Repetto, 2016）．儒教文化の文脈では，このような贔屓は祖先や拡大父系家族への貢献とみなされる（Do et al., 2017）．例えば，Kung and Zhu (2017) は，中国共産党の第1期中央委員会のメンバーが，中国の大飢饉（1951-1961年）の際に100万人以上の同胞の命を救ったことを発見した．さらに Dreher et al. (2019) は，アフリカの指導者たちが中国の援助をどのように故郷に横流ししているかを示している．Hodler and Raschky (2014) によれば，

出身地贔屓の強さは，政治制度の機能の具合や民の教育レベルによって異なる．

　上述したように，出身地贔屓のもう一つの形態は，交換とレント・シーキング行動である．例えば，ナチ党を擁護するドイツ企業は，1933 年 1 月から 3 月にかけて異常に高いリターンを得ている（Ferguson and Voth, 2008）．47 ヵ国を調査した Faccio（2006）は，政治的につながりのある企業は 35 ヵ国で一般的であり，政治的につながりのない企業よりも規模が大きくなる傾向があることを明らかにした．政治的コネクションを持つ企業は，税率が低い，規制が緩い，銀行融資を受けやすいなどの特別な特権を享受している可能性がある．特権や利益と引き換えに，企業は政治家からレントを引き出す．レントも企業価値も，政治家とのつながりが強いほど増加する（Khwaja and Mian, 2005）．しかし，政治家とのつながりは内生的なものであり，実証研究においてその因果関係を明らかにするのは容易ではない．

　残念ながら，出身地贔屓がその恩恵を受けた地域の発展に及ぼす長期的な影響を分析し，出身地贔屓の経済的帰結について直接的な証拠を示した研究はほとんどない．Hodler and Raschky（2014）は，経済活動の代理変数である夜間光の照度が，選挙で選ばれた政治家の任期中に贔屓された地域で高くなったが，任期が終わるにつれてその効果は薄れたことを発見している．しかし，この代理変数は昼間の経済活動を測定する場合や，特に人口密度をコントロールした上で，全地域の夜間光の照度が自然に同様になることを促すような普遍的な電化政策が行われる場合には有効ではないかもしれない．ベトナムにおける出身地贔屓の研究において，Do et al.（2017）は，政治家が政権に就いてから 3 年以内に，その政治家の出身地におけるインフラプロジェクトの数が増加することを明らかにしている．さらに，Asher and Novosad（2017）は，3 年分の経済センサス（1990 年，1998 年，2005 年）を用いて，インドにおける与党と民間企業による政治的つながりを検証している．彼らは，再選のための票を買うメカニズムの下では，民間部門の雇用水準が高く，企業の株式価値や生産高も高いことを見出している．

　インフラの整備や政策の実施が地域経済の発展とどのように結びついているかという観点からの経済史の既存研究は豊富に存在する．それらの中には，例えば鉄道網の整備（Donaldson and Hornbeck, 2016）やルーズベルトのニューデ

ィール計画（Fishback, 2017）の地域経済の発展への影響といった文献が含まれる．このようなインフラ整備プロジェクトや政府政策は地域経済にとって企業を誘致する「ビッグバン」として機能する可能性がある．しかし，われわれの知る限り，これら 2 つの領域の組み合わせ，つまり，出身地優遇策によって誘発される「ビッグバン」に企業がどのように反応するかを検証した実証研究はほとんどない．したがって，新興国・開発途上国におけるこのような経済的帰結を追跡することは，ユニークな試みであるといえる．

2.2. CPV 中央委員会

CPV，特にその中央委員会は，草の根から統治のトップレベルまで，誰がベトナムの何を主導するかを決める絶対的な力を持っている．年 2 回テレビ中継されるベトナム国会の質疑は，民主主義のような独特の光景を作り出すかもしれないが（Brancati, 2014），ベトナムで唯一の合法政党である CPV の権力は，国家憲法によって担保されている（Ministry of Justice of Vietnam: MOJ, 2017）．そのため，党規第 10 条には「CPV の行政組織は国家行政組織に対応する」と記されている（CPV, 2017）．したがって，CPV は国家のすべての憲法機関，行政機関，立法機関を含むすべてのベトナムに対して絶対的な権限を持っている．

CPV の憲法規定によると，中央委員会は党の最高機関を構成している．中央委員会のメンバーは，ベトナムのあらゆる憲法，行政，立法機関を通じて重要な政策を施行させる直接的，間接的な実権を持っている．中央委員会の委員は，5 年に一度の党大会で選出される．各全国代表大会の番号は昇順で，第 8 期（1996 年 7 月～2001 年 1 月），第 9 期（2001 年 1 月～2006 年 4 月），第 10 期（2006 年 4 月～2011 年 1 月）となっている．中央委員会の委員数は 150 人から 181 人である．さらに，中央委員会の候補者や全国大会の参加者，つまり有権者は，必ずしも地区レベルの地理的な代表者というわけではない[3]．

中央委員会の委員は CPV または委員の属する政治翼賛会から推薦され，すべての国家権力機関の要職に就いている．一般市民は，国会議員を選ぶ際，推

---

3) CPV 第 12 回全国大会は 1,510 人の参加者で構成された．このうち 197 人が前期の中央委員であった．700 以上の地区があるにもかかわらず，中央委員会は 200 名の委員で構成された．

薦された候補者の中から選ぶ[4]．一方，国会議員は，政府や立法機関のトップ
ポストを無投票で選出する（Do et al., 2017）．中央委員会のメンバーは，共産
党のメンバーであり，共産党によって任命されているが，委員会のメンバーで
はない政府高官を指導し，管理する．

3.　データ

　分析のために2000年から2010年までのベトナムの地区（district）のパネル
データを構築した．地区（district）は，ベトナム統計局（General Statistics Of-
fice: GSO, 2015a）で用いられている地理的行政区分のレベル2である．
　本章の分析は大きく分けて2つの情報源に依拠しており，それらはCPVの
公式ウェブサイトとGSOが実施したベトナム企業調査（VES）である．まず，
CPV（2016）は，中央委員会のメンバーであったことのある各政治家の詳細な
公式プロフィール情報をCPVのウェブサイトで提供している．そこから，該
当する政治家の出身地区を特定した．
　次に，GSOは2000年以降，ベトナムで活動する企業の年次データを収集す
るためにVESを毎年実施しており，本章ではこのデータを用いた．VESのサ
ンプリング方法は年々変更されている．例えば，2009年からはGSOは雇用者
数10人未満の国内民間企業に関しては15%を抽出し調査を実施した．ただし，
ハノイに関しては20人未満，ホーチミンに関しては30人未満の企業の15%
抽出調査を実施した．しかし，ハノイとホーチミンを除き，GSOは2000年か
ら2010年にかけて毎年，雇用者数30人以上の既存企業すべてに質問票を送っ
ている．これは，各地区のこの閾値（つまり雇用者数30人以上）に該当する
企業の国勢調査的なデータとなっていると考えられる[5]．このような企業の総
数，雇用者数，資本集約度を地区ごとに算出した．
　この2つの情報源を，地区（district）レベルの識別情報を利用して統合した
（その手順については補論を参照）．その結果，539の地区の情報が得られ，最寄

---

4)　第14代国会議員（2016年選出）500人のうち，475人がCPV出身者だった（Malesky and
　Schuler, 2010参照）．

表4-1　539地区からなるパネルデータの記述統計

変数	変数の説明	平均値	標準偏差
Total firms	企業総数	25.33	58.65
SOE	国営企業総数	3.99	8.93
FOE	外資系企業総数	2.84	19.46
POE	国内民間企業総数	18.49	40.29
Manufacturing	製造業部門の企業総数	9.41	34.02
Construction	建設業部門の企業総数	5.36	12.31
Services	サービス部門の企業総数	4.32	12.49
Agriculture	農林水産業部門の企業総数	1.63	4.68
Labour	総労働者数	5,008	15,267
Labour SOE	国営企業の総労働者数	1,428	3,532
Labour FOE	外資系企業の総労働者数	1,299	8,878
Labour POE	国内民間企業の総労働者数	2,281	5,997
Capital	全企業の総資本	1,550,892	6,463,336
Capital SOE	全国制企業の総資本	504,326	2,327,553
Capital FOE	全外資系企業の総資本	464,991	3,481,080
Capital POE	全国内民間企業の総資本	581,575	2,348,250
Treated	その地区が現職政治家の出身地区であるが，任期の初年度及び最終年度ではない場合は1，それ以外の場合は0	0.17	0.37
Rural	その地区が2009年の国勢調査で農村部に分類されている場合は1，それ以外の場合は0	0.78	0.41
Intl. airport（distance）	2000年時点における最も近い国際空港への距離（km）	107.4	72.7
Seaport（distance）	2000年時点における最も近い港への距離（km）	134	84.4

注：総サンプル数は5,835. 資本の単位は百万ベトナムドン.

りの港や空港（2000年時点）への距離など，その他の情報も統合した．この結果，地区（district）を単位とするアンバランス・パネルデータ（2000-2010年）の構築に成功した（記述統計については表4-1を参照）．各変数の詳細な定義は

---

5)　しかし，このように考えることは，閾値を超えたすべての企業がGSOの調査依頼にきちんと回答していることを仮定している．さらに，この調査の性質上，企業レベルでの分析，すなわち生産性分析や参入（退出）分析を行うことには限界がある．例えば，生産性分析に必要であろう中間材料に関する質問はこの調査には含まれていない．加えて，調査に含まれなくなった民間企業に関しては，閾値以下の企業規模になった（すなわち抽出調査の対象から漏れてしまった）のか，企業そのものが撤退・閉業したのかの判別ができない．補論では，このような測定に関する議論を行い，アンバランス・パネルデータを用いた理由を説明している．

以下の節で行う.

4. 計量経済学的手法と定式化

パネルデータを用いた標準的な手法である差の差の推計法（Difference in differences: DID）を採用し，2000 年から 2010 年の期間に在職した政治家の出身地区とそれ以外の地区を比較した．それぞれの被説明変数（アウトカム変数）を用いた定式化に関して，地区固定効果を含みかつ地区レベルでクラスター化された標準誤差を用いた．各観測単位は，特定の年（t）の地区（i）を表す．それぞれのアウトカム変数の DID 推定量（α_1）を以下の式を用いて推定する：

$$\ln(y_{it}) = \alpha_1 Treated_{it} + \mu_i + \gamma_t + \varepsilon_{it} \tag{1}$$

ここで，$\ln(y_{it})$ は地区 i 内に所在する企業に関して集計されたアウトカム変数の対数値であり，μ_i と γ_t はそれぞれ地区と観察年の固定効果である．$Treated_{it}$ は，その（出身）選挙区に対応する政治家が中央委員会のメンバーであった場合に 1 となる．以下，政治家の出身地区を処置地区と呼ぶ．2001 年と 2006 年は，政治家が新たな権力基盤と政権を確立する中間年であると考える．Do et al.（2017, p. 16）は，ベトナムでは政治家の就任からわずか 1 年後に贔屓が顕著になることを示唆している．政治期 9 と 10 はそれぞれ 2001 年 4 月と 2006 年 4 月に開始した．したがって，これらの中間年は他の「処置された」年とは異なると予想されるため，「処置された」ダミーをゼロに設定する（つまり 2001 年と 2006 年に関しては $Treated_{it} = 0$）．しかし，地区固定効果（μ_i）を含めることで，地区内の相対比較を担保するものになっている．したがって，「処置された」地区の中間年は，「処置されなかった」地区の対応する年と必ずしも同じではない．表 4-2 は，異なる政治期に関して地区のタイプごとに，$Treated_{it}$ の設定の仕方を示している．

地区内に所在する従業員 30 人以上の企業を対象として，地区レベルでの 3 つのアウトカム変数（y）を作成した．まず，企業数（$\ln(FIRMS)$）は，ある地区に所在する企業数の対数値として定義される．次に，年度末に 30 人以上

表4-2 サンプル内の地区の数と 'Treated' ダミーのセッティング

年	2000	2001	2002	2003	2004	2005	2006	2007	2008	2009	2010
年ごと											
Treated = 0	426	509	432	429	434	433	533	414	414	411	415
Treated = 1	100	0	102	102	100	100	0	120	120	120	121
タイミングごと											
Never Treated	358	350	364	362	367	366	365	366	366	363	367
Always	46	45	47	47	46	46	47	47	47	47	47
Early	18	18	18	18	18	18	18	18	18	18	18
Middle	7	7	7	7	7	7	7	7	7	7	7
No lately	24	22	24	24	23	23	23	23	23	23	23
No middle	12	9	12	12	12	12	12	12	12	12	12
Lately	37	36	38	37	37	37	37	37	37	38	38
No early	24	22	24	24	24	24	24	24	24	23	24

Note: ☐ 中間年　　■ 処置年（*Treated*）

注：中間年は *Treated* = 0 とした.

の従業員を持つ企業に雇用されている従業員数（$\ln(WORKERS)$）は，地区内に所在する30人以上の従業員を持つ全企業の総雇用者数の対数値として定義される．30人以上の企業数がゼロの地区の観測値を保持するために逆双曲線サイン変換を援用した．つまり，$\ln(X) = \ln(x + (x^2 + 1)^{1/2})$ とし，ここで，x は変数の元の値であり，$\ln(X)$ は調整された値である．この変換により，$x = 1$ のケースと該当企業が存在しないケース（すなわち $x = 0$）を区別することができる．後者のようなケースは109地区・265地区-年観測値分存在する．対数形式の表示変数はすべて $\ln(X)$ の値をとる．第3に，地区の資本集約度（$\ln(K\text{-}intensity)$）は，30人以上の企業の資本額合計（各年末時点の額）とそれらの企業の総従業員数との比の対数値として定義される．

2.2節で説明したように，選挙区出身の政治家が政権を握ることは，準実験（Quasi-experiment）的な状況として機能する可能性がある．CPV での投票が行われる以前は，各政権期におけるトップクラスの政治家の配置は，おそらく一般市民や政治家の地元地区に所在する企業にとって外生的であっただろうと考えられる．しかし，別の議論も成立しうる．一つは，経済活動が比較的盛ん

表 4-3　2000 年における地区特性と，2000-2010 年における政治家の選出時期と人数のパターンとの相関関係

被説明変数	2000 年における総企業数	2000 年における総労働者数	2000 年における最も近い国際空港への距離	2000 年における最も近い港への距離
1.　全サンプル（N = 526）				
1.1 政治期ダミー	(1)	(2)	(3)	(4)
第 8 期のみ	16.73	2,740.62	− 10.86*	− 11.00**
	(11.66)	(2,427.55)	(5.55)	(4.49)
第 9 期のみ	− 3.71	− 1,011.76*	− 11.93**	− 4.56
	(3.08)	(556.15)	(6.01)	(6.60)
第 10 期のみ	− 7.22***	− 1,820.45**	− 5.95*	− 7.01**
	(2.68)	(764.37)	(3.14)	(3.18)
第 8 期と 9 期のみ	10.91	2,170.90	− 8.77**	− 10.96***
	(7.71)	(1,584.45)	(3.86)	(3.76)
第 9 期と 10 期のみ	4.02	1,244.65	− 9.28**	− 7.90*
	(7.03)	(1,843.05)	(3.90)	(4.13)
第 8 期と 10 期のみ	− 0.07	387.69	− 12.38**	− 14.04**
	(4.96)	(970.64)	(6.01)	(5.75)
第 8，9，10 期すべて	− 5.20	− 1,322.71*	− 5.71*	− 7.60***
	(3.22)	(791.70)	(3.01)	(2.74)
1.2 政治家の数	(5)	(6)	(7)	(8)
第 8 期	2.15	209.19	− 2.84	− 4.05**
	(2.87)	(626.86)	(2.14)	(1.93)
第 9 期	2.24	692.52	0.96	0.04
	(3.54)	(779.23)	(2.89)	(2.31)
第 10 期	− 6.32***	− 1,424.74***	− 2.67	− 2.21
	(2.13)	(521.84)	(1.74)	(1.65)
2.　"Treated" になったことがある地区のみ（N = 168）				
2.1 政治期ダミー	(9)	(10)	(11)	(12)
F 値	0.38	0.34	0.95	0.98
2.2 政治家の数	(13)	(14)	(15)	(16)
F 値	0.21	0.23	0.84	0.92
州固定効果	Yes	Yes	Yes	Yes

注：（　）内は頑健な標準誤差（***p<0.01，**p<0.05，*p<0.1）．政治期ダミーは互いに重複していない．

な地区では，地元とつながりのある政治家が中央委員会の委員になれるよう，企業がロビー活動を行ったり，より強力な資金援助を行ったりするかもしれないという議論である．もう一つは，政治家が中央委員候補になる前に地域経済の発展に成功している可能性があるというものである．その成功の実績に基づいて，政治家はより良く評価され，中国のケースのように，後にトップに選ばれたり，再選されたりするかもしれない（Li and Zhou, 2005）.

　われわれは，上で述べた2つの代替的な議論に関して2つのテストを実施した．第1に，(1)式と同様の推定を用いたプラセボ・テスト（詳細は後述）において，アウトカム変数のラグ変数（$\ln(y_{it-1})$）を含めることで，その地区から政治家が選ばれる前にすでに企業が反応したかどうかを検証する．第2に，ベースライン時点における地区の特性が，政治家の任用パターンと相関しているかどうかをチェックする．2000年時点の地区の特性（X_{it0}）を2000-2010年の政治家登用の有無に回帰した．ここで地区のベースライン時点の特性の変数として，2000年時点の企業総数，その企業で働く労働者総数，最寄りの国際空港や港湾までの距離などを用いた．表4-3に示したように，2000年時点では，政治家の出身地区は，他の地区と比べて，企業数や企業で働く労働者数が多いわけではなかった．しかし，政治家の出身地区は国際空港や港湾に近かった．各政治期の政治家の数で回帰分析を行っても，結果は同様であった．また，この回帰分析の対象を，政治家を輩出したことのある地区のサンプルのみに限定した．F統計によると，選挙時期や政治家の数は，2000年の地区の4つの特徴と相関がないことが示唆された．

　政治家の出身地区が国際空港や港湾に近いという問題を緩和させるために，Wang（2013）の提案に従い，コントロール変数としていくつかの交差項を用いた．まず，ベースライン特性と各年ダミーの交差項（$X_{it0} \times \gamma_t$）を含めた．つまりベースライン年固定効果を用いた．第2に，Vu and Yamada（2022）に従い，県と年ダミーの交差項を追加し，県内の時間に伴う傾向をコントロールした．つまり県-年固定効果（$province_{jt} \times \gamma_t$）を推計式に加えた．これらを考慮した定式化は以下のようになる：

$$\ln(y_{it}) = \alpha_1 Treated_{it} + \alpha_2 X_{it0} \times \gamma_t + \alpha_{jt} province_j \times \gamma_t + \mu_i + \varepsilon_{it} \qquad (2)$$

また，サブサンプル分析を用いて，3種類の異質性分析を行った．第1に，製造業，建設業，サービス業，農林水産業（以下，農業）の各主要産業別にアウトカムの変数を作成し，メインの推計式を用いて推計を行った．VES では各企業の主要産業が特定されているため，産業分類はそれにならった．第2に，国内民間企業（privately-owned enterprises: POE），外資系企業（foreign-affiliated or foreign-owned enterprises: FOE），国有企業（state-owned firms or enterprises: SOE）のそれぞれについて，同様の推計を行った．外資系企業には，（国内での提携を伴わない）外国人オーナーのみの企業と，（国内パートナーとの）合弁企業が含まれる．SOE は，国が唯一の所有者であり，国が 50% 以上の株式を保有する，国内所有のみのすべての企業を含む．残りの企業は POE である．第3に，サンプルを農村と都市に分けて推計を行った．農村部と都市部の区分は，2009 年の国勢調査の区分情報に基づいた．

さらに，DID の平行トレンド条件を検証するためにプラセボ検定を行った．このテストは，逆因果の有無の確認と，企業がその地区から政治家が選ばれる前にすでに反応したかどうかを確認するためでもある．具体的には，被説明変数に 1 年前のアウトカム変数（$\ln(y_{it-1})$）を用いて，(2)式の推定を行った．平行トレンドが棄却されない場合，α_1 の係数は統計的に有意でないと予想される．しかし，平行トレンドの正確なテストは，われわれの扱うデータの特性上おそらく実行不可能であると考えられる．例えば表 4-2 のように，一旦政治家の出身地区となったとしても，次の期は政治家の出身地区ではなくなり，さらにその次の期では再度政治家の出身地区となるといった，複雑なパターンが多数存在する．したがって，データの特性は，通常の DID が想定するセッティングの域を逸脱しているため，厳密な平行トレンドのテストは不可能であると考えられる．

推計手法に潜在的な問題があることを認識した上で，メインの結果の頑健性を確認するために，いくつかの代替的な手法を用いた．まず，アウトカム変数が系列的に正の相関を持ち，メインの関心であるダミー変数（本研究では政治家の出身地区か否か）が時間を通じて頻繁に変化しないパネルデータでは，不一致分散の問題（Bertrand, Duflo, and Mullainathan, 2004）が起こりうる．しかし，この問題を包括的に扱うことはできなかった．別の方法として，コントロ

ールとしてラグ付きアウトカム変数（$\ln(y_{t-1})$）を含めることを試みた.

しかし，このようにラグ付きアウトカム変数をコントロールとして含めると，ニッケル・バイアス（Nickell, 1981）が発生し，これが2つ目の潜在的な問題となる．ニッケル・バイアスに対処するために，次節で説明する Angrist and Pischke（2009）が提案した2つの定式化を使って分析を拡張した．また，Arellano and Bover（1995）や Blundell and Bond（1998）で概説されている手順で，ダイナミック・パネルデータ分析も試みた.

第3に，代替的な手法として，パネル・イベントスタディーも考えうる．具体的には，政治家の就任前後の年ダミーを以下のように設定する：$-k, \ldots,$ $-3, -2, -1, 0, +1, +2, +3, \ldots, +k$（0 は政治家が政権を担い始めた年に対応する）．残念ながら，ベトナムでは政治家の出身地区が異なる期で重複していることが一般的である（表4-2参照）．したがって，この定式化を用いることはできない．加えて，一つの地区に所属する政治家の平均人数は，8期から10期（1996-2010年）において約 1.5 人であった．この数の少なさにより，同じ地区に所属する政治家の数に関連するインパクトのさらなる分析は困難である.

第4に，パネルデータにタイミングダミーと処置ダミーを用いる "twoway" DID 法においては，「処置された」グループ間のタイミングの違いにより生じるバイアスの問題があるため，利用可能な最善のツールを用いて推定における潜在的なバイアスの大きさを検討した．近年の DID の手法に関する文献（de Chaisemartin and D'Haultfœuille, 2020 ; Goodman-Bacon, 2021 ; Imai and Kim, 2020 ; Callaway and Sant'Anna, 2021 ; Sun and Abraham, 2021）では，この潜在的なバイアスに関する議論が盛んになされており，標準的な分析手法となっている．このようなパネルデータでは，後に処置群となったサンプルが，それらよりも先に処置されたサンプルの比較対象群となり，その逆の場合もありうる．平均的処置効果は，そのようなグループや期間によって不均一である可能性があり，de Chaisemartin and D'Haultfœuille（2020）は，これがそのケースを表す成分が負のウェイトを持ってしまう可能性があることを示した．この問題は，とりわけすべてのサンプルが観察されるパネルデータの期間の最後までに処置群に該当するような場合に深刻になる．しかしながら，これまでの既存研究では，筆者の知る限り，異なるタイミングでのパネルデータでの並列トレ

ンドの仮定を検証するための具体的な応用手法や，「処置された」サンプルが処置から離脱するケース（本章の文脈では，政治家出身地区が，そうではなくなるようなケース）を検証するための具体的な応用手法は確立されていない．したがって，われわれは，推定における潜在的なバイアスを検証するために，利用可能な最善の応用手法を使用した．具体的には，Goodman-Bacon が提案した DID（Goodman-Bacon, 2021）の手法を適用した．Goodman-Bacon の DID は，可能性のある効果を3つの構成要素に分解した．適切な日本語訳がまだないため元論文の用語を用いる：(1) timing groups（政治家の出身地区のサンプルがそのタイミングよりも先の期に政治家の出身地区であったサンプルの比較対象群となる．また逆に，先の期に政治家出身地区であったサンプルがそれより後の期に政治家出身地区となったサンプルの比較対象群となる），(2) within components（すでに政治家出身地区であるサンプルをベースとする），(3) never-treated（一度も政治家出身地区となったことのないサンプルをベースとする）．ここで，最も関心の強い"効果"は(3)である．(3)は，2000 年から2010 年の間，一度も政治家出身地区となっていないグループと政治家出身地区との差になっている．加えて，表4-2 によると，2010 年時点には政治家の出身地区は 121 である一方，それまで一度も政治家の出身地区となっていない地区が 367 と前者を大きく上回っている．したがって，潜在的なバイアスがかかる可能性はあるが，おそらくそれほど深刻なものではないものと思われる．

5. 推計結果と潜在的メカニズム及び動機

5.1. 企業と出身地贔屓・縁故主義

推計の結果，政治家の出身地区では，企業数が増加していることがわかった[6]．具体的には，政治家の地元地区では，政治家が就任した最初の年以降，

---

6) ここでの結果は，新規参入と撤退の両方を考慮した，その地区における企業ストックの純増減を示している．ダミーの解釈は，Kennedy (1981) の元の係数からの変換式に基づいている．例えば，表4-4 の(2)列の企業数に関する *Treated* の係数の情報を用いた増加率は以下のとおりである：

$$8.54 \text{ percent} = 100 \times \{(\exp(\hat{\alpha} - 0.5\hat{V}(\hat{\alpha})) - 1\}$$
$$= 100 \times \{(\exp(0.086 - 0.5 \times 0.039^2) - 1\}$$

5. 推計結果と潜在的メカニズム及び動機　　　87

表 4-4　出身地贔屓と企業活動：推計結果

被説明変数	$y(t)$	$y(t)$	$y(t)$	$y(t-1)$
$y = \ln(FIRMS)$	(1)	(2)	(3)	(4)
Treated	0.109***	0.086**	0.075**	0.004
	(0.040)	(0.039)	(0.031)	(0.042)
$y = \ln(WORKERS)$	(5)	(6)	(7)	(8)
Treated	0.150**	0.11	0.153**	−0.103
	(0.075)	(0.079)	(0.068)	(0.089)
$y = \ln(K\text{-}intensity)$	(9)	(10)	(11)	(12)
Treated	0.034	0.028	0.037	−0.087
	(0.063)	(0.066)	(0.047)	(0.07)
地区固定効果	Yes	Yes	No	Yes
年固定効果	Yes			
州-年固定効果		Yes	Yes	Yes
2000 年の地域特性と年固定効果の交差項		Yes	Yes	Yes
コントロール変数として $y(t-1)$ を含む	No	No	Yes	No
サンプル数	5,835	5,835	5,249	5,249
地区の数	539	539		538

注：( ) 内は地区レベルでクラスタリングされた標準誤差．***p<0.01，**p<0.05，*p<0.1.

　従業員 30 人以上の企業（以下，企業と略す）が約 8% 増加した（表 4-4 の(2)列
を参照）．しかし，他の 2 つの結果，すなわち雇用と資本集約度については，
一貫したエビデンスを見出すことはできなかった．これら 2 つのアウトカムに
関しては Treated の係数が正ではあるものの統計的に有意ではない．
　さらに，表 4-4 の(2)列と(3)列を組み合わせて，推計された係数の大きさを
さらに検討した．上述したように，ラグ付きアウトカムと地区固定効果を用い
た定式化では，係数にニッケル・バイアス（Nickell, 1981）の可能性が考えら
れる．ニッケル・バイアスは，調査回数が少なくかつ多くのサンプル数を含む
パネルデータで現れる．このバイアスは，各地区のアウトカム変数の平均値及
び各説明変数の平均値を対応する変数から差し引く "Demeaning" の手順が，
説明変数と誤差項の間に相関を発生させるために生じる．
　ニッケルバイアスを処理するために，2 つの異なる方法を適用した．まず，
Angrist and Pischke（2009, pp. 245-246）による単純な解決策を適用し，真の

係数は2つの方法によって推定された係数の2つの値の間のどこか，つまり(2)列と(3)列の係数の間に位置することを示唆した．第2に，Arellano and Bover (1995) や Blundell and Bond (1998) が提案した方法を用いて，ダイナミック・パネル分析を行った．それらの推計結果は本章には掲載していないが，表4-4の(2)列の主要な結果を支持するものであった．

加えて，表4-4の(4)列に示したプラセボテストは，平行トレンドに関するDIDの仮定が破られていないであろうことを示唆しており，その結果，逆の因果性の可能性が低いことを示している．なぜなら，政治家が就任する年の前年のアウトカム変数を被説明変数に用いた場合，*Treated* の係数がいずれのケースも統計的に非有意だからである．つまり，逆の因果性が考えられる場合，*Treated* の係数は処置群と比較対象群の差を示すと考えられるが，その傾向は見られない．出身地贔屓の逆因果の可能性が低いことを示唆している．

Goodman-Bacon の DID の結果は，処置の時期の違い（つまりどの期に政治家出身地となるか）によるバイアスがあるにもかかわらず，メインの推計結果の頑健性を裏付けている．図4-1，図4-2，図4-3に示されるように，処置群地区（つまりは政治家出身地区）と never-treated の地区（つまりは一度も政治家を輩出していない地区）との間の差異に該当する要素は，総推計値において大きなウェイトを占めている．この成分の効果はプラスで，平均的処置効果に近い．一方，負の成分のウェイトは最も低く，図4-1のようにほぼゼロである．したがって，図4-1のように過小評価されてはいるものの，われわれの主要な知見が依然として有効であることが示唆された．de Chaisemartin and D'Haultfœuille (2020) が提案した手法を用いた結果も同様の結論を示唆した．

最後に，政治家出身地の企業数の増加に関しては，別の説明の可能性があることも留意点として挙げておきたい．従業員数が30人未満の企業は，活動地区が政治家の出身地区となることで新しい有利なビジネス環境に恵まれるようになり，それに適応するために規模を拡大した可能性がある．この場合，企業数は実際には変化していないが，従業員30人以上の数のみに着目すると企業の総数が増加したように解釈できてしまう．残念ながら，30人未満の企業の全数調査のデータは存在しないため，この可能性を肯定も否定もする証拠は得

5. 推計結果と潜在的メカニズム及び動機　　89

図 4-1　Goodman-Bacon の DID を用いた結果：ln(*FIRMS*)

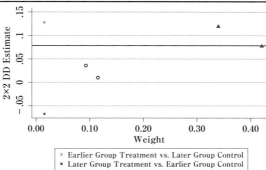

図 4-2　Goodman-Bacon の DID を用いた結果：ln(*WORKERS*)

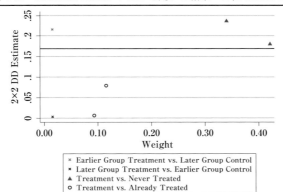

図 4-3　Goodman-Bacon の DID を用いた結果：ln(*K-intensity*)

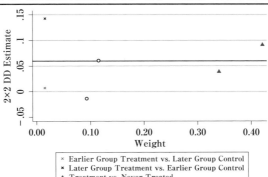

表 4-5　産業別企業数と出身地贔屓

被説明変数	$y(t)$	$y(t)$	$y(t)$	$y(t-1)$
製造業	(1)	(2)	(3)	(4)
Treated	0.051	0.028	0.048	0.02
	(0.056)	(0.055)	(0.039)	(0.051)
建設業	(5)	(6)	(7)	(8)
Treated	0.085	0.091*	0.075**	−0.053
	(0.052)	(0.051)	(0.037)	(0.045)
サービス業	(9)	(10)	(11)	(12)
Treated	0.049	0.03	0.026	−0.016
	(0.049)	(0.053)	(0.042)	(0.048)
農林水産業	(13)	(14)	(15)	(16)
Treated	0.152***	0.089*	0.049	0.038
	(0.052)	(0.046)	(0.031)	(0.039)
地区固定効果	Yes	Yes	No	Yes
年固定効果	Yes			
州-年固定効果		Yes	Yes	Yes
2000 年の地域特性と年固定効果の交差項		Yes	Yes	Yes
コントロール変数として $y(t-1)$ を含む	No	No	Yes	No
サンプル数	539	539		538

注：$y(t)$ は $\ln(FIRMS)$．（　）内は地区レベルでクラスタリングされた標準誤差．***p＜0.01，**p＜0.05，*p＜0.1.

られなかった．

5.2. 政治的メカニズム

　潜在的なメカニズムを検証するため，企業を産業別に分け，(2)式を推計した．その推計結果は表 4-5 に示されている．その結果，建設業関連企業が一貫して出身地贔屓に反応する可能性が最も高いことがわかった．この結果は Do et al.（2017）と一致し，出身地贔屓が建設業において，あるいはおそらくインフラ投資として顕在化した可能性が示唆された．インフラへの公共投資は，交通，電気，清潔な水，国内の他の地域との連携など，企業の運営コストの削減をもたらすであろう．Mu and van de Walle（2011）は，1997 年から 2001

年にかけてベトナムで 5,000 km の農村道路が改修され，地方市場が大幅に改善したことを実証している．さらに，GSO（2021）は，建設業関連分野への実質投資が 2005 年から 2010 年の間に約 3 倍に増加したと報告している．特に不動産投資は同期間に 7 倍以上に増加しており，これも潜在的なチャネルの一つと考えられる．

　第 2 に，資源（つまりは税金）の転用をしやすいであろうタイプの政治家とそうでない政治家を比較した．また，企業も業種別に分けて推計を行った．まず，never-treated の地区（つまりは一度も政治家を輩出していない地区）と，各省のトップ（省長：ここで省はハノイ，トゥア・ティエン・フエといった地域的な省を指す），政治局員，財務大臣の出身地区を含むサンプルを用いた．CPV（2016）によると，すべての省長は省レベルで CPV の書記（党の指導的地位）でもあった．彼らと財務大臣は常に中央委員会のメンバーであった．政治局員（約 15 人）と財務大臣は中央政府のあらゆる重要政策を決定するため，地域間の資源配分を指示することができる地位にある．財政に関しては地方分権が進んでいるにもかかわらず，その原資はトップダウンで分配される（Malesky and Schuler, 2010）．一方，地方首長は省内で資源を再配分することができる．ベトナム中央委員会のデータによると，省長の約 80％ が省内に出身地区を持っている．その結果を表 4-6 に示す．もう一つのサンプルは，never-treated の地区と，それ以外（すなわち，省長・政治局メンバー・財務大臣以外）の政治家の出身地区で構成されている．対応する結果を表 4-7 に報告する．

　表 4-6 と表 4-7 を比較すると，製造業では，政治家が省長，政治局員，財務大臣であった場合に，異なるポストであった場合よりも，出身地贔屓が顕著であった．表 4-6 の(1)列，(2)列，(3)列で示されているように，とりわけ製造業は，企業数を増やすことで出身地贔屓に反応する傾向が最も強かった．しかし，建設業に関しては統計的な有意性は見られなかった．表 4-7 に記載したデータからは，統計的に一貫した出身地贔屓の証拠は見つからなかった[7]．この点は，将来，より長い政治期間をカバーするデータが得られれば，より詳細

7）　表 4-7 では農業の係数は統計的に有意であるが，平行トレンドの仮定を満たしていない．よって，出身地贔屓の有無に関して明言ができない．

表 4-6 産業別企業数と省長，政治局員，財務大臣による出身地贔屓

被説明変数	$y(t)$	$y(t)$	$y(t)$	$y(t-1)$
製造業	(1)	(2)	(3)	(4)
Treated	0.135**	0.131*	0.119**	0.039
	(0.066)	(0.071)	(0.056)	(0.068)
建設業	(5)	(6)	(7)	(8)
Treated	0.086	0.083	0.089*	−0.138**
	(0.072)	(0.072)	(0.049)	(0.056)
サービス業	(9)	(10)	(11)	(12)
Treated	0.070	0.055	0.060	−0.067
	(0.066)	(0.073)	(0.058)	(0.069)
農林水産業	(13)	(14)	(15)	(16)
Treated	0.059	−0.026	−0.017	−0.058
	(0.066)	(0.063)	(0.042)	(0.052)
地区固定効果	Yes	Yes	No	Yes
年固定効果	Yes			
州-年固定効果		Yes	Yes	Yes
2000 年の地域特性と年固定効果の交差項		Yes	Yes	Yes
コントロール変数として $y(t-1)$ を含む	No	No	Yes	No
サンプル数	418	418		417

注：地方首長，政治局員，財務大臣の地位にない中央委員会メンバーの出身地区は除外した．$y(t)$ は ln(FIRMS)．
（　）内は地区レベルでクラスタリングされた標準誤差．***p＜0.01，**p＜0.05，*p＜0.1．

な分析が可能になるであろう．

　さらに，出身地をターゲットとする出身地贔屓の追加的なチャネルを検証するために，企業の所有形態別の推計も行った．その結果，国営企業（SOE）は出身地贔屓に反応しなかったが，国内民間企業（POE）はこれに反応した．国内民間企業の Treated の係数は，表4-8 の(3)列と(4)列に示されているように，統計的に有意である．SOE が出身地贔屓に反応しないのは，国内民間企業や外資系企業（FOE）と比較して，SOE は人事，意思決定，資本移動の面で柔軟性に欠けるからであると考えられる．加えて，ある省に立地する SOE には，中央政府に属するものと省政府に属するものの2種類がある．中央政府に属する SOE は，中央政府が人事と資金を直接管理しているため，省長である政治

表 4-7　産業別企業数及び表 4-6 の役職者以外の政治家の出身地贔屓

被説明変数	$y(t)$	$y(t)$	$y(t)$	$y(t-1)$
製造業	(1)	(2)	(3)	(5)
Treated	0.009	-0.020	0.019	-0.020
	(0.088)	(0.086)	(0.050)	(0.078)
建設業	(6)	(7)	(8)	(10)
Treated	0.120	0.149**	0.077	0.016
	(0.073)	(0.073)	(0.052)	(0.070)
サービス業	(11)	(12)	(13)	(15)
Treated	0.050	0.011	-0.006	0.035
	(0.073)	(0.075)	(0.055)	(0.059)
農林水産業	(16)	(17)	(18)	(20)
Treated	0.277***	0.190***	0.121***	0.108*
	(0.075)	(0.068)	(0.044)	(0.058)
地区固定効果	Yes	Yes	No	Yes
年固定効果	Yes			
州-年固定効果		Yes	Yes	Yes
2000 年の地域特性と年固定効果の交差項		Yes	Yes	Yes
コントロール変数として $y(t-1)$ を含む	No	No	Yes	No
サンプル数	436	436		435

注：地方首長，政治局員，財務大臣の地位にある CC メンバーの出身地区は除外した．$y(t)$ は $\ln(FIRMS)$．（　）内は地区レベルでクラスタリングされた標準誤差．***p＜0.01，**p＜0.05，*p＜0.1.

家はあまり影響力を持たないと考えられる．さらに，Vu and Yamada（2018）で指摘されているように，SOE の数が減少傾向にあることは，政治家からの影響の可能性が低下していることを示唆している．しかし，Nguyen（2021）は，ベトナムの国営企業の取締役が，定年を迎える直前に過剰な数の従業員を採用することで，汚職の最後の機会を利用していることを見いだしている．

また，出身地贔屓が一定の経済発展水準と関連しているかどうかも調べた．表 4-9 に示すように，推定された影響は，都市部よりも農村部で顕著であった．農村部サンプルを用いた推計では，総企業数及び総労働者数に統計的に有意な結果がみられる．その一方，都市部ではいずれの被説明変数に関しても統計的に有意な結果は得られなかった．

表 4-8　企業の所有形態と出身地贔屓

被説明変数	外資系企業		国内民間企業		国営企業	
$y(t) : \ln(FIRMS)$	(1)	(2)	(3)	(4)	(5)	(6)
Treated	0.067	0.027	0.082*	0.082***	0.037	-0.008
	(0.045)	(0.020)	(0.042)	(0.030)	(0.043)	(0.032)
プラセボテストが並行トレンド仮説を支持するか？	No	No	Yes	Yes	Yes	Yes
$y(t) : \ln(WORKERS)$	(7)	(8)	(9)	(10)	(11)	(12)
Treated	0.345**	0.133	0.079	0.188**	0.120	0.020
	(0.169)	(0.086)	(0.091)	(0.076)	(0.168)	(0.104)
プラセボテストが並行トレンド仮説を支持するか？	No	No	Yes	Yes	Yes	Yes
$y(t) : \ln(K\text{-}intensity)$	(13)	(14)	(15)	(16)	(17)	(18)
Treated	0.272*	0.111	0.103	0.128**	0.049	0.018
	(0.140)	(0.077)	(0.079)	(0.058)	(0.153)	(0.079)
プラセボテストが並行トレンド仮説を支持するか？	No	No	Yes	Yes	Yes	Yes
地区固定効果	Yes	No	Yes	No	Yes	No
州-年固定効果	Yes	Yes	Yes	Yes	Yes	Yes
2000 年の地域特性と年固定効果の交差項	Yes	Yes	Yes	Yes	Yes	Yes
コントロール変数として $y(t-1)$ を含む	No	Yes	No	Yes	No	Yes
サンプル数	539		539		539	

注：（　）内は地区レベルでクラスタリングされた標準誤差．＊＊＊p＜0.01，＊＊p＜0.05，＊p＜0.1.

　出身地贔屓には，調達契約，事業認可，優遇融資など，他にもいくつかの潜在的な経路があることが考えられる．しかし残念ながら，分析に必要なマイクロデータや地区レベルのデータは十分に得られなかった．

　一方，ベトナムにおける出身地贔屓は，民族や宗教に根ざしているわけではない．2009 年の人口調査によると，ベトナム人の 85.7％ がキン族に属し，82％ が世俗的である．絶対的な権力を保持するために，CPV はその所属員に他の独立組織への忠誠を奨励しないのだろうと思われる．

表 4-9 出身地贔屓と企業活動：都会・農村別

被説明変数	$y(t)$	$y(t)$	$y(t)$	$y(t-1)$
A. 農村部				
$y = \ln(FIRMS)$	(1)	(2)	(3)	(5)
Treated	0.126***	0.088**	0.115***	0.010
	(0.045)	(0.043)	(0.037)	(0.048)
$y = \ln(WORKERS)$	(6)	(7)	(8)	(10)
Treated	0.183**	0.122	0.260***	−0.110
	(0.084)	(0.087)	(0.082)	(0.102)
$y = \ln(K\text{-}intensity)$	(11)	(12)	(13)	(15)
Treated	0.068	0.055	0.071	−0.121
	(0.068)	(0.074)	(0.058)	(0.081)
サンプル数	4,551	4,551	4,089	4,089
地区数	421	421		420
B. 都市部				
$y = \ln(FIRMS)$	(16)	(17)	(18)	(20)
Treated	0.076	0.102	0.142	−0.217
	(0.074)	(0.147)	(0.110)	(0.148)
$y = \ln(WORKERS)$	(21)	(22)	(23)	(25)
Treated	0.001	−0.167	0.133	−0.475
	(0.127)	(0.237)	(0.202)	(0.309)
$y = \ln(K\text{-}intensity)$	(26)	(27)	(28)	(30)
Treated	−0.117	−0.267	−0.037	−0.143
	(0.164)	(0.177)	(0.094)	(0.168)
サンプル数	1,284	1,284	1,160	1,160
地区数	118	118		118
地区固定効果	Yes	Yes	No	Yes
州-年固定効果	Yes			
2000年の地域特性と年固定効果の交差項		Yes	Yes	Yes
コントロール変数として $y(t-1)$ を含む		Yes	Yes	Yes
サンプル数	No	No	Yes	No

注：（ ）内は地区レベルでクラスタリングされた標準誤差．***p＜0.01，**p＜0.05，*p＜0.1．

6. 結論

　本章では2000年から2010年のベトナムの539地区における企業数，従業員数，資本集約度の変化を調べた．その結果，出身地贔屓によって，政治家の地元地区で30人以上の従業員を抱える民間企業の数が増加することが示唆された．しかし，国有企業の数は増加しない．また，建設企業の反応については，他産業と比較してより強い統計的証拠が得られた．このチャネルは，おそらく政治力や地域統治と関連している．また，トップクラスの政治家を含むサンプルでは，その政治家の出身省の製造業が出身地贔屓に反応していることがわかった．

　本研究にはいくつかの限界がある．第1に，データの制約上，インテンシブ・マージン（既存企業がどのように反応するか）とエクステンシブ・マージン（新規企業が設立されるか，移転されるか）を区別することができなかった．第2に，出身地贔屓に起因する経済発展の質を検証することができなかった．第3に，政治家の出身地区における企業数の増加は，企業の再配置に起因する可能性があることを念頭に入れなければならない．しかし，2000年から2010年にかけてのベトナムの全地区における企業数の急激な増加は，この検証を不明瞭にしてしまう．第4に，企業の意思決定と政治家の昇進の両方に影響を与える可能性のある変数（つまりは省略変数：omitted variable）が存在することは否定できない．残念ながら，地区とトップクラスの政治家との政治的コネクションを示す直接的な変数を用いることはできなかった．とはいえ，この分野での今後の研究は，より長期にわたる政治的コネクションに関する追加的なデータが入手可能になれば，より発展する可能性がある．

補論　データ構築に関して

　サンプルの選択は，本章の分析の識別戦略にとって極めて重要である．ベトナムの行政区域は過去10年間で大きく変化し，2000年には約600あった地区が2015年には700に増加した．したがって，特に地区固定効果を適用する場

合には，境界が変わっていない地区を選択することが極めて重要である．例え
ば，現在のハノイは 2008 年にハタイ省とハノイが合併してできた．さらに，
ハノイとホーチミンはベトナム最大かつ最重要の都市であり，中央政府にとっ
て重要な都市である（国会決議第 1210/2016/UBTVQH13 号参照）．その結果，こ
の 2 つの経済拠点は，特定の政治家の地域贔屓以外の要因によって，異なる扱
いを受ける可能性がある．

　したがって，GSO（2015a）が用いた区分を適用し，一貫性のないすべての
地区とハノイとホーチミンの地区を除外し，合計 544 地区を残した．2009 年
国勢調査の農村・都市地区の定義を適用し，この情報を 544 地区と統合した．
国勢調査は 2009 年 4 月 1 日にベトナム国家統計局によって実施された．国勢
調査におけるベトナム人口の 15% に関するデータは IPUMS International か
ら入手可能である[8]．544 地区のうち 539 地区を農村部と都市部に分類するこ
とができた．

　Vu et al.（2017）の手法に従い，各年の VES データの企業数を確認し，重複
を避けた．また，元データでは，109 地区のうち 265 地区-年のサンプルで地
区内の労働者数が 30 人未満の企業が存在し，30 人以上の企業が存在しないこ
とを確認した．このようなケースは分析内で考慮されている．さらに，61 地
区-年（55 地区）のサンプルについては，その地区にどの規模の企業も存在し
なかったため，データが欠落している可能性がある．これらの 61 地区-年は，
パネルから離脱したものとして扱った．この結果，最終的に 539 地区からなる
アンバランスなパネルが作成された．

8）　Minnesota Population Center. "Integrated Public Use Microdata Series, International: Version
　　6.5"［Vietnam Population and Housing Census 2009］. Minneapolis: University of Minnesota, 2017.
　　doi: 10.18128/D020. V6.5.

第5章 医療現場における賄賂の慣習
──患者の厚生及び公的医療保険加入との関係

1. はじめに

　本章の目的は主に2つある．第1の目的は，医療現場における賄賂が人々の厚生にどのように関係しているかについての理解を深めることである．より正確には，医療現場における賄賂の蔓延が住民の平均的な健康状態にどのような影響を与えるか，また病院における賄賂によって患者の医療満足度がどのような影響を受けるかについての認識を深めることである．第2の目的は，賄賂に対する認識が公的医療保険の加入率とどのように関連しているのか，とりわけ賄賂に対する認識が公的医療保険制度への加入の意思決定にどのように影響しているのかを探ることである．これらの仮説をベトナムの文脈で検証する．

　医療における賄賂とは，多くの場合，医療サービス提供者に対する，公的な支払いを上回る現金や現物の授受という形での非公式な支払いと定義され（Lewis, 2007），開発途上国や新興国の患者の医療費の大きな割合を占めている（Balabanova and McKee, 2002; Belli et al., 2004; Falkingham, 2004; Killingsworth et al., 1999; Liaropoulos et al., 2008; Szende and Culyer, 2006; Tatar et al., 2007）．多くの場合，賄賂は人々の医療へのアクセスに負の相関を示す（Belli et al., 2004; Falkingham, 2004; Liaropoulos et al., 2008）．賄賂は，少なくとも賄賂を渡す側にとっては，医療スタッフと患者の間により良い継続的な関係を生み出すなど，正の側面があるという意見もあるが（Vian, et al., 2012），理論的には，賄賂は医療供給側に正にも負にも作用しうる．プリンシパル・エージェント理論によれば，金銭的報酬は，医療従事者がより懸命に，より賢く働くよう動機付けることができる（Prendergast, 1999）．しかし，金銭的インセンティブは，医療行

為が複雑な場合，質よりも量に重点を置くよう医療従事者を動機付ける可能性がある（Holmstrom and Milgrom, 1991）．この場合，報酬は仕事の質を損なう．負の結果に関する理論は，汚職の文献や Guriev（2004）で議論されている．Guriev（2004）は，より多くの支払いを誘導するために，サービス提供者が基本的な質を意図的に低下させる可能性を示している．

　これらの議論を考慮すると，医療における賄賂の結果について，住民の平均的な健康状態や，病院で賄賂を支払った人の医療満足度という観点から，より良く理解するためには，さらなる実証的研究が必要である．

　さらに本研究は，賄賂と公的医療保険（以下，健康保険）の適用範囲との関係を検討することで，ユニバーサル・ヘルス・カバレッジ（Universal Health Coverage: UHC）政策の議論に貢献するものである．現在，多くの国が UHC に向けて動き出しているが，賄賂を支払わなければならないのであれば，健康保険は無意味であると人々が考える可能性があるため，賄賂の習慣が保険適用拡大の妨げになる可能性がある．これまでの文献では，この関係を調べたものはない．もし公的医療保険加入が賄賂の慣行によって悪影響を受けるとすれば，賄賂の蔓延は国民皆保険への重大な障害となるであろう．したがって，賄賂が公的医療保険加入に与える影響を分析することは重要な政策的意味を持つ．

　本章ではベトナムのデータを使用するが，これには2つの利点がある．第1に，後述するようにベトナムは汚職の多発に悩まされており，医療セクターにおける賄賂に関するデータが入手可能である．第2に，ベトナムは多くの新興国や開発途上国の中で UHC への流れをリードしている．

　まずはじめに，本研究では複数の情報源から入手した地方レベルデータを用いて，賄賂の蔓延が人々の健康状態や公的医療保険の加入率と負の相関があるかどうかを検証した．その結果，人々の健康状態や公的医療保険の加入率と賄賂の間には負の相関関係があることが示された．

　次に，行政パフォーマンス指数（Public Administration Performance Index: PAPI）から得たベトナムの個人データを用いた分析を行った．個々人のデータの分析は，因果関係の問題を考慮しながら，病院での治療後の怪我や病気の回復や医療サービス満足度の主観的評価で測定される個人の幸福に賄賂がどのように影響するかを明らかにし，賄賂の認識が公的医療保険加入の決定にどの

ように影響するかを精査することを目的としている．結果は，賄賂を支払った患者は，賄賂を支払わなかった患者と比較して，治療後に病気や怪我が治癒したと感じる可能性が低いことを示唆している．彼らの医療に対する満足度も低い．本章の結果はまた，賄賂の必要性の信念と公的医療保険加入の間に負の相関関係があることを示唆している．さらに，賄賂の内生性をコントロールすると，賄賂が健康の回復や医療満足度に与える悪影響の大きさが増加した．

本章の残りの部分は以下のように構成されている．次節では，本研究に関連する先行文献をレビューする．第3節では，ベトナムの健康，医療サービス，医療保険制度のプロフィールを含め，本研究の背景を説明する．第4節では，データと分析モデルを紹介する．第5節では推計結果を示す．第6節では，考察と政策的含意を述べる．第7節では結論を述べる．

2. 既存研究と本章の貢献

汚職と経済パフォーマンスの関係については，社会科学分野において多くの既存研究が存在する．Leff（1964）やLui（1985）のように，汚職は遅滞気味な官僚的プロセスを改善するため，経済パフォーマンスに正の効果をもたらすと主張する研究者もいるが，Krueger（1974）以来の実証的研究のほとんどは，汚職が経済発展に悪影響を及ぼすことを明らかにしている[1]．さらに，汚職は経済的に有害であるだけでなく，人々の健康にも悪影響を及ぼすことが知られている（Azfar and Gurgur, 2008; Gupta et al., 2000）．

Gupta et al.（2000）とAzfar and Gurgur（2008）の研究は，汚職が人々の健康に与える直接的な影響をさらに調査しようとする本章の動機付けとなっている．しかしながら，彼らの用いた腐敗度の指標は，特に医療保健セクターにおける腐敗の問題を取り上げるには不十分であり，また効果的な政策的意味を議論するための基礎としても不十分であるように思われる．Gupta et al.（2000）は，主にPolitical Risk Services/International Country Risk Guide（PRS/ICRG）

---

1) 理論的・実証的レビューについてはJain（2001）を，理論的レビューについてはAidt（2003）を参照

に掲載されている腐敗指数に依存したクロスカントリー分析を行った．この指標は，政治システム内の腐敗を評価するものであるため，この指標を用いる最大の欠点は，腐敗が健康に与える直接的な影響を推定できないことである．例えば，汚職は失業，低所得，貧弱な公共サービス，インフラの欠如などを通じて人々の健康に影響を与える．そのため，どれだけの影響が医療保健セクターの汚職そのものに起因するのかは不明であるため，有益な政策介入を提唱することが困難である．加えて，汚職はその国固有の文化に根付いているため，国をまたいだクロスカントリー分析で大きな異質性をコントロールすることは非常に困難な作業である．

　Azfar and Gurgur（2008）は，フィリピンの地方政府と家計のデータを用いて，2つの汚職認識指数を作成した．最初の指標は，政府職員（各自治体から行政官1名，教育担当官1名，保健担当官1名）の回答に基づいている．2つ目の指標は，家計調査に基づくものである．この指標は，「汚職に関与している市町村役人を見聞きしたことがあるか」という質問に対して肯定的な回答をした回答者の割合を用いている．しかし，どちらの指標も，実際の汚職レベルが過少報告される可能性があるため，計測誤差が生じる可能性がある．なぜなら役人には汚職を隠すさまざまな方法があるため汚職を過少に報告することになり，住民は汚職の全体像を知ることができないからである（Olken, 2009）．後者の汚職指数を算出する根拠となった家計調査の設問は，あまりに広範で漠然としているため，医療保健分野の汚職の実態を把握するには不十分である．

　賄賂は汚職の一形態に過ぎないため，広義の汚職よりも本章の焦点である賄賂は狭義である．とはいえ，賄賂に焦点を絞ることで，重要な腐敗の形態の一つである賄賂の直接的な影響を，測定誤差を少なくして推計することができる．

　本章の内容と最も近い既存研究として，Hunt（2010）が挙げられる．Hunt（2010）は医療セクターにおける賄賂に関する豊富な情報を含んだウガンダの家計調査のデータを用いている．そして，賄賂の支払いが医療満足度の低下と相関していることを示した．しかし，著者自身が指摘しているように，賄賂の内生性をコントロールしておらず，因果関係は不明瞭である．例えば，医療サービスの質が低いと，患者はより良い治療を受けるために賄賂を支払う気になるかもしれないが，患者はこの目的を達成できない．本章では，この点を改善

するために，二段階最小二乗法（2SLS）と再帰的二変量プロビットモデル（recursive bivariate probit: biprobit）を用いて，賄賂の内生性をコントロールし，因果関係に踏み込んでいる

　さらに本研究は，賄賂と公的医療保険のカバレッジとの関係を検証することで，UHC に関する政策議論に貢献することを目的としている．UHC をいかに達成するかという問題は，先進国のみならず新興国や開発途上国においても重要な政策課題となっている．例えば，このテーマは持続可能な開発目標（Sustainable Development Goals: SDGs）の第 3 の目標である「あらゆる年齢のすべての人々の健康的な生活を確保し，福祉を促進する」に密接に関連している．また，世界保健機関（WHO）の主要刊行物である『世界保健報告書2013』は，「ユニバーサル・ヘルス・カバレッジのための調査」（WHO, 2013）に全面的に焦点を当てている．本研究の仮説は，賄賂の蔓延が公的医療保険への加入を妨げているというものである．現在，多くの国がUHC に向けて動いていることを考えると，賄賂が公的医療保険加入に与える影響を評価することは，重要な政策的意味を持つ．

3. 本研究の背景

3.1. 医療サービスにおける汚職

　ベトナム政府は 2005 年に腐敗防止法を成立させ，首相をトップとする腐敗防止のための中央運営委員会を設置した．さらに，汚職の監視・摘発と法律の執行を担当する特別な反汚職部門が，人民最高裁判所の公安省の下に置かれた．腐敗防止の枠組みは強固であると報告されており（Global Integrity, 2009），アジアで最も優れた法的枠組みの一つとさえ評価されている（US Department of State, 2011）．しかし，Freedom House（2011）によると，実施体制の欠如と法執行の弱さも報告されており，保健セクターを含む多くの公的機関で汚職が広く行われている．World Bank（2010）によると，ベトナム人の85% と 65% が，それぞれ中央レベルの保健サービスと地方の保健サービスにおいて汚職が行われていると考えている．賄賂の支払いに関しては，Towards Transparency（2011）が，賄賂の慣行が悪化していることを懸念している．2010 年には，過

去 12 年間に保健サービスを利用した都市住民の 29% が賄賂を支払っていた. これは，2007 年の 2 倍以上である.

Acuña-Alfaro（2009）によると，医療サービスにおける汚職行為に関するメディア記事は，2008 年には 88 件，2009 年には 122 件掲載されている. さらに最近でも，メディアの記事は医療セクターにおける汚職や賄賂の問題を取り上げ続けている. 賄賂の重要性にもかかわらず，医療保健セクターにおける汚職のリスクや関連要因に関する研究はほとんど行われていない.

3.2. 健康プロファイルと医療サービス

1986 年の「ドイモイ」政策の導入以来，ベトナムは急速かつ継続的な経済成長を遂げ，貧困率の低下と国民衛生の向上を達成した. 2012 年，ベトナムで貧困状態にある人の割合は 17.2% で，出生時の平均寿命は 76 歳だった. これは，マレーシア（74.2 歳），中国（75.2 歳），タイ（74.2 歳）など，この地域の経済先進国よりも高い. また，2012 年の 5 歳未満児の死亡率（出生 1,000 人当たり）は 23.2 人で，インドネシア（31.0）やフィリピン（29.8）を大きく下回っている（WHO, 2014）.

とはいえ，医療のコストと質には懸念がある. ベトナムの医療サービスのほとんどは政府によって提供されている. 2009 年には 102 の病院があったが，そのうち民間のクリニックはわずか約 6% で，主に都市部と裕福な地域に立地している（ベトナム保健省：Ministry of Health of Vietnam, 2011）. そのため，人々は病院をほとんど選ぶことができないが，病院院長には利用料を設定する大きな自由裁量権が与えられているため，治療費が高くなることが多い（Government of Vietnam, 2006）.

また病院院長は，医療従事者の昇給，賞与，手当を決定し，医療従事者を雇用し昇進させる責任も負っている. このため，病院のスタッフは，病院院長に自分の業績を示すために，より高い値段で自分の医療サービスを患者に提供するインセンティブが存在する. 病院はより高度な医療を提供することに熱心であり，その中には不必要なものもあるが，それは病院のスタッフにとってより大きな利益と潜在的なボーナスをもたらすためであるとの報告がある（Ha, 2011; Lieberman and Wagstaff, 2009）.

ベトナムにおけるもう一つの深刻な問題は，不適切な治療が人々の健康だけ
でなく家計にも悪影響を及ぼしていることである．Lieberman and Wagstaff
(2009) は，ベトナムでは病院院長に広範な裁量権が与えられているため，自
己負担額（Out of Pocket: OOP）が高くなると主張している．実際，2012 年に
は民間医療費が総医療費の 60% 近くを占め，民間医療費の 85% は OOP 支出
によるものである（WHO, 2014）．さらに，ベトナム人の 15% 以上が，所得の
25% 以上を健康関連支出に費やしている（Lieberman and Wagstaff, 2009）．

2009 年，多大な医療費支出に直面する人々の数を減らすため，政府は 2014
年までに国民医療皆保険を達成する目標を設定したが，これは後に 2020 年ま
でに 80% の公的医療保険加入率を達成することに修正された．ベトナムの公
的医療保険制度の基礎が築かれたのは 1990 年代で，1992 年に初めて公的医療
保険が導入され，国営企業，10 人以上の労働者を抱える私営企業の労働者，
年金受給者，社会的に不利な立場にある人々などが対象となった．それ以来，
政府は強制加入の対象を拡大し，多くの補助金を支給することで，加入者の割
合を増やしてきた．（Vietnam Social Security［VSS］, 2010）．

ベトナムの公的医療保険に関しては，いくつかのインパクト評価が実施され
ている．肯定的な知見は，医療保険が OOP 支出を削減し，医療サービスの利
用を増加させたというものである（Chang and Trivedi, 2003; Jowett et al., 2004;
Wagstaff and Pradhan, 2005）．それにもかかわらず，Wagstaff (2010) による貧
困層向け医療保険のインパクト評価では，医療利用には影響がなかった．さら
に，Sepehri et al. (2006) は，被保険者の入院日数が長いことが必ずしも健康
状態の改善を意味するわけではなく，追加収入を得るために医療従事者が入院
を勧めることもあると主張している．

また，財政問題を解決するためにいくつかの改革が行われたにもかかわらず，
医療保険財政が赤字であるという課題もある（Wagstaff, 2010）．さらに，農村
部や非正規部門の労働者は，魅力的な給付がないため保険制度に加入したがら
ないと報告されている（Wagstaff, 2010）．Nguyen and Leung (2013) の研究で
は，任意加入者の間に逆選択があるとさえ論じている．患者が医師や看護師に
賄賂を贈り，迅速な治療と適切な対応を求めていることや，公的医療保険加入
者が病院内で差別を受けていることが明らかになっている（Ha, 2011）．これら

の調査結果は，公的医療保険制度がうまく機能せず，医療アクセスの公平性を保証するものでもないことを懸念させる．

4. データと分析手法

4.1. 省レベルのパネルデータ分析

　まず，2年間の地方レベルのパネルデータを用いて，賄賂が多発する地域で健康アウトカムが良いのか悪いのか，また賄賂の多発が公的医療保険の加入を妨げているのかを検証する．賄賂は，時間を通じて変化しない観察されない地方の特性と相関することが予想されるため，固定効果モデルを用いている．

　回帰分析を行うために，データセットはPAPI，ベトナム家計生活水準調査（Vietnam Household Living Standard Survey: VHLSS），統計局（General Statistics Office of Vietnam: GSO）のウェブサイト，統計ハンドブック（Statistical Handbook）の4つの異なるデータソースを用いて構築されている．

　PAPIは，政府行政だけでなく，学校や病院など草の根レベルの公的セクターにおける賄賂に対する国民の認識と経験を把握するユニークな家計調査であり，本研究にとって重要なデータであり，ベトナム科学技術協会連合（Viet Nam Union of Science and Technology Associations: VUSTA）傘下のコミュニティ支援開発研究センター（Centre for Community Support Development Studies: CECODES）と，国連開発計画（United Nations Development Programme: UNDP）の共同作業により開発された．国の代表性を確保するため，多段階無作為抽出法を用いている[2]．2011年，2年間の試験段階を経て，全省を対象と

---

2) CECODESによると，各州について，州都地区が意図的に選ばれ，次に他の2地区がPPS（Probability Proportion to Size）サンプリング法によって選ばれた．次の段階では，第3層のサブナショナル単位であるコミューンを選ぶ．ここでも，州都のコミューンを選び，PPSによって他のコミューンを一つ選んだ．最後に，各コミューンの中で，州都の村とPPSによる他の村が選ばれる．最終的なサンプルは，全国の63州，207地区，414コミューン，828村である．回答者は，病院受診の有無にかかわらず，これらの村で無作為に選ばれる．PAPI調査は，複雑なトピックを直接説明し，回答者が質問を適切に理解できるよう，インタビュアーが実施した．調査チームはまた，純粋無作為，最富裕層と最貧困層，最大母集団といった代替サンプリング方法についても検討したが，PAPIのサンプリング方法は，これら3つの代替サンプリング法よりも優れていると結論付けた．

する全国調査の第1ラウンドが実施された（CECODES, VFF-CRT, and UNDP, 2013）．それ以来，データは繰り返しクロスセクションのデータ（repeated cross section data）として毎年収集されている．ベトナムにはホーチミンとハノイという2つの大きな省があり，経済発展や行政の面で他の地域とは異なる特徴を持っている可能性が高いため（つまり，より高度な医療が提供される州病院にアクセスできるため，それら州病院に直接行ってしまう），これらの省については特に注意を払っている．

　本章では2011年と2012年のPAPIを用いた．注目すべき変数である賄賂の慣行（*BRIBE_P*）は，PAPIから作成した．「私のような者は，地区の病院で治療を受けるために賄賂を支払わなければならない」という質問に対する回答が，その省における賄賂の蔓延度を測定するために使用される．回答は省レベルで集計され，この質問に肯定的な回答をした回答者のパーセンテージを算出し，賄賂の蔓延度を見る．このパーセンテージが高い場合，その省は腐敗が激しく，賄賂が蔓延している地域であるとみなす[3]．これは，「誰が」賄賂を支払ったかを特定せずに，センシティブな質問をする一般的な方法である．表5-1が示すように，賄賂の蔓延度（*BRIBE_P*）は省によって異なる．最小15.69%から最大69.50%まで幅があり，平均は41.75%である．

　健康アウトカムについては，2011年と2012年の省レベルの粗死亡率と乳児死亡率のデータを使用した．これらはそれぞれ*DEATH*と*MORT_INF*と表記する．粗死亡率の最低は5.1%，最高は9.3%である．乳幼児死亡率は省に

3）　この方法は，回答者の過去の経験が質問の回答に影響する可能性が考えられる．この質問では，医療を受けるために賄賂が必要かどうか（質の問題ではない）を明確に問うているが，それでも，「私のような人間は，より質の高い医療を受けるために賄賂を払わなければならない」と誤解して，上記の質問に肯定的な回答をした非賄賂信者がいるかもしれない．上記のように質問を誤って解釈した場合，前回の来院時に賄賂を贈らなかった非賄賂者は，医療従事者に賄賂を贈らなかったことを後悔し，その結果，医療の質が低下したように思われるため，この記述に同意するかもしれない．同じ論理が，前回の来院時に賄賂を支払った人たちにも当てはまる．この場合，賄賂を支払った人は質問に対して否定的な回答をするかもしれない．しかし，このような測定誤差が生じるのは，回答者が質問を誤解した場合だけである．さらに，このような測定誤差が（例えば，一部の地区が特に誤解しやすいとか，賄賂を贈らない人が誤解しやすいといったように）システマティックに発生するという証拠はない．したがって，この種の測定誤差は，本章の分析の推定量に大きなバイアスを与えないと仮定する．

表5-1　省レベルデータの記述統計

変数	変数の説明	全サンプル				ホーチミン	ハノイ	出典
		平均値	標準偏差	最小値	最大値	平均値	平均値	
BRIBE_P	「私のような患者は、地区病院で治療を受けるために賄賂を支払わなければならない」という質問に同意もしくはやや同意と回答した人のパーセンテージ	41.748	12.969	15.686	69.504	34.998	65.062	PAPI2011, PAPI2012
DEATH	粗死亡率	7.042	0.911	5.100	9.300	5.950	7.000	General Statistics Office website (2011, 2012)
MORT_INF	出生1,000人当たりの乳幼児死亡率	17.338	7.940	7.700	44.200	7.900	10.650	General Statistics Office website (2011, 2012)
HLP	公的医療保険加入率 (2011年に関してはデータがないため、2010年のデータで代替した)	63.947	14.543	36.409	95.735	61.299	62.876	VHLSS2010, 2012
PROF	人口1,000人当たりの医師、助産師、看護師を含む医療保健専門職スタッフ	2.643	0.810	1.071	5.600	3.202	1.616	General Statistics Office website (2011, 2012)
BED	人口1,000人当たりのベッド数	2.776	0.681	1.406	4.560	3.165	1.811	General Statistics Office website (2011, 2012)
POVERTY	貧困率	15.621	10.597	0.100	46.800	0.100	3.950	Statistical Handbook (2013)
GROSS_IND	省の総産業生産高 (単位：10億ベトナムドン) の対数値	9.919	1.514	6.375	13.593	13.507	12.778	General Statistics Office website (2011, 2012)
DENS	人口密度 (人/km^2)	468.540	565.159	43.000	3666.000	3627.500	2036.000	General Statistics Office website (2011, 2012)
ADMIN	「あなたのコミューン/区の地方自治体は、貧困世帯の健康保険に補助金を出していますか」という質問に「はい」と答えた人のパーセンテージ	91.206	4.783	75.926	98.305	86.696	93.280	PAPI2011, PAPI2012

よって異なり，最低は出生 1,000 人当たり 7.7 人，最高は 44.2 人である．コントロール変数は，保健サービスの利用可能性（人口 1,000 人当たりのベッド数，人口 1,000 人当たりの医師，助産師，看護師を含む医療保健専門職スタッフの数で測定），省の豊かさ（貧困率，省の総産業生産高），省の規模（人口密度）をとらえている．これらのデータは GSO のウェブサイトと 2013 年版統計ハンドブックから入手した．

VHLSS は，ベトナム政府統計局（GSO）が 2 年ごとに実施する世帯横断調査である．国，地域，都市，農村，地方の人口を代表するように世帯が抽出され調査される．個人のデータは，各省の就学率を計算するために用いられた．VHLSS 2010 と 2012 は，省の公的医療保険加入率（*HI_P*）の算出に用いられた．データが入手できなかったため，公的医療保険加入率については 2010 年のデータを 2011 年のそれのために用いている．公的医療保険加入率は省によって異なり，最低 36.41%，最高 95.74%，平均 63.95% であった．この分析では，賄賂と健康アウトカムとの関係の分析と同じコントロール変数を用いている．加えて，健康リスク（乳幼児死亡率で測定）と行政効率（「あなたのコミューン／区の地方自治体は，貧困世帯の健康保険に補助金を出していますか」という質問に「はい」と答えた人の割合で測定）をとらえる変数が含まれている．表 5-1 は，省レベルの分析に使用したすべての変数の記述統計である．

なお，表 5-1 の記述統計にはホーチミンとハノイの情報も含まれている．両省とも公的医療保険加入率は全国平均と同程度であるが，*BRIBE_P* はホーチミンの方が全国平均より低く，ハノイの方が高いため，大きく異なっている．また，人口 1,000 人当たりの医療従事者数と病床数も，ホーチミンは全国平均より多いが，ハノイは少ないという違いがある．貧困率と乳幼児死亡率については，両省とも全国平均より低いが，とりわけホーチミンはハノイよりはるかに低い．

4.2. 個人レベルデータの分析：賄賂と健康

賄賂が健康回復に対する主観的評価や医療サービスに対する満足度を向上させるのか，あるいは悪化させるのかを検証するために，個人レベルのデータを用いる．表 5-2 はこの分析のための記述統計である．

表5-2　記述統計：賄賂と健康アウトカム／医療満足度

変数	変数の説明	全サンプル シェア(%)	ホーチミン シェア(%)	ハノイ シェア(%)
bribers	過去24ヵ月間に地区病院を受診した人のうち，「私のような者は，地区病院で治療を受けるために賄賂を支払わなければならない」という質問に同意もしくはやや同意と回答した人のパーセンテージ	39.154	29.464	60.360
cured	治療後の健康状態の回復についての患者の主観的な評価：回復したと感じている場合1，そうでなければ0	83.542	88.031	83.333
expenses	治療費は妥当であったと考えていれば1，そうでなければ0	93.242	93.382	92.373
waiting	医療施設に到着してから治療を受けるまでの待ち時間は妥当であったと考えていれば1，そうでなければ0	70.433	59.712	71.130
treatment	治療に満足していれば1，そうでなければ0	87.508	90.253	87.448
com_mem	共産党の党員であれば1，そうでなければ0	12.721	8.784	15.663
male	男性＝1，女性＝0	40.837	45.608	42.570
wlth1	富の4分位の最下位層	21.167	1.351	10.484
wlth2	富の4分位の下から2番目の層	23.059	11.486	17.742
wlth3	富の4分位の上から2番目の層	26.744	22.297	25.000
wlth4	富の4分位の最上位層	29.030	64.865	46.774

変数	変数の説明	全サンプル 平均値	標準偏差	ホーチミン 平均値	ハノイ 平均値
edu	教育水準（1：教育なし，2：小学校中退，3：小学校卒業，4：中学校中退，5：中学校卒業，6：高校中退，7：高校卒業，8：大学中退，9：大学卒業，10．大学院以上）	5.367	2.2329	5.837	6.478
age	回答者の年齢	49.192	12.529	51.034	52.968
BRIBE_D	回答者が住んでいる地区内で「私のような者は，地区病院で治療を受けるために賄賂を支払わなければならない」という質問に同意もしくはやや同意と回答した人のパーセンテージ	35.059	0.146	26.644	56.003

注：ダミー変数についてはシェア（%）を，連続変数およびカテゴリー変数については平均値を報告する．

個人データは PAPI から得た．病院で治療を受けた後の賄賂受贈者と非賄賂受贈者の間の厚生の違いを調べるため，本章では PAPI 2011 年と 2012 年のデータをプールし，過去 24 ヵ月間に地区病院を受診した人の情報に限定した．分析に使用したサンプルの数は，後述する被説明変数のデータの入手可能性に応じて，3,847 から 4,125 の範囲である[4]．賄賂を支払った人を特定することは難しいが，賄賂に関する質問に対する回答に基づいて代理変数を構築した．回答者が「私のような者は，地区病院で治療を受けるために賄賂を支払わなければならない」という文言に「同意する」または「やや同意する」と答えた場合，その人は病院で賄賂を支払った可能性が非常に高い．したがって，これらの人々は賄賂を払った人であると解釈した．このデータセットでは，約 39% の人々が賄賂を支払ったと考えられる．

　賄賂と健康・医療満足度の回復との関係を理解するために，線形確率モデル（Linear Probability Model: LPM）とプロビットモデルの両方を用いている．LPM モデルは次のように定式化する：

$$health_i = X'_{1i}\alpha_1 + \beta bribers_i + \varepsilon_{1i} \tag{1}$$

ここで，$health_i$ は，個人 i が医療機関受診後に治癒したと感じ，医療サービスに満足している場合は値 1 をとり，そうでない場合は 0 の値をとる指標である．X_{1i} は，年齢，性別，富のレベル[5]，共産党の党員ダミーおよび学歴[6] を含む，個人 i の観察可能な特性のベクトルである．さらに，医療サービスの質やその他の観察されない省の特徴をコントロールするために，省ダミーが含まれてい

---

4)　前述したように，PAPI は繰り返し実施されたクロスセクションデータで構成されているため，サンプル数を増やすためにデータをプールした．2011 年と 2012 年のクロスセクションデータを個別に使用した場合に結果が一致するかどうかを確認したところ，結果は定性的に同じであった．

5)　富のレベルは，富指数スコアに基づいて四分位を作成した．富指数スコア作成には，主成分分析（principal component analysis: PCA）を用いた．主成分分析は乗用車／トラック／バン／農用車，テレビ，ケーブルテレビ，スクーター／オートバイ／原付／モーターボート，固定電話，携帯電話，扇風機，エアコン，ラジオ，ポンプセット，冷蔵庫，カメラ／ビデオレコーダー，電卓，自転車，コンピューター，バッファローの保有状況に関するデータを用いた．

6)　含むべきコントロール変数に関しては，過去の文献（例えば，Hunt, 2010）に準拠した．過去の文献には，年齢，性別，教育，富などの個人の社会経済的特徴が含まれている．また，ベトナム特有の変数として共産党員であるか否かも含めた．

る．最も関心のある変数は $bribers_i$ で，個人が賄賂を支払った場合は 1，そうでない場合は 0 の値をとり，β は最も着目すべきパラメーターである．パラメーター β が正の場合，賄賂を支払った人は健康状態や医療満足度が向上する可能性が高く，負の場合はさらに悪くなる可能性があると解釈できる．ε_{1i} は誤差項である．

被説明変数 $health_i$ には，4 つの変数を用いた．一つ目は，治療後の健康状態の回復についての患者の主観的な評価（$cured$）である．その他の 3 つの変数は医療満足度をとらえたもので，費用（$expenses$），待ち時間（$waiting$），及び治療（$treatment$）に対する患者の主観的な評価の 2 値変数である．これらの被説明変数は，患者が満足した場合には 1 の値をとり，そうでない場合には 0 の値をとる．

ここで，賄賂の内生性と，賄賂の支払いと健康及び医療の満足度の回復との間の因果関係を考慮する必要がある．Hunt（2010）が述べているように，医療サービスの質が低いと賄賂が誘発される可能性が考えられ，この場合，因果関係が逆になる．さらに，本来であれば，内生性の問題を引き起こす可能性が高い，来院前の病気の重症度など，いくつかの観察不可能な変数をモデルに含める必要がある．したがって，因果関係と内生性の問題を考慮するために 2SLS を採用する．操作変数として，分析モデルでは，回答者が居住する地区（district）で，「私のような者は，この地区の病院で治療を受けるために賄賂を支払わなければならない」という意見に同意する，またはある程度同意する人の割合（$BRIBE\_D_{di}$）を使用する．添え字 d は地区（district）を表す[7]．$BRIBE\_D_{di}$ を作成する際，対象となっている個人からの回答は除外している．これが，$BRIBE\_D_{di}$ に添え字 i が付けられる理由である．この変数を使用する理論的根拠は，居住地域（すなわち district）における賄賂の認識が，賄賂を支払うか支払わないかの決定に影響を与える可能性が非常に高いということである．ただし，それは個人の医療満足度に直接影響しない．$BRIBE\_D_{di}$ は病院を訪れる前の病気の重症度や医療サービスの質に対する認識などの観察でき

---

7) ベトナムの行政区画は州（province）→地区（district）→コミューン（commune）の順で細分化されている．よって，州の中にいくつもの地区が含まれているというイメージである．

ない変数とも相関していないと考えられる．なお，居住地域の観察されない時間を通して不変の要因は省のダミーによってコントロールされるため，この操作変数はこれらの観測されない要因とも相関しないと仮定する．したがって，2SLS モデルの第 1 ステージは次のように表現できる．

$$bribers_i = X'_{2i}\alpha_2 + \gamma BRIBE\_D_{di} + \varepsilon_{2i} \tag{2}$$

ここで，X_{2i} は X_{1i} と同じベクトルであり，ε_{2i} は誤差項である．

LPM と 2SLS 推定に加えて，起こりうる非線形性を考慮して LPM を補完するために，プロビットモデルと再帰的二変量プロビットモデルを用いる（(1)式及び(2)式の同様の定式化を用いる）．さらに，再帰的二変量プロビットモデル（Maddala, 1983）を実行することにより，観測されていない変数が健康と賄賂の両方とどのように相関するかが明らかになる．理論的には，再帰二変量プロビットモデルのパラメーターの識別に除外制限（exclusion restriction）は必要ないが，除外制限を含めることで識別力が向上する（Jones, 2007）．このため，分析モデルには $BRIBE\_D_{di}$ を含める．(1)式と(2)式を同時推計することにより，観察できない要因がコントロールされ，健康／ヘルスケアの満足度の回復に対する賄賂の影響が推定される．

プロビットモデルの特定のケースでは，ε_{2i} は平均 0 と分散 1 の正規分布に従うとする．つまり，$\varepsilon_{1i} \sim Normal(0, 1)$ である．再帰的二変量プロビットモデルの場合，(1)式と(2)式の 2 つの誤差項，ε_{1i} と ε_{2i} は平均 0，分散 1，及び共分散 ρ を持つ二変量正規分布に従う仮定される．つまり，

$$[\varepsilon_{1i} \text{ and } \varepsilon_{2i}] \sim Bivariate\ normal[0, 0, 1, 1, \rho]$$

かつ $-1 < \rho < 1$ である．ρ は，観察できない要因が賄賂の確率と健康または医療の回復に対する満足度に同時に影響を与えるかどうかを判断することに用いられる．例えば推測に過ぎないが，治療前の医療の質の低さや病気の重症度が，賄賂の可能性と医療満足度の両方に影響を与える可能性が考えられる．

表5-2 は，個人レベルの分析で使用された変数の記述統計である．ホーチミンとハノイのデータを右側の 2 列に示し，これら 2 つの省が商業の中心地及び国の首都として特別な特徴を持っているかどうかを確認した．待ち時間を除

く医療満足度には大きな違いはないが，待ち時間の満足度はホーチミンの方が
10% 以上低い．

4.3. 個人レベルデータの分析：賄賂と公的医療保険加入

　賄賂の認識が公的医療保険の加入に及ぼす影響を調べるために，この研究で
は PAPI からの 21,580 の個人データを使用し，LPM モデルとプロビットモデ
ルで分析を行った．この仮説は，他のすべての社会経済的要因が等しい場合，
人々が病院内での賄賂は避けられないと信じている場合，医療保険に加入する
可能性が低くなるというものである．LPM の定式化は次のようなものになる．

$$hi\_ind_i = X'_{3i}\alpha_3 + \beta bribe_i + \varepsilon_{3i} \tag{3}$$

ここで，hi_ind_i は，個人 i が公的医療保険制度に加入している場合は 1 の値
をとり，そうでない場合は 0 の値をとる．被説明変数 hi_ind_i は，賄賂の認識
（$bribe_i$）及び共産党員か否か，世帯人数，学歴，富，性別，年齢，職業分野，
省ダミーなどのコントロール変数（X_{3i}）で回帰される．ε_{3i} は誤差項である．
(3)式の賄賂と(1)式及び(2)式の賄賂は概念的に異なることに注意する必要が
ある．変数 $bribe_i$ は，賄賂に対する個人の認識を捕捉するためのダミー変数で
あり，個人 i が「私のような者は，地区の病院で治療を受けるために賄賂を支
払わなければならない」という質問に同意またはある程度同意する場合に 1 の
値をとり，それ以外は 0 の値をとる．このデータでは，42.3 パーセントの人が
1 の値をとっている．一方，$bribers_i$ は実際の賄賂行為の代理変数である．

　賄賂の内生性を考慮するために 2SLS を用い，その最初の第 1 段階の式は次
のように記述できる．

$$bribe_i = X'_{4i}\alpha_4 + \delta BRIBE\_D_{di} + \varepsilon_{4i} \tag{4}$$

ここで，$BRIBE\_D_{di}$ が操作変数として含まれているのは，地区（district）に
おける賄賂に対する一般的な認識が個人の認識に影響を与える可能性が非常に
高いにもかかわらず，公的医療保険制度に加入するかどうかの個人の決定に直
接影響を与えないと考えられるためである．4.2 節で定義したように，
$BRIBE\_D_{di}$ は対象となっている個人からの回答は除外して作られているので，

4. データと分析手法　　　　　　　　　　　　　　　　115

表 5-3　賄賂と医療保険加入

変数	変数の説明	全サンプル シェア(%)	ホーチミン シェア(%)	ハノイ シェア(%)
bribe	「私のような者は，地区病院で治療を受けるために賄賂を支払わなければならない」という質問に同意もしくはやや同意と回答すれば1，そうでなければ0	42.3077	34.8724	64.8816
hi_ind	医療保険に加入していれば1，そうでなければ0	64.6849	66.4642	66.4264
com_mem	共産党の党員であれば1，そうでなければ0	10.3939	9.5990	12.66735
non_mem	市民団体の非会員であれば1，そうでなければ0	44.6000	59.4168	44.49022
male	男性＝1，女性＝0	48.0862	48.4812	46.75592
wlth1	富の4分位の最下位層	23.8832	2.1871	9.9897
wlth2	富の4分位の下から2番目の層	24.3142	9.7205	17.7137
wlth3	富の4分位の上から2番目の層	25.5653	23.0863	25.7467
wlth4	富の4分位の最上位層	26.2373	65.0061	46.5500
public	公的部門（国営企業，国営サービス部門，政府，軍）で働いていれば1，そうでなければ0	22.6784	26.1239	41.2976
private	民間部門（民間企業及び民間サービス部門）で働いていれば1，そうでなければ0	24.4995	46.6586	18.2286
foreign	外資系企業で働いていれば1，そうでなければ0	0.7136	1.4581	0.6179
agri	農業部門で働いていれば1，そうでなければ0	38.7627	1.0936	32.8527
other	その他の部門で働いていれば1，そうでなければ0	13.3457	24.6659	7.0031

変数	変数の説明	全サンプル 平均値	標準偏差	ホーチミン 平均値	ハノイ 平均値
num_hh	家計内の人数	4.5133	1.822723	5.386391	4.300714
edu	教育水準（1：教育なし，2：小学校中退，3：小学校卒業，4：中学校中退，5：中学校卒業，6：高校中退，7：高校卒業，8：大学中退，9：大学卒業，10．大学院以上）	5.3004	2.198015	5.910085	6.414883
age	回答者の年齢	44.5867	12.42018	46.87849	48.84552
BRIBE_D	回答者が住んでいる地区内で「私のような者は，地区病院で治療を受けるために賄賂を支払わなければならない」という質問に同意もしくはやや同意と回答した人のパーセンテージ	34.7653	14.29361	26.43091	55.79704
サンプル数		21,580		823	971

注：ダミー変数についてはシェア（%）を，連続変数及びカテゴリー変数については平均値を報告する．

病気の重症度やリスクに対する態度などの観察できない変数はこの操作変数と相関していないと仮定できる．地区（district）の時間を通して変化しない観測されない要因は省のダミーによってコントロールされるため，この操作変数はこれらの観測されない要因とも相関しないと仮定できる．X_{4i} は X_{3i} と同じベクトルで，ε_{4i} は誤差項である．

LPM を補完するため，(3)式及び(4)式と同様の定式化を用いて，プロビットモデルと再帰的二変量プロビットモデルを用いた推計も行う．具体的には，プロビットモデルの場合 $\varepsilon_{3i} \sim Normal(0,1)$ と仮定し，再帰的二変量プロビットモデルの場合，$[\varepsilon_{3i} \ and \ \varepsilon_{4i}] \sim Bivariate \ normal[0,0,1,1,\lambda]$ かつ $-1 < \lambda < 1$ と仮定する．

表5-3 は，分析で使用された変数の記述統計である．国全体，ホーチミン，ハノイの医療保険加入者の割合を比較すると，大きな違いはないが，病院で治療を受けるために賄賂を支払わなくてはならないと信じている人の割合はかなり異なる．また，ハノイでは公的部門で働く人が多いのに対し，ホーチミンでは民間部門で働く人が多いのも対照的である．

5. 推計結果

本節では，注目する変数の主な結果のみについて見ていく．前述したように，ホーチミンとハノイは他の地域とは異なる特徴を持っていると考えられるため，各推計では，これら2つの省と，これら2つの省に住む回答者をサンプルから除外した回帰分析も行った．定性的な結果はメインの結果（すなわち全サンプルを用いた結果）と非常に似ていた．よって，本節ではメインの結果のみ報告する．

5.1. 省レベルパネルデータを用いた推計結果

表5-4 は，省レベルでの賄賂の蔓延と健康被害の相関関係，及び賄賂の蔓延と公的医療保険加入率の相関関係を示している．この推定結果は，賄賂の蔓延が高いほど，粗死亡率が高く，乳児死亡率が高く，公的医療保険加入率が低いという相関関係を示唆している．賄賂の蔓延と粗死亡率との関係は，10％

5. 推計結果   117

表 5-4　賄賂と健康アウトカム／健康保険加入：パネル固定効果分析（州データ）

被説明変数	DEATH	MORT_INF	HI_P
BRIBE_P	0.00898	0.0328**	−0.381**
	(0.0057)	(0.0127)	(0.170)
PROF	0.544**	−0.527	8.393
	(0.2090)	(0.5470)	(5.247)
BED	−0.105	−0.823	0.385
	(0.2340)	(0.4920)	(11.730)
GROSS_IND	0.333	0.248	16.7
	(1.0140)	(2.6610)	(31.610)
POVERTY	0.0813	0.197	3.622**
	(0.0737)	(0.1460)	(1.782)
DENS	0.00429	−0.00442	−0.0571
	(0.0032)	(0.0081)	(0.136)
MORT_INF			−1.786
			(1.214)
ADMIN			−0.293
			(0.287)
Constant	−1.04	16.48	−77.38
	(10.1700)	(26.6700)	(348.100)
年ダミー	YES	YES	YES
省ダミー	YES	YES	YES
決定係数	0.147	0.1173	0.384

注1：（ ）内は頑健な標準誤差．***p<0.01，**p<0.05，*p<0.1．
注2：サンプル数は126（省の数63）．

レベルでは有意ではないが，12.1％ レベルでは統計的に有意である．賄賂の蔓
延が1パーセント増加すると，粗死亡率は0.009パーセント増加する．さらに，
賄賂の蔓延の増加は，乳児死亡率の増加と有意に相関している．賄賂の蔓延が
1％ 増加すると，乳児死亡率は出生1,000人あたり0.03人以上増加する．「私
のような者は，地区の病院で治療を受けるために賄賂を支払わなければならな
い」という意見に同意する，またはある程度同意する人の割合が1パーセント
増加すると，その省の公的医療保険の加入率は0.398パーセント減少する．

　上記の結果からは因果関係は明らかではない．例えば，健康状態が良くない
省では，人々は健康状態を改善するためにより多くの賄賂を支払う可能性も考
えられる．しかし，賄賂を払っても，より良い健康効果を得ることができない
という結果となる．公的医療保険への加入でも逆因果関係が発生し，医療保険

が賄賂の代わりになる可能性が考えられる.

次節では，因果関係の問題を考慮しながら，賄賂が健康回復，医療満足度，公的医療保険加入に及ぼす影響を精査するための分析に個人データを用いる.

5.2. 個人レベルデータの推計結果：賄賂と健康

本節では，個人データを使用して，賄賂が健康と医療の満足度を回復する傾向を高めるかどうかを検討する．表5-5 は，LPM, 2SLS, プロビット及び再帰的二変量プロビットモデルから得られたメインの結果を示している．賄賂の各セルには，LPM 及び 2SLS モデルの係数と，プロビット及び再帰二変量プロビットモデルの平均限界効果が示されている．すべてのモデルについて，標準誤差は地区（district）レベルでクラスター化されている.

推計結果によると，賄賂を支払った人は健康状態が改善することも，より良い医療を受けることもできず，内生性をコントロールすると悪影響が増大することがわかった．賄賂を支払った人は，そうではない人に比べて，治療後に怪我や病気が治ったと感じる可能性が低い．また，経費が妥当であると感じる傾向も低くなる．さらに，賄賂を支払った人は，そうではない人に比べて待ち時間や全体的な待遇に対する満足度が低いということも明らかとなった.

上記の結果には2つの解釈が可能である．1つ目の解釈は，賄賂はより大きな賄賂市場を作り出すことにより医療従事者の努力を減らすため，医療サービスの悪化と関連しているというものである．この解釈は，Hunt（2010）及び Lindkvist（2013）の研究と合致している．2番目の解釈では，結果は測定の問題によるものだと考えられる．主観的な評価を被説明変数として用いているため，賄賂の支払い後に満足度の閾値が変化する可能性が考えられる．賄賂を支払う場合，賄賂を支払わない場合よりも医療サービスに多くの期待を寄せる可能性がある．言い換えれば，賄賂を支払った人の満足閾値はそうではない人よりも高くなる可能性がある．これが事実である場合，結果は，賄賂によって医療サービスの質が向上する可能性があることを示唆しているものの，その向上は賄賂を支払う人にとっての追加の支払いを正当化するには十分ではない．入手可能なデータを考慮すると，どちらの解釈がより妥当であるかを判断するのは困難であるが，どちらの場合でも，賄賂を支払うことによってその本人の厚

5. 推計結果 119

表5-5 賄賂と健康アウトカム／医療満足度（個人データ）

被説明変数	cured		expenses	
	LPM	2SLS	LPM	2SLS
bribers	−0.0739***	−0.551**	−0.0744***	−0.770***
	(0.0143)	(0.253)	(0.0101)	(0.240)
決定係数	0.0576		0.0506	
操作変数のF値		16.12		12.18
第1段階推計のF値		20.21		20.50
サンプル数	3,908		3,847	
	probit	biprobit	probit	biprobit
bribers	−0.0723***	−0.1920*	−0.0688***	−0.2016**
	(0.0130)	(0.1102)	(0.00856)	(0.0868)
ρ（誤差項間の共分散）		0.298		0.5426*
		(0.2751)		(0.2339)
サンプル数	3,908		3,847	

被説明変数	waiting		treatment	
	LPM	2SLS	LPM	2SLS
bribers	−0.140***	−0.6757**	−0.1335***	−0.625***
	(0.0150)	(0.2876)	(0.0119)	(0.199)
決定係数	0.0722		0.085	
操作変数のF値		15.42		15.00
第1段階推計のF値		26.58		27.89
サンプル数	4,123		4,125	
	probit	biprobit	probit	biprobit
bribers	−0.1352***	−0.3722***	−0.1229***	−0.2285**
	(0.0140)	(0.1063)	(0.0100)	(0.0768)
ρ（誤差項間の共分散）		0.4844*		0.3985
		(0.232)		(0.2267)
サンプル数	4,123		4,125	

注1：（ ）内は地区レベルでクラスター化した標準誤差．$***p<0.01, **p<0.05, *p<0.1$.
注2：年ダミーと省ダミーはコントロール変数として含まれている．
注3：ρが0か否かの検定にはワルド統計量が用いられている．
注4：probitとbiprobitでは限界効果が示されている．

生は悪化するように見受けられる．

　2SLS の β 係数と再帰二変量プロビットの限界効果（β）から，賄賂と健康／ヘルスケアの満足度との関係を因果関係の意味で解釈できうる．この結果は，病気の重症度や医療サービスの質などの観察できない要因が存在する可能性を否定するものではないが，係数と限界効果の両方が 2SLS と再帰的二変量プロビットの両方で絶対値で見て大きくなっており，賄賂の内生性をコントロールすると賄賂の悪影響はさらに大きくなることが示唆される．

　ρ の符号と統計的有意性には解釈が必要である．第 3 節で説明したように，ρ は賄賂を支払う人である可能性と健康回復／医療満足度の自己評価の両方に影響を与える観察不可能な要素である．経費と待ち時間を従属変数として使用すると，統計的に正で有意な ρ が得られる．これは，観察できない要因に関して，賄賂の確率と医療満足度との間に正の相関があることを示唆している．どの要因がこれら統計的に正で有意な ρ をもたらすかについては推測することしかできないが，病気の重症度によってこの正の相関関係が説明できうる．重症患者は，病気が非常に重症であるため，回復するためにはより多くの費用を支払ってもかまわないと考えているため，おそらく出費に対してより寛容だと考えられる．重篤な病気の患者は，おそらく軽度の病気の患者よりも迅速に治療を受けるため，待ち時間に対する満足度も高くなる．したがって，病気が重篤な場合，人々は費用と待ち時間の点でより満足する可能性がある．同様に，病気が重篤な場合には賄賂を支払う可能性が高まる．したがって，ρ の符号は正になるのではないかと考えられる．

　もしくは，（患者の評価の観点から）治療前の医療サービスの質の低さが観察できない要因である場合，正の ρ の符号は，医療サービスの質の低さが賄賂を支払う確率と費用と待ち時間の満足度の両方を高めることを示唆している．Hunt（2010）は，患者が質の悪い医療に遭遇した場合，より良い治療を受ける目的で賄賂を支払う可能性が高いが，その目的を達成できない可能性があると推測しているが，賄賂を支払う前に医療サービスが劣悪な場合に人々が医療サービスに容易に満足する可能性も否定できない．

表 5-6　賄賂に関する認識と医療保険加入

被説明変数	health_ins			
	LPM	2SLS	probit	biprobit
bribe	− 0.035 * * *	− 0.1100	− 0.0324 * * *	− 0.0370
	(0.00604)	(0.126)	(0.0061)	(0.13465)
決定係数	0.1962			
操作変数の F 値		93.89		
第 1 段階推計の F 値		257.59		
λ（誤差項間の共分散）				− 0.0114
				(0.21534)
サンプル数		21,580		21,580

注 1：( ) 内は地区レベルでクラスター化した標準誤差．＊＊＊p＜0.01，＊＊p＜0.05，＊p＜0.1.
注 2：年ダミーと省ダミーはコントロール変数として含まれている.
注 3：λ が 0 か否かの検定にはワルド統計量が用いられている.
注 4：probit と biprobit では限界効果が示されている.

5.3. 個人レベルデータの推計結果：賄賂と公的医療保険加入

　公的医療保険加入に関する個人のデータを用いた分析の推定結果を表 5-6 に示した．賄賂の各セルには，LPM モデルと 2SLS モデルの係数，およびプロビットモデルと再帰二変量プロビットモデルの平均限界効果が示されている．すべてのモデルについて，標準誤差は地区（district）レベルでクラスター化されている.

　表 5-6 では，賄賂の認識と公的医療保険加入の関係が LPM モデルとプロビットモデルの両方で類似していることが見て取れ，その結果は省レベルのパネルの固定効果モデルから得られた結果を裏付けている.

　LPM とプロビット推定の結果によると，人々が病院で賄賂を支払わなければならないと考えている場合，公的医療保険に加入している確率は，そうでない場合に比べて 3.2～3.5 パーセント減少する．一方，2SLS と再帰二変量プロビットモデルにおいてはこの関係性は 10% レベル水準では統計的に有意ではない．これは，賄賂の支払いと公的医療保険への加入との間の因果関係が明確ではないことを示唆している．ただし，統計的に有意ではない λ は，観察できない変数が健康保険への加入と賄賂の支払いに同時に影響を与えないことを示しており，LPM または 2SLS の結果が推論にとってそれほど悪い近似ではな

いことを示唆している.

6. 考察及び政策的含意

ここまでの結果をすべて考慮すると, 人々の厚生改善のためには医療分野における賄賂行為の問題に取り組むことが重要であることが示されている. 本章の冒頭で述べたように, 汚職全体ではなく賄賂に焦点を当てることは, より具体的な政策的含意をもたらす可能性がある.

賄賂行為の問題に取り組むための具体的な政策を議論するには, 誰が賄賂を受け取るか, 賄賂行為を防止するためにどのような措置をとるべきかについて議論することが重要である. 本章はこれらの問題を分析していないが, 既存研究は本章の内容を補完する洞察に満ちた情報を提供している.

賄賂の受取人を特定するという最初の問題はかなり難題であるが, World Bank (2010) によればベトナム国民の 85 パーセントが中央レベルの医療サービス機関において, 65 パーセントが地方の医療サービス機関において汚職行為があると信じていることを明らかにしていることから, ベトナムの病院で働く人なら誰でも賄賂を受け取る可能性があるのではと推測される. 実際, 医療部門の従業員の収入はかなり低く, これが医療従事者が賄賂を受け取る主なインセンティブの一つであると考えられている. ベトナム政府統計局 (GSO) のウェブサイト (GSO, 2015) によると, 2012 年の医療福祉部門の労働者の月平均収入は 450 万ベトナムドンで, 同年の 1 人当たりの月平均支出は 160 万ベトナムドンだった. これは, 月給の 3 分の 1 以上が世帯内の 1 人に費やされていることを示している. 他の公的部門の労働者と比較しても, 医療従事者の収入は平均して約 10% 低い.

これらの可能性を念頭に置いて, 賄賂行為を防止する方法を検討できうる. まず, ベトナムの医療従事者の給与が低いことを考慮すると, 給与を上げることがおそらく最も効果的な対策の一つである. 実際, このことは, 他の部門における低賃金の悪影響を示す多数の研究によって長い間示唆されてきた (例えば, Besley and Mclaren, 1993; Chand and Moene, 1999; Klitgaard, 1988; Mookherjee and Png, 1995). しかし, Van Rijckeghem and Weder (2001) が主張して

いるように，汚職を減らすにはかなりの賃上げが必要であり，それには非常に多額の費用がかかる．したがって，他の汚職対策も必要となる．

Ades and Di Tella（1999）によると，立法や規制が複雑で競争が少ない地域では汚職が非常に蔓延している．ベトナムの場合，医療分野は政府によって管理されており，多くの規制があるため，民間病院の市場参入は限られている．したがって，規制を緩和して開業医の市場を開放すれば，病院間の競争が増し，より良い価格を提供するなど，より質の高い医療を提供するよう医療従業員に動機を与えることになるだろう．競争の欠如に関連して，ベトナムの地方病院の院長には，医療スタッフの採用と昇進を含む大きな自治権が与えられており（Lieberman and Wagstaff, 2009），これにより，医療スタッフが病院長の富に貢献するために賄賂を受け取ることが奨励される可能性がある．これを防ぐために，透明性のある採用と昇進システム，客観的な評価，及び独立した評価部門を確立することが推奨される．

犯罪の経済理論に基づいてさまざまなアプローチを検討することも可能である．つまり賄賂の支払いと受領にかかる費用を増加させる，または賄賂への関与を回避することで得られる利益を増加させることである．前者に従うためには汚職防止法の執行が不可欠である．また，賄賂に対する処罰の導入も有効かもしれない．加えて医療従事者の採用，昇進，昇給に透明性の基準を設けることで，賄賂への関与を回避するメリットを高めることも可能であると考えられる．

7. 結論

本章では，賄賂と健康への影響に関する議論に2つの主な貢献をしている．第1に，賄賂の蔓延と住民の平均健康状態との間に負の関係があることを明らかにした．さらに，病院にアクセスできる人のうち，賄賂を支払う人の健康回復や医療満足度の自己評価はそうではない人に比べて低かった．これらの結果は，医療分野における賄賂問題の深刻さを示しており，政策立案者が医療政策を議論する際には，賄賂問題は深く考慮すべきであることを示唆している．第2に，賄賂の認識と公的健康保険加入との間に負の相関関係があることを示し

た．これは他の多くの開発途上国にとって政策的含意を与える．多くの開発途上国が深刻な汚職に苦しんでいることを考慮すると，ベトナムと同様に国民皆医療保険制度の実施を成功させるために，医療分野における賄賂に多大な注意を払う必要がある．

　賄賂が人々の厚生にどのような影響を与えるかをより明確にするためには，さらなる研究が必要である．第1に，個人の病気・症状・重症度と，賄賂の支払い行為に関するより詳細な個人データを分析して，これら2つの要因が健康結果と満足度にどのような影響を与えるかを明らかにする必要がある．これらの詳細なデータがなかったため，本章では，得られた結果が医療サービスの質の変化（医療供給側要因など）に起因するのか，賄賂の満足度閾値の変化（医療需要側要因など）に起因するのかを特定できなかった．

　第2に，サンプルセレクションバイアスを考慮する必要があるが，本章ではそれを行うことができなかった．モデルの定式化の所で述べたように，本章では医療行為を必要としている人全員が病院に行くことを仮定している．したがって，地域の病院に通院していた人に関する情報に限定しても，サンプルセレクションバイアスが生じることを想定しなかった．しかしながら，病気の重症度や予算制約が病院受診の決定に影響を与える可能性は十分に考えられる．この場合，本章で得られた結果は過大評価または過小評価される可能性がある．したがって，これらの考えられるセレクションバイアスをコントロールするために病気の記録や予算制約を使用したさらなる研究は，より頑健な研究につながると考えられる．

　最後に，人々が医療サービスに不満があるにもかかわらず，なぜ賄賂を支払うのかを調べることも重要である．本章で用いているデータは横断面的なものであるため，直近の病院訪問について尋ねているが，次回の病院訪問で賄賂を支払ったかどうかに関する情報は含まれていない．賄賂行為をより詳細に把握するためには，病気の記録なども含めてより縦断的なデータを活用したさらなる研究が必要である．

第6章　家庭内出生順序効果の変遷
―― 3回の国勢調査を用いたカンボジアの事例

1.　はじめに

　不平等にはさまざまな視点・側面があるが，先進国でも開発途上国でも家庭内で生じている不平等が考えられる．その決定要因の一つは出生順序であり，出生順序によって親は子どもに不均等に資源を配分するかもしれない（例えば，長男優先といったように）．先進国の研究では，出生順序の悪影響が報告されている．例えば，ノルウェーの代表的な論文によれば，第一子はそれ以外の子どもよりも多くの教育を受けている（Black et al., 2005）．さらに，出生順序は性格やリーダーシップ能力などの非認知能力とも関連しており，第一子が後に管理職やリーダーとして働く可能性を高めている（Black et al., 2018）．これらの知見と同様に，Bertoni and Brunello (2016) は，欧州数ヵ国のデータを用いて，第一子の初期賃金はそれ以外の子どもよりも高いことを示している（ただし，このギャップは時間の経過とともに消失する）．最近では，Havari and Savegnago (2022) が，欧州において，ある世代における教育に対する負の出生順序効果が次の世代に伝達されることを見出している．全体として，これらの研究は，先進国では出生順序効果が負の効果を持ち，世代間で伝達されることを示している．

　対照的に，開発途上国から得られるエビデンスはまちまちである．開発途上国のデータを用いた研究の中には，第一子（特に長男）の方が教育水準が高く健康であることを示すものもある（Jayachandran and Pande, 2017; Bishwakarma and Villa, 2019; Esposito et al., 2020）．その一方，後から生まれた子どもの方が，新生児死亡率，就学前の認知能力，教育において良い結果をもたらす傾向があ

ることを示す研究もある（Haan et al., 2014; Coffey and Spears, 2021; Emerson and Souza, 2008）．これらの研究からは，男児選好や深刻な貧困（負の出生順序効果をもたらす）から，母親の出産準備の程度や児童労働の蔓延（正の出生順序効果をもたらす）に至るまで，いくつかの異なるメカニズムが働いていることが示唆される．

　出生順序効果に関する膨大な文献があるにもかかわらず，出生順序効果とそのジェンダー効果が，ある国において時間の経過とともにどのように変化してきたかを調べた研究はほとんどない．経済発展，歴史的背景や変遷する価値観，出生率の低下，教育政策により，親は子どもたちに均等に資源を配分し，すべての子どもを学校に通わせることが容易になったかもしれない．その結果，出生順序効果は時間の経過とともに小さくなっている可能性がある．さらに，女性の経済的機会の増加（例えば，繊維・衣料品部門）や労働市場における男女差別を禁止する法律の制定により，開発途上国では社会における女性の役割が徐々に変化している．それに伴い，女児や女性の教育に対する経済的見返りも改善され，親が娘を学校に長く通わせるようになったかもしれない．このような歴史的・価値観的・社会経済的変化は，多くの国で出生順序効果を変化させたかもしれないが，そのような長期的変化の影響を明らかにした研究はほとんど行われていない．

　本章では，この既存研究の空白を埋めるためにカンボジアの3回の人口センサス（General Population Census of Cambodia: GPCC）を用いる．具体的には1998年，2008年，2019年のGPCCを使用する．そして，以下のことを検証する．第1に，カンボジアにおいて出生順序が教育達成度にどのように影響するかを検証する．第2に，教育達成度における男女差をコントロールし，性別による出生順序効果を調べる．第3に，出生順序効果が兄弟姉妹の男女構成にどのように影響されるかを調べる．最後に，3回の国勢調査を個別に用いることで，出生順序効果が時間の経過とともにどのように変化してきたかを探る．方法論的には，出生順序効果を分離するために，家族固定効果と子どものコーホート固定効果を用いて回帰分析を行う．家族固定効果では，子どもの総数や母親の出生年など，世帯内のすべての子どもに影響を与える観察可能な家族特性と観察不可能な家族特性の両方をコントロールする．つまり，出生順序の影響

を明らかにするために，世帯内の変動を利用するのである．コーホート別の変動を考慮するために，子どものコーホート固定効果も含める．

　分析の結果，主に 4 つの知見を得た．第 1 に，出生順序効果は負である．第一子と比較すると，遅く生まれた子どもは就学率，識字能力，就学年数において低くなるという結果となった．第 2 に，出生順序効果は性別によって異なる．教育における男女差をコントロールすると，出生順序効果は男性よりも女性の方が絶対値で小さいことがわかった．第 3 に，兄弟姉妹の性別構成と出生順序効果には強い関係がある．最後に，出生順序効果には長期的な変化が見られる．出生順序効果は時間の経過とともに減衰しているだけでなく，兄弟姉妹の男女構成と出生順序効果の関係も変化している．1998 年の GPCC を用いた分析では，第一子が女性，第二子が男性の場合，両者の教育成果の差はゼロに近いか，第二子の方が良い成果をあげていた．また，第一子が男性で，後に生まれた子どもが女性の場合，出生順序効果は男性だけの家庭に比べはるかに大きい．一方，2019 年の GPCC を用いた分析では，第一子が男性で第二子が女性の場合，出生順序効果はゼロに近いか，第二子が兄を上回った．

　本章の研究結果は，出生順序効果に関する膨大な文献に 3 つの点で貢献している．第 1 に，1998 年，2008 年，2019 年の GPCC を用いて，出生順序効果が時系列でどのように変化したかを追跡した．第 2 に，GPCC は全数調査であるためサンプルサイズが大きく，兄弟姉妹の性別構成と出生順序効果の関係を詳細に調べることに大変適している．最後に，東南アジアの中でも比較的研究が進んでいないカンボジアに焦点を当てたことである．カンボジアは，クメール・ルージュによる大量虐殺を含む社会的激変の後，急速な経済成長を遂げ，農耕経済からの転換をもたらした．このような背景は，さまざまな社会経済的環境における出生順序効果を調査するための貴重なバックグラウンド情報となる．

　本章の残りの部分は以下のように構成されている．第 2 節では，先行研究で確認された出生順序効果のいくつかのメカニズムについて説明する．第 3 節では，実証分析に使用するデータについて説明する．第 4 節では，カンボジアにおける出生順序効果に関する記述的証拠を示す．第 5 節では計量経済学的手法を説明する．第 6 節で分析結果を示し，第 7 節でその結果を考察する．第 8 節で本章を締めくくる．

2. 出生順序効果の潜在的メカニズム

　既存研究では出生順序効果の根底にあるさまざまなメカニズムがこれまでに検討されてきた．第1のメカニズムは，資源の希薄化である（Horton, 1988）．兄弟姉妹の数が増えるにつれて，各子どもに割り当てられる資源は減少し，その結果，後に生まれた子どもたちが（特に幼少期に）利用できる資源は少なくなる．これは，Becker and Lewis（1973）が紹介した子どもの量と質のトレードオフに類似している．第2に，先進国の文脈では，出生後の環境や親の行動の違いが注目されている．認知的刺激の提供，博物館や劇場に行く機会，読み聞かせなど，親の行動や投資は子どもの認知能力に大きな影響を与え，出生順序の早い子どもほどこうした機会を与えられやすい（Lehmann et al., 2018; Pavan, 2015; Price, 2008）．第3に，負の出生順位効果は，優先的な子育てによるものである可能性もある．Hotz and Pantano（2015）は，先に生まれた子どもの学業成績が悪いと，後に生まれた子どもが同じ過ちを繰り返さないように，親はより先に生まれた子どもに厳しく対応することを示している．つまり，親は先に生まれた子どもにより厳しい規律環境を課し，その結果，先に生まれた子どもの学業成績が向上し，教育達成度が高くなるのである．

　低・中所得国では，出生順序効果の方向性があいまいなままであるため，他のメカニズムも提示されている．最初のメカニズムは，強い男児選好に関連するものである（Barcellos et al., 2014; Jayachandran and Pande, 2017）．親が長男に優先的に投資する場合，出生順序効果はマイナスになる可能性がある．そのような親は，貧困，長男の教育に対する経済的リターンの期待，または文化的規範のために，長男だけを学校に通わせる可能性がある．第2に，こうした国々では子どもたちの家庭内での責任が大きい可能性がある．年上の子どもは学校を中退して家計に追加的な収入をもたらし，年下の子どもはその追加的な収入から利益を得て，より長く学校にとどまるかもしれない（Emerson and Souza, 2008）．さらに，出生時の母親の年齢が出生順序効果の方向に影響を与える可能性もある．Coffey and Spears（2021）は，インドでは早婚傾向があるため，後に生まれる子の方が母親の身体的出産準備が整っている．よって，健

全に生まれてくる可能性が高いため後に生まれた子どもが有利であると報告している．Trommlerová（2020）は，バングラデシュにおいて，思春期の女の子（10-14歳）から生まれた子どもは，同じ家庭の後から生まれた子どもに比べて，生後数年間に死亡する可能性が高いことを発見しており，10代の妊娠という状況において出生順序効果が正に働くことを示唆している．同様に，高齢の母親は育児経験が豊富で，後から生まれた子どもを育てる際に経済的に安定しているため，出生順序効果が正に働く可能性がある（Black et al., 2018）．全体として，先行研究では，主に開発途上国において，出生順序効果の方向を決定する追加的要因の存在が強調されている．

3. データ

　出生順序が教育に及ぼす影響を明らかにするために，カンボジアの人口センサス（General Population Census of Cambodia: GPCC）のデータを用いる．現在までに GPCC は 1998 年，2008 年，2019 年の 3 回実施されており，本分析ではこの 3 回の国勢調査を個別に用いている．それぞれの国勢調査には，性別，年齢，学歴，雇用といった個人レベルの情報が含まれている．さらに，全個人の世帯主との家族関係が含まれている．GPCC はカンボジアの全人口をカバーしているため，高い統計的検出力をもってサブグループの違いを調べることができる．

　本章の目的のために，サンプルを構築する際にいくつかの基準を使用する．第 1 に，1998 年と 2008 年の GPCC には重複したサンプル（すなわち，複数の個人がすべての変数について同一の値をとる）が含まれているため，これらの重複サンプルを除外する．第 2 に，サンプルには，世帯主の子どもだけを含める．世帯内の他の個人（例えば，世帯主の配偶者や孫）については，彼らの出生順序が識別できないか曖昧であるため，この基準が必要である．第 3 に，兄弟姉妹がいない子どもは，出生順序効果がないため，すべて除外する．第 4 に，国勢調査時に年長児が 40 歳以上であった世帯をすべて除外する．第 5 に，国勢調査時の年齢が 6 歳以下（つまり初等教育開始年齢に達していない）の世帯はすべて除外する．これは，われわれのアウトカム変数が教育に関連している

ため，初等教育を開始するには幼すぎる人々については分析に利用できないからである．同様に，アウトカム変数が欠損している個人もすべて削除する．これらの個人は，各子どもの出生順序指標を構築した後にサンプルから除外される．最後に，出生順序が 10 より高いすべての個人を除外する．その結果，サンプル数は，1998 年の GPCC では 3,647,470，2008 年の GPCC では 4,257,066，2019 年の GPCC では 3,965,697 となった．サンプル構築の詳細（初期標本サイズを含む）は，補論 1 に記載されている．

分析では，3 つのアウトカム変数を用いる．まず，学校出席に関する二値変数を作成する．これは，学校に通ったことがある場合は 1，一度も通ったことがない場合は 0 となる．次に，識字能力に関する二値変数を作成する．その人が言語を問わず読み書きができれば，この変数は 1 となる．1998 年の GPCC では，言語を問わずに読み書きができるかどうかのみをたずねただけであったので，クメール語に限っての識字能力に関する二値変数は作成していない．最後に，最高学歴を用いる．学校に行ったことがない人の場合，この変数は 0 をとる．1 年生のみを修了した人の場合，この変数は 1 をとる．同様に，12 年生までの教育を修了するごとに，値は 1 ずつ増加する．学士号，修士号，博士号を取得した人の場合，変数はそれぞれ 16，18，21 となる．一部の個人は，中等教育前職業訓練（9 年間の一般教育を受けた後，3 年間継続）または中等教育後職業訓練（12 年間の一般教育の後，2 年間継続）を受けている．これらの場合，変数はそれぞれ 12 と 14 とした[1]．他のレベルの学歴を報告した人の場合，最終成績が不明瞭であるため，この変数は欠落として扱った．

出生順序に関する先行研究に従い，出生順序を 2 つの方法で定義する．第 1 に，もともとの出生順を示す二値変数を用いる．これらの変数を構築するために，各世帯内の子どもの出生順を（年齢に基づいて）特定する．次に，4 つの二値変数を作成し，それぞれ第一子，第二子，第三子，第四子以上を示すこと

---

1) Song and Chea（2023）が説明しているように，職業訓練の期間は資格によって異なる．しかし，回答者の職業訓練に関する詳細は GPCC では入手できない．しかし，正式な職業訓練を受けた人の割合は非常に少ない（2008 年のサンプルの 0.49％，2019 年のサンプルの 0.54％．1998 年には職業訓練の情報はない）．したがって，中等教育以前の職業資格を 12 に，中等教育以降の職業資格を 14 に設定した．

とした．出生順序の2つ目の指標として，相対的出生順序を用いる．Ejrnæs and Pörtner (2004) によれば，もともとの出生順を用いることの潜在的な懸念は，その変動が主に大家族から生じることである．われわれは回帰分析に世帯固定効果を含めているが（これは概念的に家族規模をコントロールするはずである），それでもなお，もともとの出生順序と世帯規模との間に正の相関があるため，大家族が回帰分析結果を左右するという懸念があるかもしれない（Esposito et al., 2020）．そこで，この懸念に対処するために相対出生順序も用いる．相対出生順序の変数は，$(r-1)/(N-1)$ と定義され，r はもともとの出生順，N は家族の子どもの総数である（Ejrnæs and Pörtner, 2004）．補論2では，もともとの出生順序が相対的出生順序にどのように対応するかを示す．双子の場合，出生順序が明確に定義されていないため，推定値にバイアスがかかる可能性があるが，回帰分析の結果は双子の家族を除外しても頑健である（結果は本章には掲載していない）．

　さらに，サブグループ分析では，兄弟姉妹の性別構成によって出生順序効果がどのように異なるかを調べた．(1)第一子が男性か女性か，(2)他の子どもが男性のみか・女性のみか・混合か，によって家族を6つのサブグループに分けた．このサブグループ分析を適切に行うために，データセットで観察された子どもの数が，母親が報告した子どもの数と同一である家族だけを含めた．1998年と2019年のGPCCのみで，観察された子どもの数を母親が報告した子どもの数に関するデータに統合できるため，このサブグループ分析はこの2つのGPCCのみで行った．

　表6-1は，サンプルの記述統計である．まず，すべての教育成果（就学，識字能力，最終学歴）が過去20-30年間で著しく向上していることがわかる．第2に，家族構成も変化していることがわかる．出生順序指標から，第一子の割合が増加し，4番目以上の出生順序の子どもの割合が減少している．このことから出生率が低下傾向にあることがわかる．同様に，兄弟姉妹の男女構成も変化している．

表 6-1　記述統計

	1998 年の GPCCs			2008 年の GPCC			2019 年の GPCC		
	サンプル数	平均値	標準偏差	サンプル数	平均値	標準偏差	サンプル数	平均値	標準偏差
被説明変数									
就学	3,647,470	0.723	0.447	4,257,066	0.883	0.322	3,965,697	0.947	0.224
識字能力	3,647,470	0.633	0.482	4,257,066	0.857	0.350	3,965,697	0.945	0.228
最終学歴（教育年数）	3,647,470	2.934	3.029	4,257,066	5.020	3.592	3,965,697	6.176	3.826
コントロール変数									
年齢	3,647,470	14.161	5.578	4,257,066	16.020	6.067	3,965,697	18.179	7.447
女性ダミー	3,647,470	0.503	0.500	4,257,066	0.483	0.500	3,965,697	0.488	0.500
出生順序									
第一子	3,647,470	0.299	0.458	4,257,066	0.321	0.467	3,965,697	0.368	0.482
第二子	3,647,470	0.299	0.458	4,257,066	0.321	0.467	3,965,697	0.369	0.482
第三子	3,647,470	0.201	0.401	4,257,066	0.193	0.395	3,965,697	0.168	0.374
第四子以上	3,647,470	0.200	0.400	4,257,066	0.165	0.371	3,965,697	0.095	0.293
相対的出生順序	3,647,470	0.401	0.348	4,257,066	0.441	0.381	3,965,697	0.462	0.415
兄弟姉妹の男女構成									
第一子＝男性　それ以外＝男性	3,647,470	0.061	0.240	4,257,066	0.096	0.295	3,965,697	0.129	0.335
第一子＝女性　それ以外＝男性	3,647,470	0.078	0.268	4,257,066	0.103	0.304	3,965,697	0.141	0.348
第一子＝男性　それ以外＝女性	3,647,470	0.066	0.249	4,257,066	0.101	0.301	3,965,697	0.152	0.359
第一子＝女性　それ以外＝女性	3,647,470	0.071	0.256	4,257,066	0.085	0.279	3,965,697	0.123	0.329
第一子＝男性　それ以外＝男女混合	3,647,470	0.356	0.479	4,257,066	0.330	0.470	3,965,697	0.252	0.434
第一子＝女性　それ以外＝男女混合	3,647,470	0.368	0.482	4,257,066	0.285	0.451	3,965,697	0.202	0.402

4. グラフを用いた分析

　出生順序が学歴に及ぼす影響は，時間の経過とともにどのように変化してきたのだろうか．この問いに答えるため，図6-1で出生順序別に平均就学率，識字率，最終学歴をプロットしている．

　この図は2つの重要な結果を示している．第1に，出生順序に関係なく，すべての教育成果は劇的に向上している．第2に，出生順序と教育達成度の関係は，時間の経過とともに明確ではなくなっている．1998年のGPCCでは，遅生まれの子どもは第一子の子どもに比べて明らかに不利であった．一方，2019年のGPCCでは，すべての教育成果においてプロットの傾きが小さくなっている．これは，カンボジアの教育達成度を決定する出生順序の役割が減少していることを示唆している．

　図6-2は，この関係を性別ごとに分類している．これから，さらに2つの洞察が得られる．まず，学歴における男女差は出生順序と関係がある．1998年のGPCCでは，第一子男性と第一子女性の間には大きな差があるが，後から生まれた子どもの間ではこの差は小さくなっている．1998年時点では，出生順序が5番目以上の男性の教育成果は，対応する出生順序の女性の教育成果と非常に類似している．これは，出生順序が上がるにつれて男性の教育到達度がより急激に低下することを意味しており，出生順序の影響は女性よりも男性の方が顕著であることを示唆している．第2に，出生順序の早い子どもの間の男女格差は時間の経過とともに徐々に縮まっている．これらの結果は子どもの年齢などの重要な要素を考慮していないが，出生順序の影響と子どもの性別との関係の長期的な変化を示唆する証拠を提示している．

5. 計量経済学的手法

　本節はカンボジアにおける3回のGPCCを使用して，出生順序が教育に及ぼす影響を識別することを目的とする．しかし，教育成果に対する出生順序の単純な回帰分析は，2つの理由からその識別戦略に脅威をもたらす可能性があ

第 6 章　家庭内出生順序効果の変遷

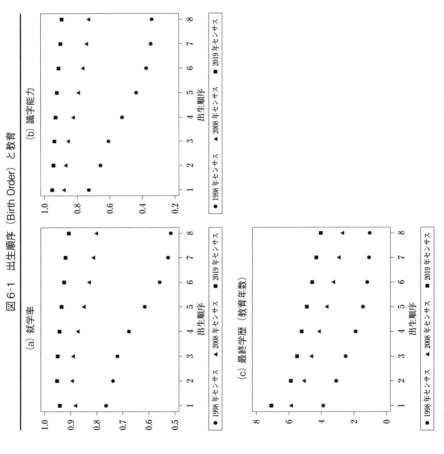

図 6-1　出生順序（Birth Order）と教育

出所：General Population Censuses Cambodia (GPCC), 1998, 2008, 及び 2019 より作成.

る．まず，出生順はその構造上，家族の規模と高い相関関係がある．出生順序が高いほど，子どもは大家族の出身であることを意味する．例えば，定義上，出生順が4番目の子どもは，少なくとも4人の子どもがいる家族の出身である必要がある．家族の規模は多くの状況において学歴と強く相関しているため（Black et al., 2005; Booth and Kee, 2008; Weng et al., 2019），学歴に関する出生順序の単純な回帰分析にはバイアスがかかることになる．この問題に対処し，子どもの教育成果に影響を与える可能性がある他の観察できない家族の特徴を制御するために，既存研究では家族の固定効果が用いられた（Coffey and Spears, 2021; Haan et al., 2014; Jayachandran and Pande, 2017; Tenikue and Verheyden, 2010; Weng et al., 2019）．第2に，構造上，特定の家族内では出生順と年齢は負の相関関係にある．年齢をコントロールしない場合，教育におけるコーホートレベルの傾向により，出生順序の推定効果に偏りが生じる可能性がある．この問題に対処するために，既存研究ではすべての回帰分析に子どもの年齢のダミーが含まれている（Bishwakarma and Villa, 2019; Coffey and Spears, 2021; Esposito et al., 2020; Haan et al., 2014; Jayachandran and Pande, 2017; Tenikue and Verheiden, 2010; Weng et al., 2019）．

　これらの問題を考慮して，出生順序効果を特定するために，すべての回帰式に家族固定効果とコーホート固定効果を含める．具体的には，t年に家族jに生まれた個人iについて，最小二乗法により次の回帰式を推定する：

$$y_{ijt} = \alpha_0 + \alpha_1 RelativeBO_{ij} + \delta_j + \gamma_t + \epsilon_{ijt} \tag{1}$$

$$y_{ijt} = \beta_0 + \beta_1 Second_{ij} + \beta_2 Third_{ij} + \beta_3 Fourth_{ij} + \delta_j + \gamma_t + \epsilon_{ijt} \tag{2}$$

これらの回帰式では，y_{ijt}は，t年に家族jに生まれた個人iの教育成果である．第3節で説明したように，3つのアウトカム変数（つまり，就学，識字能力，最終学歴）を用いる．$RelativeBO_{ij}$は，家族jにおける子どもiの相対的な出生順序を示している．2番目の回帰式では，相対的な出生順の代わりに，もともとの出生順に3つの二値変数を使用し，それぞれ第二子，第三子，第四子以降を示している．ベースとなるグループは，性別に関係なく，第一子で構成されている．したがって，これらの二値変数の推定された係数は，第一子と比較して第二子，第三子，第四子以上であることの影響として解釈される．どちら

図 6-2 出生順序 (Birth Order) と教育 (男女別)

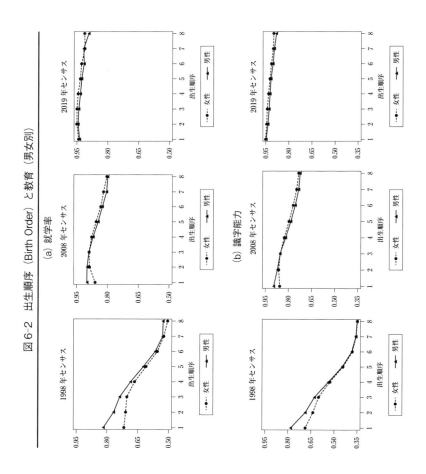

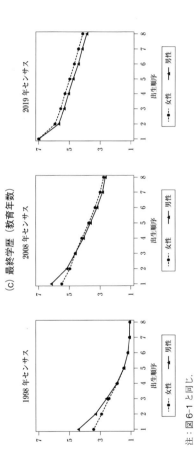

(c) 最終学歴（教育年数）

注：図6-1 と同じ．

の回帰式にも，家族内で一定である家族レベルの観察されるもしくは観察されない特性をコントロールする家族固定効果 δ_j と，同じ年に生まれたすべての個人に影響を与えるコーホートレベルの変動をコントロールするコーホート固定効果 γ_t が含まれている．標準誤差は，家族内の相関関係を考慮して家族レベルでクラスター化されている．

さらに，出生順序の影響が性別によって異なるかどうかを研究するために，女性については出生順序の変数を女性ダミーの二値変数と掛け合わせる．したがって，推定する回帰式は次のようになる．

$$y_{ijt} = \alpha_0 + \alpha_1 RelativeBO_{ij} + \alpha_2 Woman_i + \alpha_3 (RelativeBO_{ij} \times Woman_i)$$
$$+ \delta_j + \gamma_t + \epsilon_{ijt} \tag{3}$$
$$y_{ijt} = \beta_0 + \beta_1 Second_{ij} + \beta_2 Third_{ij} + \beta_3 Fourth_{ij} + \beta_4 Woman_i + \beta_5 (Second_{ij} \times Woman_i)$$
$$+ \beta_6 (Third_{ij} \times Woman_i) + \beta_7 (Fourth_{ij} \times Woman_i) + \delta_j + \gamma_t + \epsilon_{ijt} \tag{4}$$

これらの回帰式では，教育における男女差をコントロールすると，出生順序の影響が性別によってどのように異なるかがわかる．対象者が女性の場合，二値変数 $Woman$ は 1 をとる．他の変数は，前の回帰式と同様に定義される．これら 2 つの回帰式のベースとなるグループは，第一子の男児で構成される．したがって，出生順序効果における男女差は，(3)式では α_3，(4)式では β_5，β_6，β_7 で示される．

最後に，出生順序の性別による影響と兄弟姉妹の性別構成との関係も分析する．直観的には，男児優先的な選好（Son preference）が存在する場合，第一子が男性で次に生まれるのが女性の場合，この家族では息子が 2 人いる家族よりも出生順序の影響が大きくなる可能性が考えられる．したがって，第 3 節で述べたように，家族を 6 つのサブグループに分割し，同じ回帰式を別々に推定して，これら 6 つのグループ間で出生順序の影響がどのように異なるかを検証する．子どもの性別構成に従って家族を分割するため，多重共線性により女性の二値変数を含めることはできない．これは，以前の回帰式とは異なり，ベースとなるグループの性別が回帰ごとに異なることを意味している．

6. 分析結果

　第4節のグラフを用いた分析の結果を裏付けるために，出生順序の影響を調べるための統計的検証を行った．表6-2は，(1)式と(2)式からの推計結果を示している．結果は，第一子と比較して，後から生まれた子どもが明らかに不利であることを示している．第一に，相対的な出生順序を使用するか，もともとの出生順序の二値変数を使用するかに関係なく，推計された係数は負であり，後から生まれた子どもは，第一子よりも小学校に入学しているか否か，及び識字能力に関して低いことを示唆している．最終学歴に関しても第一子と比較すると低い．さらに，この不利な点は，特に就学と識字能力の点で，出生順序が高くなるほど大きくなる．例えば，1998年のGPCCでは，第一子と比較して，出生順が4番目以上の子どもは小学校に就学する確率が8.5パーセントポイント低いのに対し，2番目に生まれた子どもは小学校に就学する可能性が1.9パーセントポイント低い（パネルBの(1)列）．出生順序の影響の大きさは時間の経過とともに絶対的に減少しているが，同様のパターンが3回の国勢調査すべてで見て取れる．識字能力に関しては，1998年のGPCC（パネルBの(4)列）では，2番目に生まれた子どもは識字能力が第一子と比べて2.3パーセントポイント低いのに対し，出生順序が4番目以上の子どもは10.1パーセントポイント低い（パネルBの(4)列）．しかしこれらの負の影響は時間の経過とともに減衰している．この出生順序効果のパターンは，最終学歴に関しても見られる．明らかに，カンボジアでは出生順序の影響は負であり（つまり，後から生まれた子どもは第一子に比べて最終学歴が低い），出生順序に応じて負の影響は絶対的に増加するが，その影響は時間の経過とともに減少している．

　表6-3では，出生順序が男性と女性に異なる影響を与えるかどうかを検証した．その結果，3つの知見が得られた．まず，表6-2と同様に，出生順序の効果は負であり，後から生まれた子どもは第一子に比べて教育を受ける可能性が低いことを示している．第2に，出生順序の影響は男性よりも女性の方が小さい．*Woman*を含む交差項の係数は，3回のGPCCをそれぞれ用いたのすべてのアウトカム変数に関して正である．したがって，出生順序の影響は一般に

表 6-2　出生順序と教育

	就学			識字能力			最高学歴（教育年数）		
	1998	2008	2019	1998	2008	2019	1998	2008	2019
	(1)	(2)	(3)	(4)	(5)	(6)	(7)	(8)	(9)
パネル A									
相対的出生順序	−0.0336***	−0.0149***	−0.00741***	−0.0463***	−0.0224***	−0.00850***	−0.710***	−0.747***	−0.479***
	(0.00102)	(0.000609)	(0.000385)	(0.00108)	(0.000658)	(0.000406)	(0.00661)	(0.00551)	(0.00486)
パネル B									
第二子	−0.0190***	−0.000253***	−0.00123***	−0.0236***	−0.00767***	−0.00320***	−0.231***	−0.261***	−0.255***
	(0.000555)	(0.000380)	(0.000279)	(0.000586)	(0.000412)	(0.000292)	(0.00336)	(0.00341)	(0.00350)
第三子	−0.0428***	−0.0121***	−0.00509***	−0.0525***	−0.0229***	−0.00939***	−0.475***	−0.434***	−0.378***
	(0.000916)	(0.000635)	(0.000495)	(0.000960)	(0.000689)	(0.000514)	(0.00535)	(0.00557)	(0.00616)
第四子以上	−0.0857***	−0.0336***	−0.00665***	−0.101***	−0.0504***	−0.0140***	−0.809***	−0.531***	−0.226***
	(0.00133)	(0.000941)	(0.000757)	(0.00139)	(0.00102)	(0.000780)	(0.00783)	(0.00822)	(0.00938)
サンプル数	3,647,470	4,257,066	3,965,697	3,647,470	4,257,066	3,965,697	3,647,470	4,257,066	3,965,697

注：（ ）内は家族単位でクラスター化された標準誤差．$*p<0.1$，$**p<0.05$，$***p<0.01$.

表 6-3　出生順序が教育に及ぼすジェンダー的影響

	就学			識字能力			最終学歴（教育年数）		
	1998 (1)	2008 (2)	2019 (3)	1998 (4)	2008 (5)	2019 (6)	1998 (7)	2008 (8)	2019 (9)
パネルA									
女性ダミー	-0.0866^{***}	-0.0322^{***}	0.00187^{***}	-0.0853^{***}	-0.0327^{***}	0.00193^{***}	-0.902^{***}	-0.602^{***}	-0.0180^{***}
	(0.000620)	(0.000459)	(0.000343)	(0.000654)	(0.000492)	(0.000356)	(0.00388)	(0.00415)	(0.00434)
相対的出生順序	-0.0771^{***}	-0.0359^{***}	-0.0103^{***}	-0.0937^{***}	-0.0455^{***}	-0.0128^{***}	-1.228^{***}	-1.096^{***}	-0.574^{***}
	(0.00118)	(0.000718)	(0.000478)	(0.00125)	(0.000781)	(0.000509)	(0.00746)	(0.00643)	(0.00600)
女性ダミー× 相対的出生順序	0.0855^{***}	0.0436^{***}	0.00525^{***}	0.0932^{***}	0.0478^{***}	0.00783^{***}	1.018^{***}	0.729^{***}	0.181^{***}
	(0.00118)	(0.000776)	(0.000544)	(0.00125)	(0.000855)	(0.000390)	(0.00704)	(0.00686)	(0.00693)
パネルB									
女性ダミー	-0.0917^{***}	-0.0373^{***}	0.000689^{*}	-0.0906^{***}	-0.0376^{***}	0.00132^{***}	-1.041^{***}	-0.688^{***}	-0.0346^{***}
	(0.000744)	(0.000530)	(0.000368)	(0.000781)	(0.000567)	(0.000385)	(0.00486)	(0.00488)	(0.00474)
第二子	-0.0367^{***}	-0.0150^{***}	-0.00330^{***}	-0.0426^{***}	-0.0211^{***}	-0.00580^{***}	-0.496^{***}	-0.463^{***}	-0.316^{***}
	(0.000724)	(0.000492)	(0.000370)	(0.000773)	(0.000536)	(0.000390)	(0.00455)	(0.00454)	(0.00465)
女性ダミー×第二子	0.0363^{***}	0.0272^{***}	0.00402^{***}	0.0389^{***}	0.0292^{***}	0.00503^{***}	0.538^{***}	0.446^{***}	0.124^{***}
	(0.000982)	(0.000691)	(0.000490)	(0.00105)	(0.000751)	(0.000522)	(0.00605)	(0.00626)	(0.00628)
第三子	-0.0708^{***}	-0.0298^{***}	-0.00874^{***}	-0.0833^{***}	-0.0421^{***}	-0.0136^{***}	-0.881^{***}	-0.729^{***}	-0.469^{***}
	(0.00105)	(0.000731)	(0.000581)	(0.00111)	(0.000797)	(0.000610)	(0.00618)	(0.00646)	(0.00719)
女性ダミー×第三子	0.0588^{***}	0.0388^{***}	0.00724^{***}	0.0642^{***}	0.0418^{***}	0.00827^{***}	0.840^{***}	0.652^{***}	0.186^{***}
	(0.00109)	(0.000782)	(0.000605)	(0.00117)	(0.000859)	(0.000653)	(0.00638)	(0.00690)	(0.00768)
第四子以上	-0.122^{***}	-0.0539^{***}	-0.0104^{***}	-0.141^{***}	-0.0720^{***}	-0.0184^{***}	-1.285^{***}	-0.868^{***}	-0.320^{***}
	(0.00143)	(0.00103)	(0.000858)	(0.00151)	(0.00111)	(0.000892)	(0.00837)	(0.00887)	(0.0105)
女性ダミー×第四子以上	0.0778^{***}	0.0446^{***}	0.00718^{***}	0.0847^{***}	0.0474^{***}	0.00846^{***}	1.007^{***}	0.749^{***}	0.189^{***}
	(0.00116)	(0.000875)	(0.000792)	(0.00122)	(0.000961)	(0.000853)	(0.00644)	(0.00719)	(0.00952)
サンプル数	3,647,470	4,257,066	3,965,697	3,647,470	4,257,066	3,965,697	3,647,470	4,257,066	3,965,697

注：( ) 内は家族単位でクラスター化された標準誤差． $p<0.1$, $^{**}p<0.05$, $^{***}p<0.01$.

負であるものの，出生順序は女性のアウトカム変数よりも男性のアウトカム変数に対してより強く負の影響を及ぼす．第3に，女性のダミー変数の係数で示される教育における男女格差は時間を通して縮小している．1998年のGPCCを用いた分析では，女性は就学と識字能力に関して約9パーセントポイント男性より低く，最高学歴も1年低いことを示している．しかし，係数は時間の経過とともに増加しており，2019 GPCCを用いた結果では就学と識字能力に関して係数が正となり，男女逆転した．

　最後に，6つのサブグループに関して個別に推定して，兄弟姉妹の性別構成の出生順序効果への影響を調べる．全数国勢調査を用いているため，この不均一な影響を見出すのに十分なサンプルサイズが確保できている．表6-4と表6-5は，それぞれ1998年と2019年のGPCCから推計された係数を示している．表において，奇数列は第一子が男性の家族を示し，偶数列は第一子が女性の家族となっている．そして，後に生まれた子どもがすべて男性である家庭は(1)列と(2)列に，後に生まれた子どもがすべて女性である家庭は(3)列と(4)列に，後に生まれた子どもの性別が男女混在している家族は(5)列〜(8)列に示されている．

　これを念頭に置いて，推計から得られる出生順序の影響に関するいくつかの結果を述べる．まず，1998年のGPCC用いた結果からは，男性，特に長男に明らかな利点があることがわかる．表6-4は，兄弟姉妹の性別構成を考慮すると，第一子が男性の場合の出生順序の影響がより大きいことを示している．たとえば，(3)列と(4)列を見ると，後から生まれた子どもが女性である場合，最初に生まれた子どもが男性である場合（(3)列），点推定値は（絶対値で）大きくなる．このパターンは，後に生まれてきた子どもがすべて男性（(1)列），または後に生まれてきた子どもの性別が混在である場合（(5)列及び(7)列）でも明らかである．さらに，奇数列を見ると，第一子が男性の場合，後に生まれてくる女性への出生順序の負の影響が大きいことがわかる．偶数列の推定値はさらに，最初の子どもが女性で2番目の子どもが男性の場合，2番目の子どもに対する出生順序の影響はゼロに近いか正にさえなるのに対し（(2)列），2番目の子どもが女性の場合，やはり第二子への影響は負である（(4)列）．列8の推定値は，第一子が女性で第二子が男性の場合，第二子に対する出生順序の影響は正

であるのに対し，第二子が女性の場合は負であることを示している．対照的に，最初の子どもが男性である場合（奇数列），このパターンは見いだせない．全体として，これらの知見は，1998年当時は，カンボジアの親は男性，特に長男を重視していたという仮説と一致している．

しかし，2019年のGPCCでは，異なるパターンが現れる．まず，表6-5は，兄弟姉妹の性別構成を考慮すると，第一子が女性の場合の出生順序の影響の方が，第一子が男性の場合のそれと比して絶対値で見ると大きいことを示している．特に(1)列と(2)列を見ると，第一子が女性の場合の方が，第一子が男性である場合に比して，後から生まれた男性が就学・識字能力を有する確率が低く，最終学歴も低くなることがわかる．この知見と一致して，(3)列と(4)列では，第一子が男性である場合，第一子が女性である場合に比して，出生順序の影響が小さいことが推定値によってわかる．さらに，奇数列の結果からは，第一子が男性の場合，後から生まれた女性の教育のアウトカムへの出生順の影響が少ないことを示している．最後に，(7)列と(8)列の分析結果は，第一子の性別に関係なく，後から生まれる女性に対する出生順序の影響がゼロに近いか，場合によっては正になるため，女性が明らかに有利であることを示している．これらの分析結果は，カンボジアにおいて長男の優位性が近年になるにつれて薄れていることを示している．

紙面の都合上掲載はしていないが，上記で得られた結果はいくつかの頑健性テストにおいても同様の結果が得られた．1つ目として，もともとの出生順序を第一子から第四子以上とするのではなく，第五子以上とした．2つ目として，結果が双子のサンプルによって左右されないようにするために，双子のいるすべての家族を除外した推計も行った．これは，出生順序が結果に異なる影響を与える可能性があるためである．3つ目に，サンプルをGPCC実施時の母親の年齢が40歳から60歳までの子どもに限定して再推計をした．これは，若い母親はGPCC実施後に出産する可能性が高く，出生順序に歪みをもたらすという懸念に対処するためである．4つ目に，母親が報告した子どもの数がGPCCで集められた子どもの数と一致する家族のみを用いたサンプルでの推計も行った．これらの家族のみを含めることで，一部の子どもたち（年長で教育を受けた子どもなど）は他の場所に住んで独立して働く可能性が高く，そのため観察

表 6-4　兄弟姉妹の性別構成と出生順序効果（1998 年）

	第二子以降男性のみ		第二子以降女性のみ		第二子以降男女混合		第二子以降男女混合	
	第一子：男性 第二子：男性	第一子：女性 第二子：女性	第一子：男性 第二子：男性	第一子：女性 第二子：女性	第一子：男性 第二子：男性	第一子：女性 第二子：女性	第一子：男性 第二子：男性	第一子：女性 第二子：女性
	(1)	(2)	(3)	(4)	(5)	(6)	(7)	(8)
被説明変数：就学率								
第二子	−0.0336***	0.00981***	−0.0774***	−0.0275***	−0.0566***	0.0156***	−0.0288***	0.0424***
	(0.00291)	(0.00280)	(0.00286)	(0.00299)	(0.00113)	(0.00118)	(0.00128)	(0.00141)
第三子	−0.0778***	−0.0277***	−0.113***	−0.0644***	−0.0858***	−0.0102***	−0.0725***	0.00543***
	(0.00534)	(0.00498)	(0.00515)	(0.00548)	(0.00187)	(0.00194)	(0.00202)	(0.00211)
第四子以上	−0.132***	−0.0850***	−0.157***	−0.119***	−0.131***	−0.0596***	−0.124***	−0.0514***
	(0.00822)	(0.00760)	(0.00801)	(0.00856)	(0.00275)	(0.00284)	(0.00288)	(0.00297)
女性ダミー×第二子							−0.0556***	−0.0524***
							(0.00142)	(0.00146)
女性ダミー×第三子							−0.0259***	−0.0308***
							(0.00161)	(0.00166)
女性ダミー×第四子以上							−0.0108***	−0.0155***
							(0.00167)	(0.00173)
被説明変数：識字能力								
第二子	−0.0385***	−0.000625	−0.0836***	−0.0341***	−0.0602***	0.00850***	−0.0344***	0.0322***
	(0.00313)	(0.00298)	(0.00308)	(0.00318)	(0.00119)	(0.00124)	(0.00138)	(0.00149)
第三子	−0.0783***	−0.0396***	−0.122***	−0.0779***	−0.0948***	−0.0227***	−0.0858***	−0.0102***
	(0.00569)	(0.00523)	(0.00548)	(0.00580)	(0.00196)	(0.00202)	(0.00214)	(0.00221)
第四子以上	−0.144***	−0.100***	−0.167***	−0.135***	−0.145***	−0.0771***	−0.143***	−0.0716***
	(0.00868)	(0.00797)	(0.00839)	(0.00901)	(0.00288)	(0.00295)	(0.00301)	(0.00308)
女性ダミー×第二子							−0.0518***	−0.0463***
							(0.00154)	(0.00158)
女性ダミー×第三子							−0.0175***	−0.0247***
							(0.00175)	(0.00181)
女性ダミー×第四子以上							−0.0278	−0.0100***
							(0.00175)	(0.00182)

被説明変数：最終学歴（教育年数）

	(1)	(2)	(3)	(4)	(5)	(6)	(7)	(8)
第二子	-0.371***	0.0677***	-0.807***	-0.254***	-0.550***	0.111***	-0.342***	0.308***
	(0.0178)	(0.0170)	(0.0180)	(0.0171)	(0.00652)	(0.00664)	(0.00743)	(0.00810)
第三子	-0.789***	-0.297***	-1.154***	-0.548***	-0.828***	-0.152***	-0.763***	-0.0742***
	(0.0324)	(0.0298)	(0.0323)	(0.0312)	(0.0105)	(0.0106)	(0.0112)	(0.0114)
第四子以上	-1.249***	-0.716***	-1.545***	-0.929***	-1.207***	-0.500***	-1.192***	-0.479***
	(0.0512)	(0.0464)	(0.0510)	(0.0498)	(0.0155)	(0.0154)	(0.0160)	(0.0160)
女性ダミー×第二子							-0.419***	-0.386***
							(0.00763)	(0.00782)
女性ダミー×第三子							-0.127***	-0.152***
							(0.00786)	(0.00799)
女性ダミー×第四子以上							-0.0199**	-0.0341***
							(0.00778)	(0.00785)
サンプル数	123,344	143,187	131,483	118,707	853,123	821,960	853,123	821,960

注：（　）内は家族単位でクラスター化された標準誤差．＊ p＜0.1，＊＊ p＜0.05，＊＊＊ p＜0.01．

表 6-5　兄弟姉妹の性別構成と出生順序効果（2019 年）

	第二子以降男性のみ		第二子以降女性のみ		第二子以降男女混合		第二子以降男女混合	
	第一子：男性	第一子：女性	第一子：男性	第一子：女性	第一子：男性	第一子：女性	第一子：男性	第一子：女性
	(1)	(2)	(3)	(4)	(5)	(6)	(7)	(8)
被説明変数：就学率								
第二子	-0.00385***	-0.00959***	-0.000291	-0.00415***	0.00229***	-0.000895	-0.000387	-0.00272***
	(0.000902)	(0.000892)	(0.000870)	(0.000891)	(0.000665)	(0.000700)	(0.000747)	(0.000891)
第三子	-0.0100***	-0.0171***	-0.00589***	-0.0124***	-0.000650	-0.00594***	-0.00351***	-0.00948***
	(0.00177)	(0.00177)	(0.00174)	(0.00177)	(0.00118)	(0.00126)	(0.00128)	(0.00137)
第四子以上	-0.0136***	-0.0207***	-0.00700**	-0.0192***	-0.00104	-0.00991***	-0.00412***	-0.0137***
	(0.00309)	(0.00331)	(0.00328)	(0.00322)	(0.00177)	(0.00191)	(0.00190)	(0.00206)
女性ダミー×第二子							0.00617***	0.00338***
							(0.000854)	(0.000913)
女性ダミー×第三子							0.00566***	0.00735***
							(0.000984)	(0.00108)
女性ダミー×第四子以上							0.00578***	0.00814***
							(0.00131)	(0.00145)
被説明変数：識字能力								
第二子	-0.00724***	-0.0137***	-0.00249**	-0.00774***	0.000222	-0.00474***	-0.00259***	-0.00741***
	(0.00107)	(0.00102)	(0.000987)	(0.00104)	(0.000712)	(0.000757)	(0.000808)	(0.000959)
第三子	-0.0158***	-0.0265***	-0.0124***	-0.0177***	-0.00550***	-0.0128***	-0.00918***	-0.0172***
	(0.00205)	(0.00202)	(0.00194)	(0.00203)	(0.00126)	(0.00136)	(0.00139)	(0.00150)
第四子以上	-0.0245***	-0.0338***	-0.0138***	-0.0262***	-0.00860***	-0.0198***	-0.0131***	-0.0226***
	(0.00353)	(0.00367)	(0.00355)	(0.00369)	(0.00189)	(0.00205)	(0.00204)	(0.00223)
女性ダミー×第二子							0.00650***	0.00495***
							(0.000925)	(0.000996)
女性ダミー×第三子							0.00731***	0.00911***
							(0.00113)	(0.00126)
女性ダミー×第四子以上							0.00852***	0.00593***
							(0.00149)	(0.00166)

被説明変数：最終学歴（教育年数）

	(1)	(2)	(3)	(4)	(5)	(6)	(7)	(8)
第二子	-0.283***	-0.435***	-0.167***	-0.254***	-0.173***	-0.256***	-0.245***	-0.319***
	(0.0120)	(0.0122)	(0.0122)	(0.0123)	(0.00838)	(0.00903)	(0.00942)	(0.0113)
第三子	-0.475***	-0.594***	-0.265***	-0.422***	-0.351***	-0.483***	-0.411***	-0.568***
	(0.0232)	(0.0239)	(0.0241)	(0.0245)	(0.0145)	(0.0158)	(0.0157)	(0.0172)
第四子以上	-0.329***	-0.371***	0.0235	-0.270***	-0.155***	-0.337***	-0.202***	-0.423***
	(0.0397)	(0.0422)	(0.0428)	(0.0434)	(0.0220)	(0.0241)	(0.0233)	(0.0256)
女性ダミー×第二子							0.166***	0.117***
							(0.0107)	(0.0115)
女性ダミー×第三子							0.120***	0.178***
							(0.0125)	(0.0137)
女性ダミー×第四子以上							0.0865***	0.183***
							(0.0153)	(0.0171)
サンプル数	316,951	327,741	342,031	288,225	611,362	501,912	611,362	501,912

注：（ ）内は家族単位でクラスター化された標準誤差．* p<0.1, ** p<0.05, *** p<0.01.

できなくなり，推定値に偏りが生じる可能性があるという懸念が軽減される．5つ目に，子ども2人，子ども3人，子ども4人の家族について，もともとの出生順による回帰分析を個別に行った．最後に，GPCC実施の時点で最年長の子どもが20歳以下であった家族ののみを用いた推計も行った．この目的は，年長の子どもたちが学校を離れる可能性が高いという懸念に直接対処するためである．これらさまざまな頑健性テストを行っても結果は変わらなかった．

7. 結果の考察及び議論

前節では，大きく4つの分析結果を示した．まず，出生順序の影響は男性と女性の両方にとって負である．第2に，女性のダミー変数をコントロールすると，男性のアウトカムは女性のそれに比べてより出生順序によってより大きな影響を受ける．第3に，出生順序の影響は兄弟姉妹の性別構成と関連している．最後に，負の出生順序効果は時間とともに減衰し，出生順序効果と兄弟姉妹の性別構成との関係は時間の経過とともに変化する．本節では，この変化の背後にあるいくつかの潜在的なメカニズムについて議論する．

まず，1970年代の内戦とポル・ポト政権により，カンボジア国民は長期にわたり貧困に陥った．したがって，親には子ども全員を学校に通わせる余裕がなく，誰を学校に通わせるべきかを親が決めざるをえない状況であった．当時，伝統的なジェンダー規範と利用可能な経済的機会により，親はおそらく女子教育よりも男子教育からより大きな経済的利益を得られると期待していたと考えられる．1998年のGPCCによると，20歳から64歳までの人々の雇用には明らかな男女格差があった．1998年の時点で，この年齢層の男性の94%が雇用されているのに対し[2]，女性の対応する割合は78%であった．雇用されていない女性のほとんどは，主婦（14%）または扶養家族（2.93%），または一度も雇用されたことがない（2.14%）であり，これらのカテゴリー（特に最初の2つ）に属する女性の割合が非常に高かった．男性にとって経済的機会があっ

---

2) GPCCにおける「雇用」の定義には，24-64歳の男性回答者の自営業労働者（雇用者の70%）と無給の家族労働者（雇用者の9%）が含まれている．同じ年齢層の女性回答者のうち，自営業労働者と無給の家族労働者がそれぞれ雇用者の35%と51%を占めている．

たにもかかわらず，1970年代の男性死亡率の高さのため，男性の労働供給は十分ではなかった（Walque, 2005; Walque, 2006）．したがって，この偏った男女構成の下での深刻な貧困と教育から得られる経済的利益の男女間の違いにより，親は息子たちが卒業後にまともな仕事に就くことを期待して，娘ではなく息子（特に長男）により投資することを選択した可能性がある．

第2に，カンボジアの国際貿易の活発化によって引き起こされた経済成長は，女性に雇用の機会を生み出し，その結果，女性の雇用の見通しを大幅に改善させた（Erten and Keskin, 2024）．例えば，米国とカンボジア間の二国間繊維協定により，カンボジアの繊維部門における男女賃金格差が縮小した（Mourelo and Samaan, 2017）．既存研究では，女性の雇用機会の増加が娘への教育投資を増やす2つの潜在的なメカニズムがあることを示唆している．最初のメカニズムは，母親が家庭内でより大きな意思決定権を獲得することである（Majlesi, 2016）．これは，母親がお金の使い方を決めるか，少なくとも夫と話し合えることを意味し，家庭内での資源のより男女間でのバランスのとれた配分につながることが考えられる．2番目のメカニズムは，繊維・衣料品分野（識字能力と計算能力が必要）が拡大し，娘の教育への期待利益が向上するにつれて，親が娘を学校に行かせることにさらに熱心になるというものである（Heath and Mobarak, 2015）．全体として，2000年代初頭の貿易の拡大と，それに伴う女性の経済的機会の増加により，親は娘により多くの教育投資を行うようになった可能性がある．

最後に，（カンボジアの生活水準の向上と相まった）出生率の低下により，親が性別に関係なく，子どもたちにより均等に資源を配分するようになった可能性も考えられる．子だくさんな場合，誰が学校に行き，誰が家にいて家事や兄弟の世話をするべきかを決める必要があったと考えられる．対照的に，子どもの数が少ない場合は，子どもの量と質の理論に従って，リソースを均等に割り当て，すべての子どもに学校に通う機会を与えることが可能となる（Becker and Lewis, 1973）．カンボジアでは紛争終結後の1980年代にベビーブームが起きたが，その後出生率は低下傾向にある．World Bank（2020）によると，合計特殊出生率は1984年に6.34だったが，それ以降着実に低下し，2020年には2.38となっている．これにより，親が子どもをより平等に扱うことができ，そ

の結果，世帯内の子ども間での教育水準の差が小さくなったと考えられる．

8. 結論

　本章では，出生順序が教育の達成度にどのような影響を与えているかを，カンボジアの3回の国勢調査（GPCC）を用いて検証した．子どもに関するデータを使用し，観察された家族の特徴と観察できない家族の特徴と教育におけるコーホートレベルの変動をコントロールするために，家族の固定効果とコーホート固定効果の両方を推計式に含めた．分析の結果，4つの主たる知見が得られた．まず，出生順序の影響は負である（つまり，後から生まれた子どもは第一子よりも教育達成度が低い）．第2に，教育における男女差をコントロールすると，出生順序の影響は絶対値で見て男性より女性の方が相対的に小さい．第3に，兄弟姉妹の性別構成は出生順序の影響と密接に関連している．最後に，出生順序効果のパターンの長期的な変化に光を当てた．出生順序による負の影響は時間の経過とともに弱まっていくだけでなく，兄弟姉妹の性別構成と出生順序の影響との関係も変化した．かつてカンボジアでは息子，特に長男が明らかに有利であった．例えば，1998年のGPCCでは，最初の子どもが女性で2番目の子どもが男性の場合，両者の教育達成度の差はゼロに近づくか，2番目の子どもの方が優れていた．また，最初の子どもが男性で，後に生まれる子どもが女性である場合，息子だけがいる家族に比べて，出生順序の影響がはるかに大きかった．対照的に，2019年のGPCCではこのパターンが変わり，娘の方が有利であることが示された．これは，出生順序の影響が長期的に変化することを意味している．

　いくつかの潜在的なメカニズムについても議論した．まず，1970年代のポル・ポト時代の大量虐殺は人々の生活水準に大きな影響を与え，人々を貧困に陥らせた．その結果，親は誰を学校に通わせるべきかを決める必要があり，伝統的なジェンダー規範と男性教育への経済的期待リターンがより高かったため，男性（特に長男）が学校に通う可能性が高くなった．第2に，国際貿易拡大による女性の雇用機会の増加により，母親の意思決定権が増し，親が娘を学校に行かせる動機になった．最後に，ベビーブーム後の出生率の低下により，親は

表 6-6

	総数	重複サンプル削除後	世帯主のすべての子どものサンプル	変数が欠落しているサンプル削除後	出生順序10番目以上の子どもを除外	子どもを7歳以上に限定	兄弟姉妹のいない子どもを除外	最年長の子どもが40歳未満	家族単位でサンプルに1人しかない家族を除外
1998	11,437,656	11,435,046	6,066,217	6,059,597	6,058,352	4,107,602	3,897,910	3,861,053	3,647,470
2008	13,395,682	13,395,028	6,521,081	6,519,454	6,518,820	4,922,693	4,573,094	4,488,819	4,257,066
2019	15,552,211	N/A	6,377,664	5,658,533	5,658,299	5,022,970	4,431,518	4,273,654	3,965,697

子どもの数が減ったので，子どもの性別に関係なく，子ども全員を学校に通わせる余裕ができた.

　最後に，本章の研究のいくつかの限界を指摘しておきたい. この研究は，性選択的嬰児殺しや子どもを死に至らしめるような育児放棄などの子ども回避行動については触れていない. これは，出生順序における内生性のリスクをもたらしうる. 社会が発展するにつれてそのような行動はなくなる傾向にあると考えられるが，残念ながらそのような情報はわれわれのデータセットでは入手できない. また，異なる文化や異なる社会規範を伴う異なる環境では，異なる結果が得られる可能性はぬぐい切れない. したがって，異なる文脈の国や地域でのさらなる同様の分析が必要であると考えられる.

補論1. サンプルの構築

　表 6-6 の各列には，各基準を用いた後に残っているサンプルの数が示されている. 生データのサンプル全体から始めて，重複した観測値を削除し（つまり，すべての変数が複数の観測値で同じ値をとる場合は重複とみなす），世帯主（HHH）のすべての子どもをサンプルに含め，出生順序を特定した. 次に変数が欠落しているサンプル，出生順序 10 番目以上の子どもを除外し，子どもを 7 歳以上に限定した（乳幼児は識字能力がないと考えられるため）. さらに兄弟姉妹のいない子どもを除外し，各家族の最年長の子どもが 40 歳以上の場合はすべての子どもを除外した. そして，回帰分析に家族の固定効果と誕生年の固定効果を含めた後，家族単位でサンプルに 1 人しかない家族を削除した.

表 6-7

	1人の母親から産まれてくる子どもの総数									
	1	2	3	4	5	6	7	8	9	10
1		0.000	0.000	0.000	0.000	0.000	0.000	0.000	0.000	0.000
2		1.000	0.500	0.333	0.250	0.200	0.167	0.143	0.125	0.111
3			1.000	0.667	0.500	0.400	0.333	0.286	0.250	0.222
4				1.000	0.750	0.600	0.500	0.429	0.375	0.333
5					1.000	0.800	0.667	0.571	0.500	0.444
6						1.000	0.833	0.714	0.625	0.556
7							1.000	0.857	0.750	0.667
8								1.000	0.875	0.778
9									1.000	0.889
10										1.000

（もともとの出生順序）

補論 2. もともとの出生順序と相対的出生順序

　表 6-7 は，子どもの総数ともともとの出生順序によって相対的な出生順序がどのように変化するかを示している．相対的な出生順序は，第一子については 0，最後に生まれた子どもについては 1 に相当する．また，兄弟姉妹が 3 人いる 2 番目の子どもの場合，この家族では子どもの総数が 4 人でもともとの出生順位が 2 であるため，相対出生順位は 0.333 になる．この表は，たとえ 2 人の子どものもともとの出生順が同じであっても，兄弟の数が異なる場合，相対的な出生順序が異なる値をとることを示している．

第7章　丙午年における出生行動への影響
——親の子に対する性別嗜好の研究

1. はじめに

　迷信は文化的・歴史的な要因から生じることが多々あり，それが人々の行動に影響を及ぼしうることが多々存在する．本章と補論ではではそのような事例として，日本の丙午年に関する迷信を取り上げる．

　日本において干支は，各年に五行（木，火，土，金，水）と十二支の動物を割り当てている．火と馬（丙午）の組み合わせは 60 年に一度で，日本では女性にとって非常に好ましくないという迷信が存在する．丙午年生まれの女性は頑固で独立心が強く，結婚生活に問題があり，男性を虐待し，夫や父親を早死にさせるというのである（Azumi, 1968; Cortese, 2004; Lebra, 1978）[1]．こうした丙午年生まれの女性に対する差別は，さまざまな形で語られてきた（Cortese, 2004; Lebra, 1978; Houston, 2003）．最近 3 回の丙午年は 1846 年，1906 年，1966 年である．そして，次の丙午年は 2026 年である．

　したがって，丙午年にはこの迷信に基づくとするならば，男子と女子に対する「価値」の認識が大きく変化することが考えられる．つまり，女子に対する「価値」の認識が大幅に低下することが考えられる．現代の開発途上国を鑑みると，男子と女子の「価値」に対する認識が大きく異なっている国が散見される．とりわけ，南アジアやサブサハラアフリカなど，男子の価値を女子の価値よりも高く認識している傾向が強く，性別選択的な出生行動や女子へのネグレ

---

1) この考えは，1682 年に丙午年生まれの女性が江戸の町を焼き尽くしそうになったという話や，その後 1930 年代に丙午年生まれの女性が恋人を殺害したというニュースによって広まった（Kaku, 1972; Kaku and Matsumoto, 1975）．

クトにつながっている．これは，Sen（1992, 2017）が問起した“Missing women”の問題そのものである．しかしながら，親がどのような出生行動をとるかは，さまざまな要因が絡んでくるため，それらを紐解いて明確な分析を行うには大きな困難が伴う．それに対して，日本の丙午年は迷信に基づき60年ごとに1度のみというサイクルなため，極めて外生的に男子・女子間の価値を変化させる事象としてとらえることが可能である．よって，この外生的なとりわけ女児の価値の認識の低下という変動は，Missing women の問題を分析するための自然実験的な環境を提供してくれるものと考えられ，開発経済学的・経済発展論的にも重要なインプリケーションをもたらしうるのである．

　この背景を踏まえて，本章と補論では2つのテーマを検証する．まず本章では，日本における丙午の迷信に対応した出生数の歴史的な変化を用いて，親の子どもへの性嗜好の短期的な変化が，性別盲目的・性別選択的な子どもの回避戦略や出生年をまたいだ子どもの代替に及ぼす影響を検証する．そして補論では直近（1966年）の丙午年生まれの女性のさまざまな社会・経済変数を検証し，日本で女性が丙午年に生まれるのは本当に不運なのかを検証することを試みる．

　親の子に対する性別嗜好が性別盲目的及び性別選択的出生回避と，出生年を超えた出生代替に及ぼす因果効果を検証することで，中国で提案された女子を生むことへの補助金（Watts, 2004）のような，性別選択的嬰児殺しや致命的ネグレクトと闘うための政策の潜在的効果をより良く理解することができる．また，本研究で検討した子ども回避の経済モデルとさまざまなアウトカム変数は，親が女子を持つことを避けようとするときに何をするのか，また親の反応が経済的・社会的発展のさまざまな側面とどのように相互作用するのかについて，明確かつ詳細に説明するのに役立つと考えられる．

　人口学や社会学の先行論文では，丙午年に対する子どもの回避反応について検討されているが，本章には4つの新しい貢献があると考えられる．第1に，子どもの回避戦略に関する経済モデルの文脈で丙午年の影響を解釈し，この構造モデルの異なるパラメーターが識別される仮定について議論する．第2に，出生数，乳幼児死亡数，都道府県レベルの所得と生産に関するこれまで使われていなかったデータを用いる．第3に，異なる情報源から得られたデータを統合し，都道府県間及び3つの異なる丙午年エピソード（1846年，1906年，1966

年）における比較を行い，夫婦の子ども回避反応が日本の経済的・社会的発展とどのように相互作用するかを検証する．第4に，回帰分析を用いて，出生年をまたがる代替と意図的な出生年の誤表示（意図的な出生年届け出の変更）を測定する．

推定値を行動学的に解釈し，他の文脈（女子への補助政策など）に一般化しやすい結果を提供するためには，これらの推定値を経済モデルの文脈で表現することが有用である．子どもの回避戦略は離散的な選択であるため，連続変数に着目した標準的な線形モデルには容易に落とし込めない．したがって，これらの行動をモデル化する最も自然な方法は，男子と女子の「価値」のような潜在変数に対して定義されたカットオフ値や留保値を用いることである．本章での理論的枠組みは，従来の子ども回避の経済モデルから着想を得ている（Ebenstein, 2007; Edlund, 1999; Kojima, 2005; Rosenzweig and Schultz, 1982）．本章では，女子と男子の主観的な価値は，研究者には観測不可能な形で夫婦間で異なると仮定する．夫婦はまず，禁欲や避妊をするか，妊娠のリスクを負うかを選択する．妊娠の不確実性が明らかになると，子どもを妊娠したカップルは，子どもの性別が明らかになる前に中絶するか，出産することができる．子どもが生まれ，性別が明らかになれば，親は性別選択的嬰児殺しや致命的ネグレクトを行う選択肢がある．禁欲，避妊，中絶，性別選択的嬰児殺しや致命的ネグレクトの割合は，女子と男子の価値観の分布と，それぞれの子ども回避活動のコストに依存する．

丙午年によって引き起こされた，女子の赤ちゃんに対する夫婦の価値に対する外生的な負のショックを用いて，2つの政策に関連する構造パラメーターを特定することができる．1つ目は性別選択的な子ども回避反応と性盲目的な子ども回避反応の比率であり，2つ目は子どもの後期コーホートへの代替性（意図的に出生年を丙午翌年として届け出ること）の程度である．これらのパラメーターは，性別嗜好の一時的な変化が夫婦の行動に影響を与えるさまざまな方法（性別選択的嬰児殺し，出産時期の変化，出生数の低下）の相対的重要性を測るものである．この変化は1846年，1906年，1966年と周期的にやってきて，かつ全国的なものであったため，これらのパラメーターを3つの異なる時代（1846年，1906年，1966年）と地理的地域にわたって測定することができ，性

別選好の影響が経済発展とどのように相互作用するかを横断的かつ経時的に調べることができる.

分析の結果,1846年の丙午年の頃は,日本が封建的な農耕社会であり,嬰児殺しが一般的であったため,丙午年における子どもの回避はコーホート・サイズに6%から8%の減少をもたらし,性別選択的な方法はその減少の26%を後進県で,11%を先進県で占めた.1906年の丙午年の頃は,明治政府の下での工業化と西洋化に伴い,丙午年への対応としてコーホートサイズがおよそ6%減少していることが引き続き確認されたが,その減少のほぼすべてが結婚のタイミングを先延ばしにするといった性別に関して盲目的な方法によるものであった.1966年の丙午年の頃は,工業化,西洋化が進み,近代的な避妊具が導入されたため,コーホートサイズは丙午年に対応して21%から24%減少し,そのほぼすべてが避妊具の使用と中絶によるものであった.また,1966年に生まれた女子の価値が1単位低下するごとに,翌年に生まれた子どもの価値が0.16単位上昇することもわかった.

本章の構成は以下のとおりである.次節では用いられるデータについて説明する.第3節では歴史的背景と記述的データの結果から得られる情報を提示する.第4節ではメインとなる経済モデルを,第5節では用いられる計量経済的モデル及び手法に関して述べる.第6節で推計結果を提示し,第7節は2026年に迫っている次の丙午年へのインプリケーションを含めて結語を述べる.

2. データ

丙午の年(1846年,1906年,1966年)を含む,1840-1850年,1900-1910年,1960-1970年生まれの性別・年齢別人口規模は,それぞれ1886年の内務省による日本帝国民籍戸口表,1955年,1970年の総務省統計局による国勢調査を用いた.1886年及び1970年国勢調査のデータは都道府県レベルのものも用いられている.出生年は,1月1日を開始日とする[2].

---

2) 1846年には,日本が1月27日から2月14日まで丙午年が続く中国の暦に従ったため,観測の約10%が誤って集計されている.日本は1872年に西暦に切り替わり,1906年と1966年の人口の減少は1月に始まった(Azumi, 1968; Kaku, 1972).

2. データ 157

　都道府県レベルのデータとして，1846 年と 1966 年のエピソードについては，各都道府県の人口と経済活動のデータを使用した．1890 年の人口と 1891 年の鉱工業生産に関するデータは，Unemura et al. (1983) を用いた．1960 年代のエピソードについては，内閣府から得た 1960 年から 1969 年までの都道府県レベルの GDP の時系列平均をとり，総務省統計研究研修所から得られる 1965 年の都道府県レベルの人口で割って用いた．

　月別の婚姻件数は，1900 年から 1910 年については内閣府統計局 (Cabinet Imperial Bureau de le Statistique General: 1904-1914) のデータ，1960 年から 1971 年については日本統計局 (1960-1971) のデータを用いた．年間の婚姻数は新年が始まる 9 ヵ月前からのものとして計算した．1905 年と 1965 年の妊娠は丙午年生まれの子どもを出産する可能性が高いためである．1950 年，1952 年，1954 年，及び 1955 年から 1969 年までの隔年における避妊のデータは，Muramatsu (1967) と毎日新聞社 (1958, 1970) から得た．避妊の有無は，50 歳以下の既婚女性を対象とした調査の「現在避妊している」に対するの肯定回答な回答で測った．人工妊娠中絶の数値は，毎日新聞社 (1970) 及び国際連合 (United Nations, 1973) の公式統計による[3]．

　年次の人口動態統計に関しては，図 7-1 の出生数の時系列は総務省統計局 (1999 年) のデータを用いた[4]．1900 年から 1910 年については，性別及び年別の出生数は日本統計局 (1915 年) のデータを用いた．1960 年から 1970 年の性別及び年別の出生数は，日本の厚生省 (1960 年から 1970 年) のデータを用いた．1900 年から 1910 年までの死産と新生児，その他の乳児，及び 1 歳児の死亡 (つまり，1 歳から 2 歳の子どもの死亡) はすべて性別及び年別に，日本統計局 (1915 年) のデータから得た．1960 年から 1970 年の胎児，新生児，乳児，および 1 歳児の死亡数は，厚生省 (1960 年から 1970 年) のデータに基づく．

---

　3)　実際の中絶率は，公式発表の数字よりも高かった可能性が高い．Muramatsu (1974, pp. 133-134) は，実際の中絶の割合は公式発表のおよそ 3 倍であると推定している．

　4)　これらのデータの年は 10 月から 9 月までであるため，出生数のおよそ 3 分の 1 がミスコーディングされている．本章の他のデータは暦年で出生数を数えており，このようなミスコーディングの問題はない．

3. 歴史的背景と記述的データの結果から得られる情報

3.1. 歴史的背景

　歴史的な証拠によれば，1840年代の日本の生活水準は，当時の西欧に匹敵するものであった（Hanley, 1983）．1840年代の日本は農耕中心の封建経済であった（Gubbins, 1911）．外部との交流は稀であったが，一時的な県外移住は男女ともに一般的であったとされる（Cornell, 1996, p. 28）.

　日本は，1840年代から1900年代初頭にかけて，1853年のペリー来航や西洋との貿易の開放，1867年の封建制度の崩壊と明治政府の樹立など，多くの重要な政治的及び社会的変化を経験した（Gubbins, 1911）．明治政府は，鉄道，郵便，電信サービスなど，多くの西洋技術を急速に導入し，マッチ，安価な時計（最初は輸入され，その後国内で生産された）などの西洋風の製品が都市部と農村部の両方で一般的になった（Miyamoto et al., 1998, pp. 549-556）．1880年から1910年まで，GNP成長率は年間5.5％程度で安定しており，工業と農業の発展はほぼ同じ比率であった（Miyamoto et al., 1998, pp. 552-563）.

　明治時代には男女の役割も変わった．1873年に小学校の義務教育化が宣言され，これは男子だけでなく女子にも適用された（Nolte and Hastings, 1991, p. 152）．1910年までには，小学校の就学率は男子が99％，女子が97％に達していた．1910年に中学校（義務教育ではない）に入学した生徒のうち，女子は26％であった（Koyama, 1961, pp. 22-23）．日本の工業生産は欧州に比べて労働集約的であり（Ranis, 1957），成長の多くは繊維産業によるもので，繊維と軽工業の労働力のほとんどは女性であった（Nolte and Hastings, 1991, p. 153; Tsurumi, 1990, p. 10）.

　第2次世界大戦前と戦後復興期における日本の継続的な成長により，1960年代までに，日本は欧米諸国と肩を並べる工業先進国となった．労働力人口に占める農業の割合は1905年の64.8％から1965年には23.5％に低下したが，その一因は，製造業（1905年の12.4％から1965年の24.3％）と金融・不動産業（1905年には未測定，1965年には21.3％に上昇）で働く割合が大幅に上昇したことにある（Ohkawa and Rosovsky, 1998; Scott et al., 1980, pp. 48, 122）.

1900 年代には存在しなかった社会保障は，1960 年代には政府支出の 12% から 17% であった（Jinno, 1999, p. 210）．1959 年の 7 歳から 14 歳の子どものうち，小学校に通っていた割合は農村部で 83.9%，都市部で 80.0% であった（Mosk, 1983, p. 81）．

　日本における女性の権利も 1900 年代から 1960 年代にかけて改善されたが，これは米国の占領と都市部への大移動，それに伴う社会構造の再編成によるものであった（Koyama, 1961, p. 14）．1946 年の新憲法とそれに伴う 1947 年の法律によって，参政権，教育，結婚，離婚，財産，雇用など，社会と経済の多くの分野で男女同権が制定された（Koyama, 1961, pp. 16-20）．1940 年までには，中学校に通う子どものおよそ 45% が女性であり，1957 年には，高校生の 39%，大学・専門学校生の 11% が女性であった（Koyama, 1961, pp. 23, 30）．1957 年には，14 歳以上の女性の 54.4% が就業しており，労働力人口の 17.4% を女性が占めていた（Koyama, 1961, pp. 101-104）．とはいえ，伝統的な性別役割分担の多くの側面が残っていた．女性労働者の月給は男性の半分以下であり（Koyama, 1961, p. 101），1955 年の夫婦の 4 分の 3 以上は見合い結婚であった（Koyama, 1961, p. 43）．

3.2. 出生数の時系列推移

　1840 年代から 1960 年代にかけての所得の増加は，当初はマルサス的所得効果によって出生を増加させ，その後，量と質のトレードオフ（Becker and Lewis, 1973; Becker and Tomes, 1976; Qian, 2006; Rosenzweig and Wolpin, 1980 など）を通して，子どもの量に対する需要を減少させたと考えられる．初等教育の義務化は，子どもの労働能力を低下させることで，特に貧困世帯において，若いうちに子どもを持つことの価値を低下させた可能性が高い．

　実際には，日本が出生率の大幅な低下を経験したのは第 2 次世界大戦後のことである．日本の特定の村落から得られた結果によれば，出生率は 1700 年代初頭から 1800 年代後半までかなり一定していた（Cornell, 1996, pp. 34-38）．1840 年から 1850 年までの 10 年間の人口増加率は 33% であり，1900 年から 1910 年までの増加率も 33% であった（図 7-2 で用いたデータより）．

　日本が発展を続け，教育がますます普遍化し，欧米との接触によって新しい

図 7-1 年次別に見た出生数，1900-2002 年

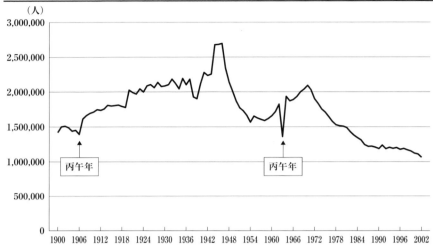

出典：人口動態調査．

避妊技術がもたらされるにつれて，人口統計学的変遷の出生率の部分が効果を発揮し始めた．図 7-1 は 1896 年から 2002 年までの日本の出生数の時系列を示している．年間出生数は 1890 年代から増加し，1920 年代には横ばいとなり，第 2 次世界大戦中には不規則なパターンとなった[5]．出生率の急激な低下は 1940 年代後半から始まり，1947 年から 1960 年にかけて出産可能年齢の女性 1 人当たりの出生数は 4.2 人から 1.9 人に減少した（Cornell, 1996, pp. 33-35; 毎日新聞社，1970, p. 246）．第 2 次世界大戦による年齢構成の変化のため，この出生率の低下は総出生数にはすぐには表れない．第 2 次世界大戦後，1940 年代後半に短期間のベビーブームが起こり，1960 年代にかけて出生数が戦前の水準に近づき，その後，1970 年代半ばから急減する．

---

5) 1930 年代後半と 1940 年代半ばの出生数の減少は，いずれも第 2 次世界大戦が原因であったと考えられる．最初の落ち込みは（若い男性を海外に送り出すことによるものだったが，政府の出生を促す少子化対策によって打ち消された．2 回目の低下は，連合軍の爆撃の時期と重なった（Taueber, 1956, p. 130; Taueber and Notestein, 1947, p. 17）．

このような一般的な傾向に加え，1966年の丙午年はグラフで最も顕著な特徴の一つであり，1966年の出生数は周辺の年に比べておよそ4分の1減少している[6]．また，1906年の丙午エピソードの際にも，（より小さいとはいえ）大幅な減少が観察される．しかし，この落ち込みを1904年から1905年の日露戦争の影響と切り離すことは難しい．

3.3. 丙午エピソード以前の性比

日本における子ども回避戦略に影響を与える要因を理解するためには，迷信の影響を受けなかった年の性比が地域間でどのように変化したかを調べることが有用である．図7-2の3つのパネルは，3つの丙午エピソードのそれぞれ数年前に生まれたコーホートについて，日本の異なる地理的地域における男女比を示している．濃い色調は，相対的に男性が多いコーホートを示す．パネルAのスケールは0.99から1.30，パネルBのスケールは1.045から1.061，パネルCのスケールは1.015から1.10である．

パネルAは，1840年から1844年の出生コーホートの性比を，これらのコーホートについて入手可能な最も古い年である1886年に示したものである．国土の北部と西部では，これらのコーホートの男女比が，一般に見られる自然比率よりもかなり高いことがわかる．これらのコーホートは，国勢調査の時点で42歳から46歳の成人である．ある村のデータによると，明治時代以前の1歳の平均余命はおよそ43-52歳で，女性は男性より3-5歳長生きしていた（Smith, 1977, p.51）．したがって，男性の死亡によって，1886年のデータでは性別選択的な子どもの回避が過小評価されている可能性がある．

1800年代の日本では嬰児殺しが一般的であったことを示す歴史的証拠が数多くあり（Cornell, 1996; Hanley, 1985, 1991; Saga, 1990, pp.203-204; Smith, 1977），子どもに対する性別嗜好がこの習慣の数少ない理由の一つであった（Saga, 1990, pp.203-204; Smith, 1977, p.64）とされている．Cornell（1996, p.45）は，1671年から1871年にかけてのある村のデータを用いて，典型的な世帯には6

---

6)　周囲のコーホートとは，丙午年の前後2年を指している．このグラフは，出生数が1月から12月ではなく，10月から9月まででカウントされているため，丙午年による実際の出生数減少を控えめに算出している．

第 7 章　丙午年における出生行動への影響

図 7-2　各都道府県における丙午年以前生まれの男女比

パネル A：1840-1844 コーホート（1886 年の男女比）　　パネル B：1900-1903 コーホート（出生時の男女比）

パネル C：1960-1964 コーホート（1970 年の男女比）

注：都道府県別の男性と女性の比率を示す。パネル B のデータは、（都道府県レベルではなく）地域レベルのものを用いている。地理データは Center for Geographic Analysis (2004) を用いた。他のデータソースについては、表 7-2 と表 7-3 の注記及び本文で詳しく説明されている。

人の子どもがおり，そのうち1人は乳児期に死亡していたこと，これらの乳児期の死亡の3分の1が嬰児殺しであり，生存している子ども15人につき嬰児殺し1人の割合であったことを明らかにしている．堕胎と嬰児殺しは，貧しい家庭でも裕福な家庭でも行われていたことが記録されており，研究者たちは，家族のサイズを小さくすることによって1人当たりの家族所得を増やすために，家族がこうした行為に及んでいたと主張している（Hanley, 1991, pp. 698-700; Smith, 1977, pp. 63-64）．

1840年代の都市部の夫婦は，農村部の夫婦に比べて性別選択的嬰児殺しを行う可能性が低かったと思われるが，それにはいくつかの理由がある．人口が多い地域では，おそらく嬰児殺しを隠蔽するのが難しかっただろう．また嬰児殺しの代替手段である結婚延期は，人口密集地では結婚相手を探すコストが低いため，当然そのコストが小さかったと考えられる．また，都市部では死亡率が高いため（Cornell, 1996, pp. 31-32），一般的に子ども回避戦略の需要がさほどなかった可能性もある．実証的にも，1890年の人口密度は，図7-2のパネルAで性比が最も高い地域で不釣り合いに低く，この仮説と一致する．

パネルBは，1900年から1903年のコーホートにおける出生時の男女比を示している．1840年代から1900年代にかけてのインセンティブと文化的影響の変化により，1900年代は1840年代よりも性別選択的嬰児殺しが減少したと予想される．女性の稼ぐ力が高まったことで，女子を避けるインセンティブが低下し，女性の交渉力が高まることによって，性別選択的嬰児殺しが減少すると予想される（Skinner, 1993; Rosenzweig and Schultz, 1982）．欧米の価値観に触れることも，夫婦の嬰児殺しの傾向を減らしたかもしれない．

パネルBのデータでは，出生記録前に大量の嬰児殺しがあったことは示されていない[7]．出生時の男女比はパネルAよりも変動が少なく，6地域すべてで自然に発生する典型的な範囲に収まっており，1913年までに，これらのコーホートの男女比は1.051から1.031へと実際に減少しており，幼児期における性別選択的死亡が比較的少ないことを示している[8]．

---

7) しかし，ある一つの農村からの証拠は，1898年には嬰児殺しが一般的であったことを示唆している（Saga, 1990, pp. 203-204）．

パネル C は，1960 年から 1964 年の出生コーホートについて，1970 年の男女比を示している．欧米化が進み，経済が改善し，女性の権利と労働参加率が上昇したため，この時期には性比の不均衡はほとんどなかったと考えられる．パネル B と同様，パネル C で観察される男女比は，一般的に自然発生的な範囲に収まっている．全国的に見ると，1960 年から 1964 年のコーホートにおける出生時の男女比は 1.058 であり，1970 年には 1.045 であった．

3.4. 3 回の丙午エピソードにおけるコーホート及び性別ごとの人口

次に図 7-3 では，性別選択的な子ども回避と性別盲目的な子ども回避を区別するために，丙午年が男女のコーホート規模に及ぼす影響を調べている．パネル A は，1840-1850 年の出生コーホートの男女別人口規模を示している．1840 年代には性別選択的嬰児殺しが一般的であったことを考えると，夫婦は性別選択的嬰児殺しを丙午年への有効な対応策と考えたであろう，と判断できうる．パネル A が示しているように，1846 年に生まれた女性の数は，周辺のコーホートに比べてかなり少ない．男性にはこのような効果は見られない．これらコーホートの人口を知るのに 1886 年のデータという出生からかなり時が経った時期に観察されたものを用いているため，この違いの一部は，丙午年生まれの女性が成人期早期に死亡したことに起因している可能性が考えられなくもない．しかし，このデータは，1846 年の丙午年に性別選択的嬰児殺しが増加したという見解と一致している．

パネル B は，1900-1910 年のコーホートについても同じデータを示している．図 7-2 のパネル B が示したように，1900-1903 年のコーホートの男女比は 1 に近く，この時代には性別選択的嬰児殺しはまれであったことを示している．しかし，この時代には避妊はまれであり，性別盲目的な嬰児回避のコストは高かった．1906 年のコーホートでは女子の数が減少していることが観察されるが，1905 年と 1907 年生まれの女子が不釣り合いに多いことから，両親が女子の誕生日を偽っていた可能性がある．また，1904 年から 1906 年にかけては，男性

---

8) この減少の説明として考えられるのは，男性の胎児や乳児は特にストレスに弱く，経済的苦難が男女比を低下させるというものである（Almond, et al., 2007）．これらのコーホートの地域性比は，出生率と正の相関があり，この見方を支持している．

3. 歴史的背景と記述的データの結果から得られる情報　　165

図7-3　3回の丙午エピソードにおける性別および出生コーホート別の人口規模

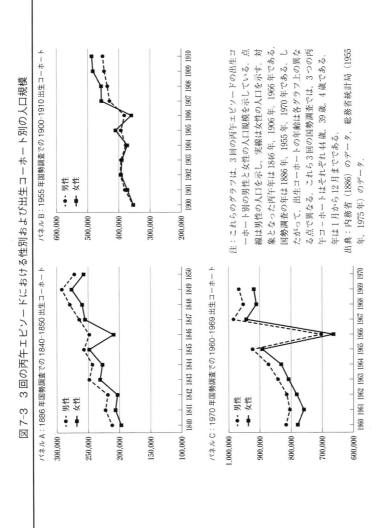

パネルA：1886年国勢調査での1840-1850出生コーホート

パネルB：1955年国勢調査での1900-1910出生コーホート

パネルC：1970年国勢調査での1960-1969出生コーホート

注：これらのグラフは、3回の丙午エピソードの出生コーホート別の男性と女性の人口規模を示している。点線は男性の人口を示し、実線は女性の人口を示す。対象となった丙午の年は1846年、1906年、1966年である。国勢調査の年は1886年、1955年、1970年である。したがって、出生コーホートの年齢は各グラフでは異なる点で異なる。これら3回の国勢調査では、3つの丙午コーホートはそれぞれ44歳、39歳、4歳である。年は1月から12月までである。

出典：内務省(1886)のデータ、総務省統計局(1955年、1975年)のデータ。

が海外で日露戦争に参戦していたため，出生数が通常より少なかった可能性も
ある．

パネル C は 1960 年から 1969 年のコーホートのデータである．1950 年代に
日本で起こった出生率の推移と，避妊具が広く利用可能であったことを考慮す
ると，この時期の性別盲目的な出産回避のコストは非常に特に低かった．デー
タからも，1966 年のコーホートサイズは男子も女子も等しく減少しており，
夫婦が実際には禁欲，避妊，中絶といった性別盲目的な戦略によって出産を回
避していたことを示している．

3.5. 子どもの性別性盲目的な出産回避行動と乳児死亡の直接的指標

図 7-4 と図 7-5 は，1906 年と 1966 年の丙午エピソードについて，性別盲目
的子ども回避及び性別選択的な子ども回避メカニズムに関する直接的証拠を示
している．結婚を遅らせたり禁欲を続けたりすることは，夫婦が丙午年に女児
を持つことを回避する一つの方法であった．図 7-4 のパネル A とパネル B は，
それぞれ 1900-1909 年と 1960-1970 年の結婚を示している．どちらの場合も，
1 年は 4 月から 3 月までとして定義されており，新年のおよそ 9 ヵ月前から始
まっている．

パネル A では，丙午年と日露戦争という 2 つの理由で婚姻数が減少してい
ることがわかる．この 2 つの要因がなければ，1902 年から 1909 年まで婚姻件
数は直線的に増加したと考えられる．1904 年の婚姻数は，1902 年から 1909 年
までの 7 年間のトレンドに比して 24,000 件下回った．1905 年には，婚姻件数
はこの傾向を下回り 7 万 1,000 件減少した．1906 年には婚姻件数は劇的に増加
したが，それでもトレンドより 3 万 3,000 件低かった．1907 年と 1908 年の高
い数値は，おそらく戦争と丙午年の両方のために遅れた結婚を反映していると
思われる．大まかな計算によれば，1904 年から 1906 年にかけての婚姻減少の
大部分は，日露戦争による年間約 30,000 件の婚姻減少で説明できる．しかし，
1905 年にはさらに 4 万組に上る 11% の婚姻の減少があったが，これはおそら
く丙午の迷信に起因するもので，禁欲がこのエピソードで用いられた重要な子
ども回避戦略であったことを示唆している．

図 7-4 のパネル B，C，D は，1966 年のエピソードで使用された性別盲目的

3. 歴史的背景と記述的データの結果から得られる情報　　167

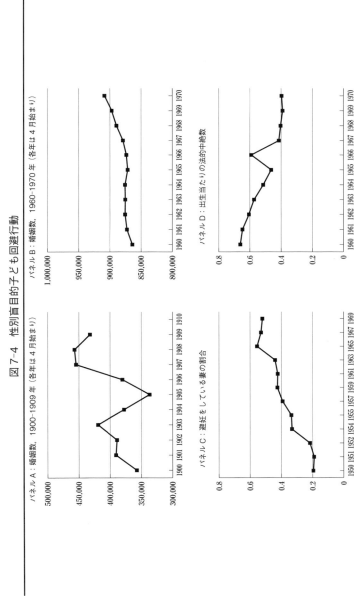

図 7-4　性別盲目的子ども回避行動

注：図 7-2 及び表 7-1 の注を参照のこと．パネル A 及びパネル B では，年は暦年の 9 ヵ月前の 4 月 1 日から 3 月 31 日までとなっている．年は暦年の 9 ヵ月前の 4 月 1 日までとなっている．このように年が定義されているため，1905 年と 1965 年は，受胎によって丙午年に子どもが生まれる可能性が高かった年となる．パネル C のサンプルには 50 歳以下の既婚女性が含まれている．出典は本文中に記載．

図 7-5 乳児死亡の直接的測定

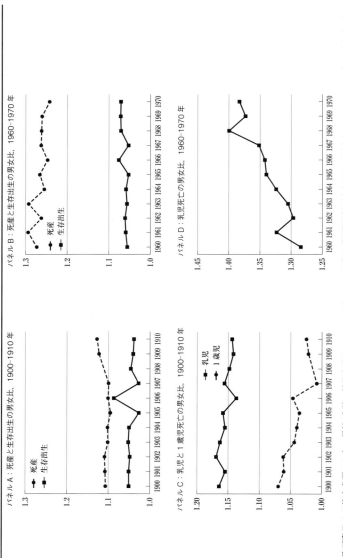

注：図 7-2 及び表 7-1 の注を参照のこと．男性/女性の性比を示している．パネル B の死産は「晩期胎児死亡」として測定されている．1908 年の死産（パネル A）と 1 歳児の死亡（パネル C）のデータは欠損である．1960 年代には 1 歳児の死亡はまとめであり，性比データには非常にノイズが多いため，掲載していない．出典は本文中に記載．

子ども回避に関する証拠を示している。パネル B が示すように、この時期の婚姻数はほとんど横ばいであった。したがって、1960 年代には、それ以前のエピソードに比べ、結婚を遅らせるという対応ははるかに一般的ではなかったようである。パネル C は、1950 年から 1970 年までの避妊具の使用を報告した夫婦の割合を示している。1960 年までに、42% のカップルが現在避妊具を使用していると報告しているが、1936 年（情報が利用可能な最も古い年）では、避妊具を使用した経験のあるカップルはわずか 6% だったと推定される。1957 年の避妊率は、6 大都市で 44.5%、その他の都市部で 39.5%、農村部で 36.1% であった（毎日新聞社、1958、pp. 27、37）。丙午年の前年、1965 年に避妊率が不連続に急上昇するのが観察される。このエピソードの後、避妊具の使用はわずかに減少したが、増加のほとんどは永続的なものであったようである。このことは、迷信によって（出生統計が示すように、丙午の影響を受けた年よりも頻度は低いものではあるが）夫婦が避妊具を定期的に使用するようになったことを示唆している。パネル D は、1960 年から 1970 年までの出生児 1 人当たりの合法的中絶数を示している。（分母である出生数の減少によってほぼ完全に生じた）中絶率の 28% の増加は、1966 年の出生数の減少のおよそ 3 分の 1 を説明しうる。

　図 7-5 は、1906 年と 1966 年に無視できない程度の女児の嬰児殺しが発生したことを示している。パネル A 及びパネル B は、それぞれ 1900 年から 1910 年、1960 年から 1970 年に報告された死産の男女比と出生数の男女比を示している。出生数の男女比は 1906 年に上昇したが、その前後の年の男女比の低下は、親が女児の出生日を偽っていたことを示唆している[9]。1906 年の死産報告の男女比に変化は見られない。パネル B の 1966 年のエピソードでは、1966 年に出生男女比が急上昇し、その後 1967 年にわずかに低下している。死産数が少ないため、死産の男女比は変動が大きいが、1966 年に観察されたわずかな減少は、およそ 200 人の女子が「失われている（"missing"）」ことを示している可能性がある。

---

9)　このような、親による意図的な女子の出生日の偽った届け出が 1906 年の性比の増加のほぼすべてを説明できるようであることがわかった。

パネルCは，1900年から1910年に発生した乳児死亡と1歳児死亡の性比を示している．乳児死亡の性比は1906年に不連続に低下しており，その大きさは，迷信のためにおよそ1,800人の丙午年生まれの女子が1歳で死亡したことを示している．1906年には1歳児死亡の男女比がわずかに上昇しており，これは親が丙午年の女子から他の年生まれの女子に資源を再配分した可能性を示唆している．この増加に加えて，1905年から1907年にかけては，1歳児死亡の男女比が大幅に低下している．1908年の1歳児死亡のデータは欠落している．1905年から1907年にかけての減少の大きさは，約700人の丙午年生まれの女子が迷信のために1歳で死亡したことを示している．この2,500人の乳児と1歳児の死亡は，1906年の女子出生数670,000人のおよそ0.4%にあたる．

パネルDは，1960年から1970年までの乳幼児死亡の男女比を示している．これらのデータはかなりノイズが多く，丙午の迷信とはまったく関係のない2つの年にスパイクが見られる．1966年から1967年にかけてのトレンドからのわずかな逸脱は，丙午年生まれの女児嬰児殺しか致命的なネグレクトを反映しているのかもしれない[10]．

4. 概念的枠組み

4.1. 出生回避の経済モデル

各出生年（コーホート）cについて，夫婦が3段階で子ども回避の決定を行うモデルを考える．第1段階では，夫婦は子どもを妊娠しないために避妊をするかどうかを決定する．避妊法は禁欲か避妊である．避妊のコストはx_1である．避妊をするカップルは，子どもを妊娠するリスクはゼロである．避妊をしない場合，第2段階では確率p_pで妊娠する．第2段階では，妊娠したカップ

---

10) 1966年の乳児死亡数は男子が15,000人，女子が11,000人，1967年は男性が17,000人，女性が12,000人であった．1965年から1969年または1970年まで直線的なトレンドを描くと，予測される男女比は観察値より0.01高くなる．これらのケースでは，1966年と1967年のそれぞれについて，およそ50人の女子が「失われている（"missing"）」と推定される．もし1965年から1968年までのトレンドを描くと，1966年と1967年のそれぞれについて，約200人の女子が「失われている（"missing"）」という大きな数字が得られる．しかし，1968年の性比の高さは一時的なものであり，自然率の正確な指標ではなかったようである．1歳児死亡については明確なパターンは見られない．

ルは中絶するかしないかのどちらかを選ぶ．これまでの丙午エピソードの年には超音波検査は普及していなかったので，中絶はすべて子どもの性別が判明する前に行われる．中絶にかかる費用は x_2 である．妊娠して中絶しなかったカップルは，第3段階で子どもを出産する．その子どもは確率 p_f で女性である[11]．ある夫婦にとって，c 年目に生まれた男の子の純価値は $V_{m,c}$ であり，c 年目に生まれた女の子の純価値は $V_{f,c}$ である．子どもを持ち続ける夫婦は，その子どもの純価値（$V_{m,c}$ か $V_{f,c}$ のどちらか）を享受する．しかし，別の方法として，その夫婦は（嬰児殺しまたは致命的ネグレクトによって）コスト x_3 をかけて子どもを殺めることもできる．異なる子ども回避行動の期待値を表7-1 に示す．

われわれのモデルから予測を導くために，以下の単純化した仮定を課す：

(i) 2つの出生年を想定する．すなわち $c=0$ と $c=1$ である．

(ii) $V_{m,c}$ と $V_{f,c}$ は異質的（異なった値）であり同時密度関数 $f_c(V_{m,c}, V_{f,c}; \delta_c)$ から生じるが，この同時密度関数 $f_c(.,.;\delta_c)$ は未知である．パラメーター δ_c は，出生年 c に女児を持つことに関連する性別固有のコスト（例えば，社会的スティグマ）を表し，次式に従って定義される．

$$f_c(V_{m,c}, V_{f,c}; \delta_c) = f_c(V_{m,c}, V_{f,c} - \delta_c; 0)$$

(iii) 出生年間の代替性があり，出生年 c' の $\delta_{c'}$ の変化は，出生年 c の子どもの価値の分布に影響を与えうる可能性があり，代替可能性は，以下を満たす特定の形をとるものと仮定される：

$$f_c(V_{m,c}, V_{f,c}; \delta_c) = f\left(V_{m,c} + \delta_{c'}\frac{dV_{m,c}}{d\delta_{c'}}, V_{f,c} + \delta_{c'}\frac{dV_{f,c}}{d\delta_{c'}}; \delta_c\right)$$

---

11) このモデルのパラメーターは，子どもと成人のコーホートサイズに関するデータを用いて推定する．したがって，われわれの分析の目的上，この確率 p_f は，嬰児殺しや致命的なネグレクトがない場合に，子ども時代や成人期にその時点まで生存する生物学的な自然確率とみなすことができる．この定義は，Rosenzweig and Schultz（1982）の性別固有の減価関数（the sex-specific depreciation functions）に匹敵する．

第7章　丙午年における出生行動への影響

表 7-1　異なった子ども回避行動の夫婦にとっての期待値

回避戦略	夫婦にとっての期待値
避妊	$-x_1$
中絶	$-p_p x_2$
男児なら育て，女児なら嬰児殺し	$p_p((1-p_f)V_{m,c}-p_f x_3)$
男女を問わず育てる	$p_p((1-p_f)V_{m,c}+p_f V_{f,c})$

ただし，$\dfrac{dV_{m,c}}{\delta_{c'}}$ と $\dfrac{dV_{f,c}}{\delta_{c'}}$ は未知のパラメーターである．つまりは，$\delta_{c'}$ に関して決まれば，上記の分布関数は時間を通して不変であると仮定する．すなわち，$\delta_{c'}$ を通してモデル化される影響以外に関しては，選好を決定する要因は一定であると仮定する[12]．

(iv) x_1, x_2, x_3, p_p, p_f, δ_c, $\dfrac{dV_{m,c}}{\delta_{c'}}$, $\dfrac{dV_{f,c}}{\delta_{c'}}$ はどの夫婦も同じである．

(v) x_1, x_2, x_3, p_p, p_f はコーホート（出生年）間で一定であるが，δ_c は異なる値を持ちうる．

(vi) $x_1 = p_p x_2$ と仮定する．つまり避妊と中絶の費用は同様（無差別）と仮定する．

(vii) $p_f x_3 > x_2$（すなわち，子どもを殺めることは大きなコストがかかるとする）．

(viii) $V_{m,c}$ の平均値は $V_{f,c}$ と比較して十分に高く，$V_{m,c}$ の分散は小さい．よって，男子の嬰児殺しは無視できるほど少ない．

（i）から(viii)の仮定の下，避妊，中絶，子どもを殺める確率を x_1, x_2, x_3, p_p, p_f と同時密度関数 $f_c(V_{m,c}, V_{f,c}; \delta_c)$ の関数として導出することができる．出産年 c に禁欲，避妊，中絶の戦略を選択したカップルの割合を a_c とする．すると，a_c は：

---

12) このモデルでは，出生行動の終了や出生順序効果を明示的にモデル化していない（これらに関しては例えば，本書の第5章のカンボジアの事例や，Angrist and Evans, 1998; Ebenstein, 2007 を参照のこと）．このような効果は，$f_c(.\ ,.\ ;.\ )$ によってモデル化される評価の不均一性に寄与する要因とみなすことができる．

$$a_c = Pr(-x_2 > (1-p_f)V_{m,c} - p_f x_3 \text{ and } -x_2 > (1-p_f)V_{m,c} + p_f V_{f,c}) \tag{1}$$

と表現でき，$f_c(.\ ,.\ ;0)$を用いて以下のように書くことができる．

$$a_c = \int_{-\infty}^{\frac{-x_2 + p_f x_3}{1-p_f}} \int_{-\infty}^{\frac{-x_2 - (1-p_f)u}{p_f}} f_c(u,v;\delta_c)\, dv du \tag{2}$$

同様に，出生年 c に性別選択的嬰児殺しまたは致命的ネグレクトを実践する戦略を選択するカップルの割合 i_c を以下のように定義することができる．

$$i_c = P_r((1-p_f)V_{m,c} - p_f x_3 > -x_2 \text{ and } (1-p_f)V_{m,c} - p_f x_3 > (1-p_f)V_{m,c} + p_f V_{f,c}) \tag{3}$$

(3)式は$f_c(.\ ,.\ ;0)$を用いて以下のように書くことができる．

$$i_c = \int_{\frac{-x_2 + p_f x_3}{1-p_f}}^{\infty} \int_{-\infty}^{-x_3} f_c(u,v;\delta_c)\, dv du \tag{4}$$

3パターンの行動確率は図7-6のように$(V_{m,c}, V_{f,c} - \delta_c)$のペアを縦軸・横軸として図示化することができる．

　図7-6に示された3本の実線は，$\left(\dfrac{-x_2 + p_f x_3}{1-p_f}, -x_3\right)$ という$(V_{m,c}, V_{f,c} - \delta_c)$の点から外側に放射状に伸びており，グラフの右下を指す対角線の傾きは$\dfrac{-p_f}{1-p_f}$である．これらの3つの実線は，夫婦の行動を男子と女子の子どもに対する評価の関数として定義している．実線の左下に位置する$(V_{m,c}, V_{f,c} - \delta_c)$の組み合わせでは，夫婦は男子と女子の両方に低い価値を置き，禁欲，避妊，中絶のいずれかを選択する．実線の左上に位置する$(V_{m,c}, V_{f,c} - \delta_c)$の組み合わせでは，夫婦は女子には低い価値を置くが，男子には比較的高い価値を置く．このような夫婦は，子どもを生んだ後，子どもの性別が女性の場合は嬰児を殺めたり致命的ネグレクトという戦略を選択する．残りのカップルは，$(V_{m,c}, V_{f,c} - \delta_c)$の組み合わせが実線の右上に位置し，男子と女子の両方に十分に高い価値を置いているため，性別に関係なく子どもを生存させることを選択する．

図7-6　男女の子どもの価値観の関数としての夫婦の行動

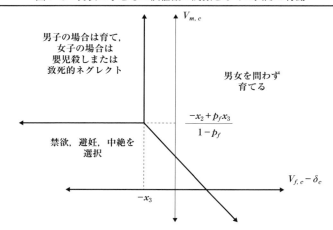

これらの3つの行動が母集団で観察される相対的な割合は，$(V_{m,c}, V_{f,c} - \delta_c)$ の組み合わせで定義される同時密度関数 $f_c(.,.;0)$ の形状に依存する．

4.2. 政策関連パラメーター

(2)式と(4)式の a_c と i_c の表現を使えば，子どもの回避戦略が δ_c（女子に関連するスティグマ）の変化にどのように反応するかを特徴付けることができる．w を（時間を通して不変の）出産年齢の女性の総数とする．このとき，性別盲目的及び性別選択的な方法によって回避される子どもの数はそれぞれ，$A_c = w p_p a_c$ 及び $I_c = w p_p p_f i_c$ と表すことができる．

　夫婦の女子に対する価値は，周辺の年に比べて丙午年は特に低い．この女子に対する価値の変化は，パラメーター δ_0 の増加として考えることができる．この δ_0 の増加に対して，$c=0$，$c=1$ の2つの出生コーホートそれぞれにおいて，これらの子ども回避行動がどのように変化するかを考察する．δ_0 が増加する前は，δ_0 は δ_1 と等しかったと仮定する．δ_0 に関してデリバティブを求めると，以下の式と予測される符号が得られる：

$$\frac{dA_0}{d\delta_0} = w * p_p \int_{-\infty}^{\frac{-x_2 + p_f x_3}{1 - p_f}} f_0\left(u, \frac{-x_2 - (1 - p_f)u}{p_f}; \delta_0\right) du \geq 0 \tag{5}$$

$$\frac{dI_0}{d\delta_0} = w p_p p_f \int_{\frac{-x_2 + p_f x_3}{1 - p_f}}^{\infty} f_0(u, -x_3; \delta_0)\, du \geq 0 \tag{6}$$

$$\frac{dA_1}{d\delta_0} = -w p_p\left(\left(\frac{1 - p_f}{p_f}\right)\frac{dV_{m,1}}{d\delta_0} + \frac{dV_{f,1}}{d\delta_0}\right)\int_{-\infty}^{\frac{-x_2 + p_f x_3}{1 - p_f}} f_0\left(u, \frac{-x_2 - (1 - p_f)u}{p_f}; \delta_0\right) du$$

$$- \left[w p_p \int_{-\infty}^{-x_3} f_0\left(\frac{-x_2 + p_f x_3}{1 - p_f}, v; \delta_0\right) dv\right]\frac{dV_{m,1}}{d\delta_0} \leq 0 \tag{7}$$

$$\frac{dI_1}{d\delta_0} = \left[w p_p p_f \int_{-\infty}^{-x_3} f_0\left(\frac{-x_2 + p_f x_3}{1 - p_f}, v; \delta_0\right) dv\right]\frac{dV_{m,1}}{d\delta_0}$$

$$- \left[w p_p p_f \int_{\frac{-x_2 + p_f x_3}{1 - p_f}}^{\infty} f_0(u, -x_3; \delta_0)\, du\right]\frac{dV_{f,1}}{d\delta_0} \quad \text{符号は定まらない} \tag{8}$$

(8)式の$\dfrac{dI_1}{d\delta_0}$の符号は一意には定まらない．しかしながら，女子の価値の変化による負の影響が支配的であろうと考えられる[13]．直近2回の丙午エピソード（1906年と1966年）では，丙午年ではない年の嬰児殺しのレベルがゼロに近いことをデータが示唆している．したがって，これらの期間の典型的な年に観察されるδ_cのレベルでは，$V_{m,c} > \dfrac{-x_2 + p_f x_3}{1 - p_f}$と$V_f < -x_3$の両方が満たされる

---

13) c年の男子と女子はどちらもc'年の女子に代替される可能性が高い．しかし，c年目の女子は，c'年目の女子との代替性がc'年目の男子よりも高い可能性が高い．よって，$\dfrac{dV_{f,c}}{d\delta_{c'}} > \dfrac{dV_{m,c}}{d\delta_{c'}} > 0$であることが予測される．

確率はごくわずかである．これらの場合，I_1 と $\dfrac{dI_1}{d\delta_0}$ がともにほぼゼロである

と仮定すると，(7)式の第2項は消え，以下の近似式が得られる：

$$\frac{dA_1}{d\delta_0} \approx -wp_p\left(\left(\frac{1-p_f}{p_f}\right)\frac{dV_{m,1}}{d\delta_0}+\frac{dV_{f,1}}{d\delta_0}\right)\int_{-\infty}^{\frac{-x_2+p_fx_3}{1-p_f}} f_0\left(u,\frac{-x_2-(1-p_f)u}{p_f};\delta_0\right)du \tag{9}$$

この式に p_f を乗じ，$\dfrac{dA_0}{d\delta_0}$ で割ると，コーホート0の女子とコーホート1の

子どもの間の代替性の度合いを示す尺度が得られる．

$$p_f\frac{dA_1/d\delta_0}{dA_0/d\delta_0} \approx -(1-p_f)\frac{dV_{m,1}}{d\delta_0}-p_f\frac{dV_{f,1}}{d\delta_0} \tag{10}$$

右辺の式は，δ_0 の単位変化当たりの，コーホート1の平均的な子どもの評価

額の変化（男子の価値の変化額と $(1-p_f)$ の積 + 女子の価値の変化額と p_f の積）

である．次に，性別選択的出生行動と性別盲目的出生行動の比率（すなわち

$\dfrac{dI/d\delta}{dA/d\delta}$）と，(10)式で示される出生年間の代替性の尺度の識別について議論

する．

4.3. 経済発展との関連性

1840年代の逸話的証拠によると，当時は嬰児殺しが珍しくなく，双子の出

産の際（不吉な出産とみなされた），あるいは生まれてきた子どもの身体的要

因など，さまざまな理由で行われていた（Saga, 1990, pp. 203-204; Smith, 1977,

p. 64）．したがって，嬰児殺しのコストである x_3 はおそらく非常に低く，仮定

(vii)に反していた可能性が高い．日本社会がますます都市化・西欧化し，男女平

等（したがって妻の交渉力）が高まるにつれて，おそらく x_3 も増加したであ

ろう[14]．x_3 が増加すれば，A_c（性別盲目的な方法によって回避される子ども

の数）には明確に正の影響を与え，I_c（性別選択的な方法によって回避される

---

14) δ_c の減少によって起こる可能性があるように，男女平等の増加も $f_c(.,.;\delta_c)$ を女子のより高い
値にシフトさせた可能性がある．このような効果は，x_3 の増加と同様の変化をもたらす．

子どもの数）には明確に負の影響を与えることを示すことができる．x_3 が増加すると，女子の価値が下がることに対してどれだけ性別盲目的な出生回避がなされるかの度合いを示す $\frac{dA_0}{d\delta_0}$ も増加する．(6)式から(8)式の残りのパラメータについては，x_3 の上昇の効果は曖昧な符号を持ち，親の評価の分布（$f_c(.\;.\;.\;;\delta_0)$）の形に依存する．

　1906年と1966年の丙午エピソードの間に起こった大きな変化の一つは，コンドームのような避妊具の入手可能性が高まったことであり，これは性別盲目的な子ども回避のコストである x_2 を引き下げたとみなすことができる．同期間に生じた都市化も，結婚を遅らせることに関連するサーチコストを低下させることによって，x_2 を低下させた可能性がある．x_2 が減少すれば，A_c が増加し，I_c が減少することは明らかである．また，このような変化によって，丙午のようなエピソードの年における性別選択的出生行動である $\frac{dI_0}{d\delta_0}$ が明確に減少し，おそらくその周辺年における嬰児殺しである $\frac{dI_1}{d\delta_0}$ の大きさも減少するだろう．しかし，x_2 の減少が丙午エピソードに関連しての性別盲目的出生行動の反応である $\frac{dA_0}{d\delta_0}$ と $\frac{dA_1}{d\delta_0}$ に及ぼす影響は曖昧で，$f_c(.\;.\;.\;;\delta_0)$ の形状に依存する．

　まとめると，x_3 が増加し，x_2 が減少することで，性別選択的子ども回避が減少し，性別盲目的子ども回避が増加すると予測される．仮に，人口の多い地域では x_3 が大きく，x_2 が小さいとすると，その地域では性別選択的子ども回避が減り，性別盲目的子ども回避が増えると予測される．x_3 と x_2 を変化させた場合の，(6)，(7)，(8)式への影響は，$f_c(.\;.\;.\;;\delta_c)$ の形状に依存するため明確には定まらない．

　こうした子ども回避のコストの変化に加えて，経済成長と教育がおそらく夫婦の子ども回避行動に影響を与えたと思われるが，これらの効果はどちらの方向にも影響を与えうると思われる．1846年から1906年にかけては，子どもの数はまだ正常財であり，子どもの数に正の効果をもたらしたが，明治の教育義

務化は子どもの費用を増加させることによって相殺効果をもたらした．1906
年から1966年にかけては，子どもの数は当初は増加したがその後減少に転じ
た．1846年では，都市部の人口が一般に貧しく，子どもの数も正常財であっ
たため，より都市部では子どもの回避が少なかったと予測される．1966年に
は，より所得の高い地域でより子どもの回避が多くなると予測されるが，これ
は当時子どもの数量が劣等財（劣等財）であったためである．

5. 計量経済的モデル及び手法

5.1. 誘導系推計の定式化

　丙午の迷信の影響を正確に測定するためには，丙午年周辺で影響を受けてい
ないコーホートの比較グループを見つけてやらなければならない．記述的結果
で見たように，丙午の各エピソードの直前と直後の年に出生数が異常に多かっ
たが，これはおそらく代替効果によるものであると考えられる．このため，丙
午コーホートの2年前と2年後のコーホートを比較に用いた．そうすることで，
すべての代替が丙午年の前後1年間に限定されたと暗黙的に仮定する[15]．丙
午年の効果を測定することに加えて，迷信の1年先行効果と1年遅行効果を推
定することで，コーホート間の代替性を測定する．

　これらの先行効果と遅行効果を推定する際に生じる困難の一つは，コーホー
トサイズを正確に測定することである．丙午の年に隣接するコーホートでは，
丙午年生まれの女児の出生年が（意図的に）偽って届け出されるため，コーホ
ートサイズが人為的に大きくなる可能性が高い．このような（意図的に）偽っ
た届け出によって，丙午コーホートには不釣り合いに少ない女児しか現れない
ため，嬰児殺しが増えたように見えうる．しかし，丙午コーホートの直前また
は直後のコーホートには，不釣り合いに多くの女児が現れる．この偽った申告
の最も簡単な方法は，おそらく子どもの正式な誕生日を1年かそれ以下の範囲
で変更することであったことが考えられる．コーホート間の代替と同様に，こ

---

15)　隣接する年へのシフトは，おそらく最も簡単な代替方法であったろう．もし他の年への代替も
　　起こったとすれば，近隣の年の出生数が人為的に高くなるため，丙午年の直接的な効果を過大評価
　　することになる．

のような偽った申告は誕生年を1年ずらす場合のみであったと仮定する.

性別 g,コーホート c の子どもで,調査年に生存していた子どもの数を $N_{g,c}$ とする.よって,$N_{m,c} = M_c$ 及び $N_{f,c} = F_c$ である.以下のように,片側対数関数形を用いて丙午年の $N_{g,c}$ への影響を推定する:

$$\ln(N_{g,c}) = \pi_0 + \pi_1 FireHorse_c + \pi_2 Female_g * FireHorse_c +$$
$$+ \pi_3 FireHorse_{c-1} + \pi_4 FireHorse_{c+1}$$
$$+ \pi_5 Female_g + X'_{g,c}b + \varepsilon_{g,c} \tag{11}$$

ここで,$FireHorse_c$ は丙午コーホートのダミー変数,$Female_g$ は性別が女性であることのダミー変数,$X_{g,c}$ は観測可能な特性のベクトル,及び $\varepsilon_{g,c}$ は系列相関のある観測不可能な誤差項である.$X_{g,c}$ 行列には,丙午年(これは関心のある回帰変数として含まれている)及び丙午の2年前・2年後の年ダミーを除くすべての年ダミーを含んでいる.女子の意図的に偽った出生年の申告を調整するために,$Female_g * [FireHorse_c - FireHorse_{c-1}]$ と $Female_g * [FireHorse_c - FireHorse_{c+1}]$ という2つの変数もコントロールとして $X_{g,c}$ に含める.最初の変数は,前年に女子が偏って多かったことで説明できる男女比の変化を調整する.2番目の変数は,後年の女子の不釣り合いによって説明できる男女比の変化を調整する.

(11)式はこの分析における主要な推定式である.識別のため,$FireHorse_c$,$Female_g * FireHorse_c$,$FireHorse_{c-1}$,$FireHorse_{c+1}$ が $\varepsilon_{g,c}$ と直交しているという重要な仮定を置く.したがって,所得,教育,男女不平等,及び出産や子どもの回避のその他の省略された決定要因は,丙午年に不連続に変化しなかったと仮定し意図的に偽った出生年の申告を適切に調整したと仮定する.

5.2. 政策含意的なパラメーターの識別

M_c をコーホート c で生存している男子の子どもの数とし,同様に F_c を女子の子どもの数とする.これらの2つの観測変数は,A_c と I_c 及び確率 p_p と p_f で,次のように表現できる:

$$M_c = (1 - p_f)(wp_p - A_c) \tag{12}$$

$$F_c = wp_p p_f - p_f A_c - I_c \tag{13}$$

δ_0 に関して M_c と F_c のデリバティブを求めると，以下の関係を得る．

$$\frac{dM_c}{d\delta_0} = -(1 - p_f)\frac{dA_c}{d\delta_0} \tag{14}$$

$$\frac{dF_c}{d\delta_0} = -p_f\frac{dA_c}{d\delta_0} - \frac{dI_c}{d\delta_0} \tag{15}$$

丙午年の影響は，δ_0 の未知の大きさの変化 $\tilde{\delta}$ としてモデル化することができる．M_0，F_0，M_1 に対するこれらの影響は，(11)式の係数で次のように表すことができる：

$$\frac{\tilde{\delta}dM_0}{d\delta_0} = \exp(\pi_0 + \pi_1) - \exp(\pi_0) \tag{16}$$

$$\frac{\tilde{\delta}dF_0}{d\delta_0} = \exp(\pi_0 + \pi_1 + \pi_2 + \pi_5) - \exp(\pi_0 + \pi_5) \tag{17}$$

$$\frac{\tilde{\delta}dM_1}{d\delta_0} = \exp(\pi_0 + \pi_3) - \exp(\pi_0)：丙午年前年への代替$$

$$= \exp(\pi_0 + \pi_4) - \exp(\pi_0)：丙午年翌年への代替 \tag{18}$$

$\dfrac{dI_0/d\delta_0}{dA_0/d\delta_0}$ について解くと，次のようになる[16]：

$$\frac{dI_0/d\delta_0}{dA_0/d\delta_0} = (1 - p_f)\frac{\exp(\pi_1 + \pi_2 + \pi_5) - \exp(\pi_5)}{\exp(\pi_1) - 1} - p_f \tag{19}$$

(10)式の近似が適用されうる 1966 年の丙午エピソードでは，コーホート間の

---

[16] 1906 年，1966 年の 2 つのエピソードについては，p_f は近隣のコーホートにおける女子の頻度を用いて推定した（すなわち $\dfrac{1}{1 + \exp(-\hat{\pi}_5)}$）．

代替性である $-(1-p_f)\dfrac{dV_{m,1}}{d\delta_0}-p_f\dfrac{dV_{f,1}}{d\delta_0}$ を次のように表現できる：

$$-(1-p_f)\frac{dV_{m,1}}{d\delta_0}-p_f\frac{dV_{f,1}}{d\delta_0}\approx p_f\frac{\exp(\pi_3)-1}{\exp(\pi_1)-1}\;:\text{前年への代替}$$

$$\approx p_f\frac{\exp(\pi_4)-1}{\exp(\pi_1)-1}\;:\text{翌年への代替}$$

　したがって，女子の生物学的確率 p_f の推定値があれば，(11)式の回帰分析から得られるパラメータを使って $\dfrac{dI_0/d\delta_0}{dA_0/d\delta_0}$ と $-(1-p_f)\dfrac{dV_{m,1}}{d\delta_0}-p_f\dfrac{dV_{f,1}}{d\delta_0}$ を特定することができる[17]．ここで3回の丙午エピソード（1846年，1906年，1966年）について $\dfrac{dI_0/d\delta_0}{dA_0/d\delta_0}$ を識別することが可能である．3回の丙午エピソード（1846年，1906年，1966年）について P_f と $\dfrac{dA_1/d\delta_0}{dA_0/d\delta_0}$ の積を推計することも可能である．しかし，1906年と1966年の2つのエピソードにおいてのみ，この比率は $-(1-p_f)\dfrac{dV_{m,1}}{d\delta_0}-p_f\dfrac{dV_{f,1}}{d\delta_0}$ （0期の女子と1期の子どもの間の代替性）という解釈ができる．また，これらのパラメーターが，日本のさまざまな発展レベルの県でどのように変化したかを測定することも可能である．

6.　実証分析結果

6.1. 誘導系モデルの推計結果
　表 7-2 は，(11)式を用いた一般化最小二乗法（Generalized Least Squares:

---

17)　1840年代は丙午以外の年でも性別選択的出生行動が一般的であったため，観察された性比から p_f を識別することはできない．この時期の p_f を推定するために，1840年代から1900年代までの60年間の生物学的性比の変化（おそらく所得の正の効果による）が，1900年代から1960年代までの60年間の変化（およそ1%ポイントの変化）とほぼ同じ大きさであったと仮定する．そうすると，1840年代の自然性比は1.02と仮定することができる．

GLS）回帰分析の推計結果である．サンプルは，性別と出生年の組み合わせである．(1)列，(2)列，(3)列はそれぞれ 1846 年，1906 年，1966 年の丙午エピソードの結果を示している．データと観測年は図 7-3 と同じである．1 行目の $FireHorse_c$ の係数は，男性のコーホートサイズの対数に対する丙午年の影響を示している．2 行目の交互作用効果 $Female_g * FireHorse_c$ の係数は，女性のコーホートサイズに対する丙午年の追加的影響を示している．3 行目と 4 行目は，それぞれ $FireHorse_{c-1}$ と $FireHorse_{c+1}$ の係数を示している．5 行目と 6 行目には，第 5 節で説明したように，生年月日を意図的に偽って申告することの影響が示されている．各回帰は，女性ダミー，年ダミー（丙午年の前後 2 年を除く），定数項を含んでいる．推計においては，男女間の同期間内相関と性別固有の AR(1) 項を仮定し，Prais-Winsten パネル回帰分析を用いて推定した[18]．

　表 7-2 の結果は，図 7-3 に示した記述的知見を裏付けるものである．1 行目の係数が示すように，3 回の丙午エピソードすべてにおいて丙午年のコーホートサイズが大きく減少している．しかし，1846 年と 1906 年の両エピソードでは，この減少は統計的に有意ではなく，1906 年の 0.06 対数ポイントの減少の多くは，日露戦争に起因している可能性がある[19]．1966 年には，－0.26 対数ポイントという大きくかつ統計的に有意な丙午年における性別盲目的反応が観察された．1846 年では，2 行目の交互作用項の負の係数が統計的に有意であることからわかるように，丙午年の影響は男性よりも女性の方が大きかった．他の 2 つのエピソードでは，交互作用項の係数はほぼゼロであり，丙午年における比例的な低下は女性と男性でほぼ同じであったことを示している．1846 年のエピソードでは，丙午前年のコーホートがやや小さく，丙午翌年のコーホートがやや大きい．しかし，これらの効果はいずれも小さい．1906 年のエピソ

18）　推定値の精度は誤差項の共分散構造の仮定によって異なる．しかしながら，年ダミーの除外，性別固有のトレンドのコントロール，男女で独立した誤差の仮定，AR(1) 項の除外によってはほとんど影響を受けず，定性的に結果は保たれている．

19）　性別盲目的回避率を 1905 年から 1906 年への減少分として測定すると，0.02 とかなり小さい効果が見られる．しかし，1905 年と 1906 年の差を測定することは，丙午年の影響を過少に見積もる可能性がある．第 2 節で論じたように，日露戦争の結婚への影響は 1906 年まで続いたように見受けられる．それにもかかわらず，すでに結婚していた兵士が戻ってきたことで，1906 年の出生率が通常の水準よりも上昇した可能性がある．

6. 実証分析結果

表 7-2　3 回の丙午エピソードにおける性別選択的子ども回避，性別盲目的子ども回避，及び女児の年齢の虚偽申告：1840-1849 年，1900-1909 年，及び 1960-1969 年

説明変数	被説明変数は出生年及び性別ごとの人口の対数値		
	(1)	(2)	(3)
	1846 年	1906 年	1966 年
1. $FireHorse_c$	−0.048	−0.059	−0.260
	(0.037)	(0.040)	(0.024)**
2. $Female_g*FireHorse_c$	−0.031	0.003	−0.008
	(0.012)**	(0.067)	(0.005)
3. Substitution to Earlier Year	−0.018	−0.048	0.014
	(0.038)	(0.045)	(0.024)
4. Substitution to Later Year	0.019	0.075	0.073
	(0.038)	(0.042)*	(0.024)**
5. Relabeling to Earlier Year	−0.025	−0.007	−0.006
	(0.007)**	(0.033)	(0.003)**
6. Relabeling to Later Year	−0.045	−0.068	−0.006
	(0.005)**	(0.027)**	(0.002)**
決定係数	1.00	1.00	1.00
サンプル数	20	20	20
10 コーホートの総人口	4.8 million	8.0 million	15.4 million

注：各列は，異なる回帰分析からの結果を示す．サンプルは性別，出生年の組み合わせである．"Substitution to Earlier Year" の行は $FireHorse_{c-1}$ の係数，"Substitution to Later Year" の行は $FireHorse_{c+1}$ の係数である．"Relabeling to Earlier Year" は $Female_g*FireHorse_c$ から $Female_g*FireHorse_{c-1}$ を引いたもの，"Relabeling to Later Year" は $Female_g*FireHorse_c$ から $Female_g*FireHorse_{c+1}$ を引いたものとして定義される．3 つの回帰分析はすべて，女性ダミー，年ダミー（丙午年の前後 2 年を除く），定数項を含む．回帰分析では，男女間の期間内相関と男女別の AR(1) 項を補正している．詳細は本文を参照．

ードの 1 年前のコーホートは不釣り合いに小さく，エピソードの 1 年後のコーホートは不釣り合いに大きい．これらの影響はいずれも大きく，おそらく日露戦争に起因するものであろう．1966 年のエピソードの前年には，わずかな正の代替効果が観察される．また，1966 年の翌年のコーホートでは，0.073 対数ポイントという大きくかつ統計的に有意な増加が観察される．また，3 回のエピソードすべてにおいて，女子の誕生日の偽った申告が統計的に有意であることがわかる．

6.2. 性別選択出生行動の地域間格差

次に，図7-7 は，丙午コーホートの性比が地域によってどのように異なるかを示している．1846 年と 1966 年のエピソードについては都道府県別に，1906 年のエピソードについては地域別に(11)式を推定することによって，これらの性比を丙午年生まれの女子の生年の偽った申告に関して調整する．そして，丙午出生コーホートの回帰調整済み性比は $\exp(-\hat{\pi}_2-\hat{\pi}_5)$ と推定され，$\exp(-\hat{\pi}_5)$ は近隣コーホートの推定性比である．濃淡のスケールと観測年は図7-2 と同じである．

図7-7 の3つのパネルのそれぞれにおいて，丙午年の性比の推定値は，図7-2 に示した前年の性比よりも大きく変動している．このばらつきの増加は，回帰分析による補正に基づく推定誤差や，より少ないコーホート数（図7-2 では 3〜4 個の先行コーホート，図7-7 では丙午コーホートのみ）で比率が計算されたことに一因がある．しかし，ばらつきの増加の一部は，性別選択的子ども回避出生行動の地域差に起因していることがうかがえる．

1846 年のエピソードでは，丙午コーホートの性比は，図7-2 に示した先行コーホートの性比よりも全般的に高くなっている．この増加は日本の中央部と南西部でより多く生じた傾向が見て取れ，すでに性比が高かった北部の地域ではあまり見られなかった．このことは，性別選択的な出生行動を行うか否かの行動変容がある夫婦は，すでに性別選択的な子ども回避出生行動を行っている夫婦ではない可能性を示唆している．また，1891 年の1人当たり工業生産高が低かった県ほど，丙午コーホートの性比増加幅が大きかった．1906 年のエピソードでは，図7-2 に示した前のコーホートと比較して，ほぼ全国的に性比がわずかに低下していることが観察される[20]．1966 年のエピソードでは，平均的な性比にはほとんど変化が見られず，性比の差は1人当たり GDP や人口密度とは系統だって相関していない．この結果は，1966 年には性別選択的な子ども回避出生行動がほとんど起こらなかったという知見と一致している．

---

20) この減少の理由ははっきりしないが，日露戦争による経済的ストレスの増大と，1905 年には裕福な父親や体力のある父親が不在だったということの影響が考えられる．

6. 実証分析結果　　　185

図 7-7　丙午コーホートの男女比（都道府県別）

パネル A：1846 コーホート (1886 年における男女比)　　パネル B：1906 コーホート (出生時の男女比)

パネル C：1966 コーホート (1970 年における男女比)

注：図 7-2 及び表 7-2 の注を参照のこと。データは、本文で説明されている回帰分析の結果を用いて調整を用いて、丙午生まれの女子の出生年虚偽申告に関して修正されている。

6.3. 構造パラメーターの推計

表7-3は，われわれの関心のある構造パラメーターの推定値を示している．(1)列は，迷信に対する性別選択的反応と性別盲目的反応の比率である $\dfrac{dI_0/d\delta_0}{dA_0/d\delta_0}$ を示している．(2)列は，丙午年の翌年の性別盲目的反応を丙午年の性別盲目的反応で割ったものと $-p_f$ の積を示している．この比率は $p_f\dfrac{dI_0/d\delta_0}{dA_0/d\delta_0}$ として表すことができ，1906年と1966年については，丙午年生まれの女子と翌年の子どもとの代替性の尺度である $-(1-p_f)\dfrac{dV_{m.1}}{d\delta_0}-p_f\dfrac{dV_{f.1}}{d\delta_0}$ とほぼ等しい．さらに，(3)列は，丙午年に関連した変化を意味する $\tilde{\delta}\left(\dfrac{dM_0/d\delta+dF_0/d\delta}{M_0+F_0}\right)$ である[21]．

表7-3の最初の3行はそれぞれ1846年，1906年，1966年の丙午エピソードに関する注目すべきパラメーターを示している．これらは，表7-2の主な結果を裏付けている．(3)列から，1846年と1906年のエピソードでは，コーホートサイズの比例的な低下（それぞれ0.061と0.056）がそれほどは大きくないことがわかる．その一方，1966年のエピソードでのコーホートサイズの低下は0.232とかなり大きい．

性別選択的反応と性別盲目的反応の比率の標準誤差は大きく，性別選択的反応がないという帰無仮説を棄却できるケースはない．この比率は1846年のエピソードでは0.270であり，コーホートサイズの減少の27%が嬰児殺しもしくはネグレクトに起因していることを示している．したがって，性別選択的方法が最も重要であったと予想される1846年でさえ，性別選択的子ども回避出生行動の規模は自明ではないものの，全体の減少の半分をはるかに下回る規模のみ説明できる程度ということが見て取れる．1906年と1966年のエピソードにおける性別選択的方法の相対的重要性は小さく，かつ1906年については統

---

21) これは $\dfrac{\exp(\pi_0+\pi_1)+\exp(\pi_0+\pi_1+\pi_2+\pi_5)}{\exp(\pi_0)-\exp(\pi_0+\pi_5)}$ として算出できる．

表7-3　関心のある構造パラメーターの推定値

	(1) 性別選択的回避行動と性別盲目的回避行動の比 $\left(\text{i.e.,}\ \dfrac{dI_0/d\delta_0}{dA_0/d\delta_0}\right)$	(2) 後年のコーホートへの代替性の程度 $\left(\text{i.e.,}\ p_f\dfrac{dA_1/d\delta_0}{dA_0/d\delta_0}\right)$	(3) 丙午年におけるコーホート人数の減少の割合
1. 1846年	0.270 (0.251)	−0.205 (0.475)	0.061 (0.036)*
2. 1906年	−0.025 (0.554)	−0.679 (0.649)	0.056 (0.052)
3. 1966年	0.012 (0.009)	−0.162 (0.061)**	0.232 (0.018)**
1846年エピソード：1891年の1人当たり工業生産高ごと			
4. 低位，1846年 （平均＝¥3.5）	0.260 (0.252)	−0.220 (0.361)	0.075 (0.038)**
5. 中位，1846年 （平均＝¥5.2）	0.230 (0.183)	−0.102 (0.344)	0.067 (0.034)**
6. 高位，1846年 （平均＝¥12.5）	0.114 (0.097)	0.208 (0.244)	0.083 (0.034)**
1966年エピソード：1人当たりGDP			
7. 低位，1966年 （平均＝¥215,000）	0.018 (0.029)	−0.082 (0.037)**	0.207 (0.012)**
8. 中位，1966年 （平均＝¥285,000）	0.001 (0.013)	−0.174 (0.046)**	0.240 (0.014)**
9. 高位，1966年 （平均＝¥432,000）	0.016 (0.018)	−0.178 (0.103)*	0.234 (0.030)**

注：1行目から3行目の推定値は表7-2の回帰分析結果を用いて計算．4行目から9行目の推定値は，それぞれのサブサンプルデータに対する回帰分析の結果を用いて得られた．パラメーターは本文で定義されている．標準誤差はデルタ法で計算．詳細は本文を参照．

計的には非常に精度が低くしか推計できていない．

　(2)列は，丙午年生まれの女子と隣接のコーホートの子どもとの間の代替の程度を示している．しかし，1846年と1906年のエピソードでは，その比率は非常に精度が低く推定されている．1906年エピソードにおける非常に高い代替率は，日露戦争によるものである．代替効果は1846年と1966年のエピソード

では小さく，丙午年生まれの女子の価値が1単位下がるごとに，その後のコーホートの子どもの価値がそれぞれ0.205と0.162増加する.

表7-3の第4，5，6行は，1846年エピソードについて，都道府県レベルの経済活動によって変化する注目すべきパラメーターを示している．これらの行では，1846年エピソードのデータを，1891年の1人当たり工業生産高が低位，中位，高位レベルの都道府県に分けている．丙午年に関連したコーホートサイズの割合的変化は，3つのグループ間で類似しており，0.067から0.083の範囲であった．不正確な推定ではあるが，(1)列に示されているように，性別選択的方法の相対的重要性は，都道府県の経済発展水準が高いほど減少するようにうかがえる.

表7-3の最後の3行では，1966年エピソードのデータを1人当たりGDPが低位，中位，高位レベルの都道府県に分けている．(1)列が示すように，最も貧しい都道府県でさえ，性別選択的子ども回避の方法は，性別を問わない方法に比べて非常にまれであった．(3)列が示すように，総合的な反応の大きさは，最貧困県では中・高所得県よりもやや小さい．また，(2)列の出生コーホート間の子どもの代替性も，低所得県ほど小さくなっており，出生年次間の代替率が，性別を問わない子どもの回避率と共動していることが示唆される．このような動きは，貧しい地域ほど避妊や中絶へのアクセスが限られていたために現れたのかもしれないし，あるいは所得効果に関連した子どもの「質と量」に関するトレードオフの結果かもしれない.

一般的に，分析の結果は，夫婦が迷信に対して，その時代や地域で一般的であった子ども回避戦略を用いて対応したことを示唆している．性別選択的な子ども回避戦略が一般的であった地域や時代では，迷信に対してもそれが用いられた．同様に，夫婦が一般的に性別盲目的子ども回避戦略を用いていた地域や時代では，迷信に対してもその戦略を用いる傾向があった．また，1966年には，避妊や中絶のような低コストの方法が利用できるようになったためか，それ以前の時代よりも性別盲目的子ども回避戦略の反応がかなり大きくなっている.

7. 結論

7.1. 本章の結論

　本章では，女子に対する価値観が短期的に変化した場合に夫婦がどのように反応するのか，またその反応が経済的・社会的発展のさまざまな側面とどのように相互作用するのかを分析した．その目的のために，丙午年に生まれた女子は好ましくないといわれている日本における迷信を自然実験的に援用した．迷信には周期性があるため，1840年代，1900年代，1960年代という，日本の発展におけるまったく異なる3つの段階でその影響を測定することができた．

　日本が農耕中心で嬰児殺しが一般的であった1846年では，ショックに対する反応の27%が低所得地域で性別選択的なものであり，高所得地域では11%が性別選択的な手段によるものであった．1906年には，急速な工業化と西洋文化の流入の結果，性別選択的嬰児殺しは，一般的な実践においても，迷信への反応としても，事実上消滅していた．この時期の迷信への対応のほとんどは，結婚を延期することであった．1966年までには，避妊と中絶が広く利用できるようになり，丙午年生まれの女子を避ける方法の主流となった．

　また，性別盲目的子ども回避戦略が用いられていた地域では，出生年による代替がより一般的であった．1966年の低所得県では，丙午年にコーホートサイズが21%低下し，1966年の女子の価値が1単位（例えば円）低下するごとに，1967年に生まれた子どもの価値が0.08単位上昇した．1966年の高所得県では，丙午年にコーホートサイズが23%低下し，1966年の女子の価値が1単位低下するごとに，1967年に生まれた子どもの価値が0.18単位上昇した．

7.2. 2026年の丙午年にまつわる出生行動への示唆

　丙午の年が60年周期であるため，本章では2026年にはどのような出生行動がとられるであろうかという点に関しての分析はできない．ここでは，過去の3回の丙午エピソードの流れ，社会背景の変化，出生行動の際に用いることのできる手段の変化を鑑みて，2026年及びその周辺コーホートでどのような動きが考えられるかの推論を示すにとどめる．

今日の日本は法治国家の体をなしていると考えられるため，法に触れるような行為に対しては法律に基づいた罰則が厳密に定められている．またほとんどの出産が病院で行われることを踏まえると，1846 年の丙午年に多く見られたような嬰児殺しの可能性はほぼ無視できると思われる．

また，病院で出産の場合，出生届を役所に提出するためには出産に立ち会った医師等からの出生証明書を入手する必要がある．法制度が整っている今日，丙午年生まれという証明を避けるために親が出産に立ち会った医師に依頼して（もしくは心づけなどを付して）出生証明証上の生年月日を修正してもらうという行為も考えづらい．病院での出産の場合，医師のみではなく看護師なども居合わせているのが通常であり，生年月日の偽申告は困難であろう．

となると，1966 年に見られたように避妊や中絶によって丙午年の出産を回避する行為が再度生じる可能性は考えられるる．ただし，一点 1966 年と 2026 年で異なるのは，1966 年当時は一般的ではなかった超音波検診による出生前性別診断が可能になった点である．実際中国では，一人っ子政策の影響があったという背景もあるが，1980 年初頭から普及した超音波検診によって，大きな男女比の歪みがもたらされた（Chen et al., 2013）．よって，超音波検診によって丙午年に生まれてくる子どもの性別が女性であるということが判明した親は，中絶という選択肢を選ぶ可能性は考えられうる．結果丙午年生まれの出生児の男女比が歪むことは考えられうる．

しかしながら，最も肝心なことは，今日の親世代が丙午の迷信を知っているか否か，知っていたとしてもその迷信そのものを信じているかに依拠すると考えられる．情報社会が発達した今日，過去の丙午エピソードの情報を集めることは極めて容易であるが，社会環境がより成熟しており，迷信そのものを信じないという親がほとんどではなかろうか．また，補論で見るように，1966 年生まれの丙午年生まれの女子がその後不幸な人生をたどったという明確な証拠は必ずしも得られていない．このような情報が広く知れ渡ることになれば，丙午年生まれの女子回避という行動は軽微にとどまると考えられる．

また，丙午年の出生減少が軽微にとどまることは，日本の人口動態を鑑みても重要である．図 7-8 にあるように日本の出生数は減少の一途をたどっている．前回の丙午年（1996 年）の出生数は約 136 万人であったが，2022 年には

図 7-8 日本の近年の出生数

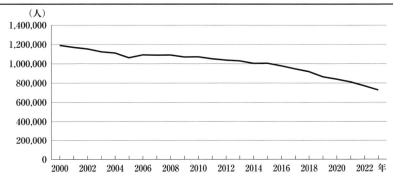

出典：人口動態統計月報年計．

77万人にまで減少している．また，厚生労働省によれば2023年の合計特殊出生率は1.20まで低下しており[22]，前回の丙午エピソード年（1966年）のそれ（1.58）[23]と比較しても大きく低下している[24]．急速な少子化が進んでいる最中で丙午年を経験する日本の出生行動は，社会経済的側面からも，迷信がどのような作用を及ぼすかという観点からも，注視に値する．

---

22) https://www.mhlw.go.jp/toukei/saikin/hw/jinkou/geppo/nengai23/dl/gaikyouR5.pdf
23) https://www.mhlw.go.jp/stf/wp/hakusyo/kousei/19/backdata/01-01-01-07.html
24) 1966年の丙午年前後の年の合計特殊出生率は2.14（1965年），2.23（1967年）と2を上回っている．

補論 丙午年に生まれた女性は本当に不運なのか？
── 1966 年の丙午年生まれの女性の社会・経済的環境に関する分析

1. はじめに

　第 7 章では，日本における丙午の迷信に対応した出生数の歴史的な変化を用いて，親の子どもへの性別嗜好の短期的な変化が，性別盲目的・性別選択的な子どもの回避戦略や出生年をまたいだ子どもの代替に及ぼす影響を，都道府県間及び 3 つの異なる丙午エピソード（1846 年，1906 年，1966 年）を用いて検証した．結果，親は丙午年に時代背景に応じた形で出生行動を変化させていることがわかった．であれば，丙午の迷信は，丙午年生まれ女性のその後の人生に影響を与えるのだろうかという自然な疑問も当然ながら湧くであろう．とりわけ，本研究の文脈では，丙午年に生まれた女性の人生が，それ以外の年に生まれた女性に比べて異なるのかどうかが関心の的となる．残念ながらこの疑問に答えを出しうるようなデータは 1846 年，1906 年に関しては筆者の知る限り存在しない．よって，本補論では，最も最近（1966 年）の丙午年生まれの女性に関するさまざまな社会・経済変数を検証し，日本で女性が丙午年に生まれるのは本当に不運なのかを検証することを試みる．

　丙午年に生まれることにより，それら女性の人生は本当に影響を受けているのだろうか？　意外なことに，この問いに答えようと試みた文献はほとんどない[1]．これは，この問いに答えるためにはより細分化されたデータが必要であることにも起因すると考えられる．

　迷信が丙午年生まれの女性に負の影響を与えるため，これらの女性は，学歴，結婚，家計内の決め事など，人生のさまざまな分野で困難を抱えていると想定されるかもしれない．しかし，丙午年生まれの女性は，コーホート人口が少な

いため，高学歴を得やすく，結婚市場での交渉力が高いというメリットがある可能性も考えられうる．前者は迷信効果であり，後者はコーホート効果であると考えることができる．この2つの効果は正反対の方向に働く可能性があるため，先験的にどちらの効果が強く働いているのか述べることは不可能である．結局のところ，これらは実証的な問題なのである．本補論は，個人レベルのミクロデータを用いて，直近の丙午年（1966年）に生まれた女性への影響を調べる試みである．家計経済研究所が収集した1993年から2000年の消費生活に関するパネル調査（Japanese Panel Survey of Consumers: JPSC）を用いて，この問いに答える．ただし，直近の丙午年（1966年）生まれの女性に関しての影響しか調べることができない．したがって，社会時代背景が異なる1906年や1846年など，それ以前の丙午年に生まれた女性への影響に一般化することはできない．

　また，本書は開発経済学のものでもあるにもかかわらず，1966年生まれ女性への影響を調べた本補論を含めることに違和感を覚える読者がいるかもしれない．しかしながら，本補論で見ていくように，丙午年に対する親世代の反応と本人世代の反応は大きく変化しているであろうことが見て取れる．それは時代背景や慣習の変化によるところが大きいことが示唆される．このようなダイナムズムが社会・経済的な変数に影響を与えうるのであれば，それは開発経済学に対しても示唆を与えるものとして本書に含めるべきというのが筆者の判断である．

　本補論において丙午年に生まれた女性への影響を調べるにあたり，2つの実証的識別戦略を採用した．第1の識別戦略は，比較群として丙午年の周辺コーホートの女性の情報を用いることである．第2の識別戦略は，比較群として丙午年生まれの男性を調べるものである．なぜなら，迷信は丙午年生まれの女性には当てはまるが，丙午年生まれの男性には当てはまらないからである．した

---

1)　例外はShimizutani and Yamada（2014）である．Shimizutani and Yamada（2014）は2010年の国民生活基礎調査を用いて，学歴や離婚率，所得水準に関して，わずかではあるが丙午年生まれの女性がその前後2年間に生まれた女性に比して劣っていることを見出している．また，Akabayashi（2006）は，国勢調査，人口動態統計，学校基本調査などさまざまな資料の集計情報を用いて，教育達成度，労働参加率，結婚確率を調査し，丙午年生まれの女性に対する差別がごくわずかであることを明らかにした．

がって，同じ年に生まれたにもかかわらず，これらのグループは人生の結果が異なる可能性がある．したがって，丙午年生まれの男性に関する情報と丙午年の周辺のコーホートの男性に関する情報を用いて，差の差分析を行う．

推計結果からは，結婚市場や結婚後の世帯内資源配分において丙午年の女性が不利であるという証拠は見つからなかった．丙午コーホートの女性の婚姻率は，1993年と2000年のいずれにおいても，周辺のコーホートの女性とほぼ同等である．さらに，丙午年の女性の夫の教育水準と年齢は，周囲のコーホートの女性の夫のそれらと非常に似通っている．丙午コーホートの女性は，高等教育に関してその小さいコーホートサイズから若干の恩恵を受けているように見えるが，統計的検定では，丙午コーホートと周囲のコーホートの間の教育レベルの平均が等しく，分布も同様であるという仮説を否定できない．

もし丙午年に生まれたことが女性に不利に働くとすれば，家内交渉に関する変数に関しても不利な結果をもたらすはずだという仮説が成り立つ．特に，コーホートサイズの効果は，結婚後はあまり重要ではなくなるが，（結婚前の）家庭内資源の配分や将来の離婚に対する交渉力へのコミットメントとして働く可能性があるからである．しかし，丙午の迷信による家計内資源（支出＋貯蓄，時間配分）の歪みは見られなかった．差の差分析でも定性的に同様な結果が得られた．

分析結果を提示した後に，なぜ女性が丙午年に生まれたことがさまざまな社会・経済変数に不利に働かないのかの一つの理由も提示することを試みる．

本補論の構成は以下のとおりである．次節では，1966年という丙午年の人口統計学的概要，丙午年の女性に関する既存研究の紹介，及び概念的枠組みを提供する．第3節では使用するデータについて説明する．第4節では，女性サンプルを用いた分析を，第5節では差の差の分析を用いた分析を提示する．第6節では得られた結果の解釈について議論し，第7節で結論を述べる．

2. 1996年の丙午年，概念的枠組み，関連文献

前章冒頭で述べたように，火と馬（ひのえうま）の組み合わせは60年に一度の干支であり，日本では女性にとって非常に好ましくないものとされてきた．

図補-1 1970年国勢調査に基づく1957年から1970年生まれの男女別コーホートサイズ

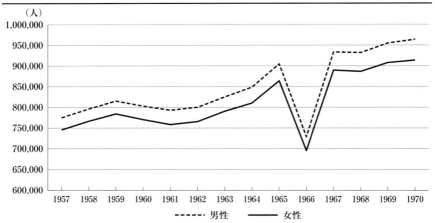

データソース：総務省統計局．

丙午年生まれの男性に関してはそのような迷信・スティグマは当てはまらない．

1966年の丙午年には近代的な避妊具がすでに導入されていた時代であり，1966年コーホートの出生数は約20％減少したが，そのほぼすべてが避妊具の使用と中絶によるものであったことも前章でわかったことである．その証拠として，図補-1は性別および出生コーホート別の出生数を示している（1960-1969年）．最も注目すべきは1966年の丙午年では，過去2回の丙午年（1846年，1906年）と比較して，男女ともに出生率が明らかに著しく低下していることである．これは，避妊と中絶といった性別盲目的な出生回避行動が迷信に対する一般的な反応であったことを示唆している．この知見は，両親の出産に関する決定が，丙午年とその周辺の年との間で代替を引き起こす可能性があることを示唆している．しかし，丙午コーホート内（すなわち，丙午年の女性と丙午年の男性の間）ではセレクションの問題はないと考えられる．というのも，1966年の一般的な対応は性別盲目的な出生回避行動であったからである．これらの点は，のちに正式な実証分析を行う上で重要である．

しかし，興味深いことに，丙午年に生まれた女性の人生に与える影響を調べた研究はほとんどない．丙午の迷信が特定の年の女性の価値を変えるのであれ

2. 1996 年の丙午年, 概念的枠組み, 関連文献   197

ば, その迷信が女性の人生の進路に影響を与えると考えるのは自然である. この効果を迷信効果と呼ぼう. しかし, コーホートサイズが小さいために, これを打ち消す効果がある可能性があり, これをコーホート効果と呼ぼう. その結果, これらの効果が相反する方向に働く可能性があるため, どのような結果となるかは先験的には自明ではない.

例えば, 丙午年の女性はコーホート効果によって高学歴を達成するかもしれないが, 迷信効果によって彼女たちやその親は教育への投資を少なくするかもしれない. 結婚市場においても, この2つの効果は逆方向に働く可能性がある. 迷信効果 (すなわち, 負のスティグマ) は, 丙午年の女性の結婚率と夫の「質」を低下させるかもしれないが, コーホート効果は, 交渉力を高めることによって, これらの女性に利益をもたらすかもしれない. しかし, 1966 年に女性の人口が1年間のみ大幅に減少した場合, 丙午年生まれの女性だけの交渉力が高まるかどうかは不明である (近隣年の女性の交渉力に波及効果がある可能性も考えられるため). さらに問題を複雑にしているのは, 1966 年の丙午年に関する最も注目すべき点は, この年の出生率が男女ともに明らかに大幅に低下していることである. したがって丙午年の女性のコーホートサイズが小さかったことが, 彼女たちの交渉力を本当に高めたのかどうかは不明である.

結婚すると, 家庭内の交渉力が家計内資源の配分にとって重要になる. 結婚してしまえば, コーホート効果はそれほど重要ではなくなると考えられるが, 結婚後の家計内資源配分に対する (結婚前の) コミットメントとして, あるいは将来の離婚のための交渉力として働くかもしれないという理由から, 迷信効果は家計内資源配分にとってより重要であると予想される. 結局のところ, これらは実証的な問題である.

他のアジア諸国でも干支に基づく同様の迷信が存在するが, 正式な実証分析はまだ少ない. 韓国では, 午年生まれの女性に関して, 日本の丙午エピソードよりもマイルドな迷信がある. しかし, この迷信は, 最近のコーホートでは, その規模や男女比に測定可能な影響を及ぼしていない (Kim 1997; Lee 2005; Lee and Paik 2006; Park and Cho 1994). 一方, 午年生まれの女性は結婚している可能性がわずかに低かった (Lee, 2005). 中国では, 辰年に出生率が上昇する. しかし, 1991 年と 1996 年の香港の国勢調査データセットを使用した

Wong and Yung（2005）の研究では，このような迷信が蔓延している証拠を発見していない．文献的には，結果はまだ非常にまちまちである．

3. データ

使用したデータは，公益財団法人家計経済研究所が1993年から2000年にかけて実施した「消費生活に関するパネル調査」である．この調査は，1993年時点で24歳から34歳までの女性を対象にしたものである．この調査は，1993年以降毎年，これらの女性の世帯に関する詳細な情報を収集している．丙午年（1966年）に生まれた女性の年齢は，1993年の調査開始時点で27歳であった．このコーホートとその周辺のコーホートは，このパネル調査の対象年齢に含まれている．本研究では1964年から1968年生まれのコーホートを使用した．「消費生活に関するパネル調査」のサンプリング・デザインは，米国の Panel Study of Income Dynamics（PSID）のような他国の代表的な家計調査とは大きく異なっている．「消費生活に関するパネル調査」は全国の特定の年齢層の女性を対象としているため，女性の収入，支出，貯蓄，就労形態，家族関係などを幅広く調査することが可能である．一方，PSID は世帯をサンプルとし，1世帯1人に定期的にインタビューを行う．したがって，「消費生活に関するパネル調査」は女性のライフスタイルを調査する上で非常に有利であるが，家族全員のダイナミックな変化を調査する上では劣る．

詳しくは後述するが，まずは丙午年の女性コーホートの変数を周辺年の女性コーホートの変数と比較するため，女性のみのデータを用いる．2番目の方法は，差の差分析であり，女性と男性の両方のデータが必要である．「消費生活に関するパネル調査」のサンプリング・スキームは女性を対象としているため，調査対象の女性が同じコーホートの男性と結婚しない限り，同じコーホート（1964年から1968年）の男性に関する情報はない．この意味で，男性の情報を利用する第2の方法は，独身男性のサンプルがないため，限界がある．

表補-1 は，各調査年の各コーホートのサンプル数を示している．丙午年に生まれた女性の数が各年の調査で最も少ないのは，迷信による出生率のショックを反映している．1993年から2000年の間に，初期サンプルの約4分の1の

4. 丙午年生まれの女性は,その周辺の年に生まれた女性と大きく異なるのだろうか？ 199

表補-1 「消費生活に関するパネル調査」内の各コーホート女性のサンプルサイズ

縦：調査年／横：出生年	1964	1965	1966	1967	1968	合計
1993	161	145	115	144	125	690
1994	149	135	110	137	115	646
1995	139	127	100	133	109	608
1996	130	124	98	128	108	588
1997	123	121	96	121	104	565
1998	121	114	91	112	96	534
1999	114	108	88	109	90	509
2000	110	105	85	106	89	495
合計	836	990	783	979	1047	4635
脱落率（%）	31.7	27.6	26.1	26.4	28.8	28.7

出所：「消費生活に関するパネル調査」から筆者が算出.

減少がある．しかし，丙午年の女性（1966 年生まれ）の減少率は，使用したコーホートの中で最も低い．詳細情報の多くは初回調査（1993 年）を用いている．結婚市場に関連する変数は，女性が 1993 年以前にすでに結婚していた場合は 1993 年の調査で入手可能であるが，女性が調査年の間に結婚した場合は翌年以降の調査で入手可能である．これらの変数のすべての情報をプールする．収入などの他の変数については，調査を通じて入手可能なすべてのサンプルをプールする．

表補-1 からは年によってサンプル数が異なることをうかがうことができる．これらは欠損データによるものである．いくつかの変数では，他の変数よりも欠損データが多かった．この問題に対処する一つの方法は，すべての表のサンプルサイズを同じにすることである．しかし，各関連変数についてできるだけ多くのサンプルをカバーするために，サンプルサイズが年度によって異なることを許した．

4. 丙午年生まれの女性は，その周辺の年に生まれた女性と大きく異なるのだろうか？

本節では，丙午年生まれの女性グループとその周辺の年に生まれた女性グループを比較する．議論は女性の出生から始まり，その後，女性のライフパス，

つまり，教育，結婚市場での結果，結婚した場合の家計内資源配分と続く．

4.1. 両親の観測可能な変数の比較

丙午年という事象を一種の自然実験とみなすことは可能である一方，それでもなお，両親の出産行動によって選択バイアスが生じるかどうかを検討する必要がある．もし，丙午年に子どもを生むことを決めた親が，それを回避した親とシステマティックに異なるとすれば，それは丙午年生まれの女性の人生に差をもたらすかもしれない．

表補-2 は，丙午の年に女子を出産した両親と，その周辺年に女子を出産した両親の観測可能な変数の平均値の比較である．変数は，両親の教育年数と女子出生時の年齢，居住地域，女子の兄弟姉妹の出生順，兄弟姉妹の数，両親の所得水準である[2]．女子の出生順位は，姉妹の中での順位のみである．女子出生時の親の所得はデータセットに存在しないため，1993 年時点の親の所得情報のみを使用した[3]．

丙午年の女性の父親の平均学歴は 11.7 年であり，周辺コーホートの女性の父親の平均学歴は 11.4 年である．前者は後者より若干高いが，単純な二標本平均比較検定では，この 2 つの数字に統計的な差はなかった．母親の平均学歴は同じであり，統計的な差は棄却された．

丙午年の女性の親の年齢は，周辺のコーホートの女性の親の年齢よりわずかに低い．この差は父親では統計的に有意ではなく，母親では 10% 水準で有意であるものの，その差（0.6 歳）はごくわずかである．姉妹の中での出生順位と兄弟姉妹の総数に，丙午年の女性グループとその周辺の年生まれの女性グループとの間に有意な差はない．既存研究では，丙午の迷信が親の出産行動に影響を与える度合いに地域差があることが言及されている．例えば Itoh and Bando（1987）では都市部に住む親よりも田舎に住む親の方が丙午の迷信によ

---

2) 両親の裕福度に関しては所得データよりも資産データを使った方が好ましい．両親の資産データは含まれているものの，調査対象の女性の 91% 以上がゼロと答えており，疑わしい．よって資産の代理変数として所得データを使用した．

3) 1993 年の親の所得に関する情報は，所得区間という形でしか入手できない．平均を計算するために，各区間の中央値を用いた．

4. 丙午年生まれの女性は，その周辺の年に生まれた女性と大きく異なるのだろうか？　201

表補-2　親の観測可能な特性の比較

変数名	丙午コーホート	周辺コーホート	t値	コルモゴロフ-スミルノフ検定のP値
父親の教育年数	11.7	11.4	1.12	0.743
	(2.67)	(2.40)		
母親の教育年数	10.9	10.9	0.24	0.848
	(1.67)	(1.90)		
サンプル数	111	568		
出生時の父親の年齢	30.2	30.4	− 0.45	0.96
	(4.31)	(4.35)		
出生時の母親の年齢	27.1	27.7	− 1.44*	0.627
	(3.76)	(4.15)		
サンプル数	111	559		
姉妹の中での出生順	1.24	1.31	− 1.17	0.507
	(0.52)	(0.54)		
兄弟姉妹の数	2.36	2.45	− 1.06	0.883
	(0.76)	(0.89)		
幼少期の居住地（都会であれば 1，そうでなければ 0）	0.58	0.51	1.34*	---
	(0.50)	(0.50)		
サンプル数	115	572		
両親の 1993 年における年間所得（単位：百万円）	5.9	6.01	− 0.26	0.635
	(4.04)	(3.89)		
サンプル数	103	502		

注：丙午コーホート：1966 年生まれの女性.
　　周辺コーホート：1964, 65, 67, 68 年生まれの女性.
　　都会と定義する都府県：埼玉，千葉，東京，神奈川，愛知，京都，大阪，兵庫，福岡．他のすべての都道府県は都会ではないと定義した.
　　（ ）内は標準誤差が示されている.
　　t テストはそれぞれの変数について丙午コーホートと周辺コーホート比較するためのものである.
　　*は 10% 水準で統計的に有意であることを意味する.
　　P 値は分布の等質性に関する二標本コルモゴロフ-スミルノフ検定によるものである.
出所：「消費生活に関するパネル調査」から筆者が算出.

り過敏に反応したと述べられている．そこで，女性の幼少期の居住地によって，サンプルを都市部と農村部に分けた[4] [5]．その結果，都市部で幼少期を過ごし

---

4)　便宜上，埼玉県，千葉県，東京都，神奈川県，愛知県，京都府，大阪府，兵庫県，福岡県を都市部とし，それ以外を農村部とした.
5)　残念ながら，女性の出生地はデータに含まれていない．幼少期の居住地は，女性が小・中学生時代に最も長く住んでいた場所である.

た丙午年の女性の割合は，周辺グループの女性のそれに比べて 7% 多かった．この差は統計的に有意であり，既存文献と一致している．しかし，田舎で女子を出産した親が，迷信の悪影響が弱いと思われる都市部に移住した可能性があるため，この差が強調されすぎている可能性がある．

　家庭を持つかどうかの決定には収入が重要な要素になると考えられるが，女子出産時の親の収入に関するデータは存在しない．よって，代替手段としてとして 1993 年の親の年収を比較した．親の平均年収で見ると，丙午年の女性の親の年収は，その周辺のコーホートの女性の親の年収よりも 10 万円低い．しかし，この平均値の差は統計的に有意ではない．

　まとめると，丙午年の女性グループとその周辺年の女性グループの間で，親の観測可能な変数の平均値に統計的な差を見つけるのは難しい．唯一の差は，母親の年齢におけるごくわずかな差のみである．もう一つの統計的に有意な変数は，幼少期の地理的ダミー変数であるが，この変数の解釈には注意が必要である[6]．

　上述したすべての変数をコントロールするために，単純なプロビット回帰分析を行った[7]．その結果を表補-3 に示す．報告された係数は，説明変数の限界効果である．すべての変数を同時にコントロールすると，地理的ダミー変数の有意性だけが残る．両親が都市部に住んでいる場合，丙午年に女子を出産する確率は，計測誤差の大きい親の所得を回帰に含めるかどうかによって，5% ま

---

6)　幼少期の居住地域と現在の居住地域を比較することは，地方にいた丙午年の女性が都市部に移住する可能性が高いかどうかを調べることができるので興味深い．この調査では，幼少期に最も長く住んでいた都道府県を質問している．しかし，現在の居住地域としては，次のような区分でのみ質問しているだけである．
　　(1) 13 大都市（札幌，仙台，千葉，東京，川崎，横浜，名古屋，京都，大阪，神戸，広島，北九州，福岡）のいずれか，
　　(2) その他の都市部，または
　　(3) 地方
　　この質問は，幼少期の居住地域に関する質問と必ずしも一致しない．したがって直接的な比較はできなかった．
7)　回帰分析には女性のサンプルしか含まれていないものの，有効な分析であるといえる．なぜなら，1966 年時点では超音波検診がまだ導入されていなかったからである．よって，親が事前に赤ちゃんの性別を知る方法がなかったのである．このため，1966 年に生まれた赤ちゃんの性別は一種のランダム性を持つ．加えて 1966 年の丙午エピソードでは，嬰児殺しはごくわずかであった．

4. 丙午年生まれの女性は，その周辺の年に生まれた女性と大きく異なるのだろうか？　203

表補-3　出産の意思決定に関するプロビット回帰分析

被説明変数：
1966 年生まれの女子がいる場合 1，周辺年（1964，1965，1967，1968 年）生まれの女子がいる場合 0

変数名	(1)	(2)
父親の教育年数	0.013	0.015
	(0.009)	(0.010)
母親の教育年数	−0.015	−0.013
	(0.010)	(0.010)
出生時の父親の年齢	0.004	0.005
	(0.053)	(0.056)
出生時の母親の年齢	−0.007	−0.011
	(0.005)	(0.008)
姉妹の中での出生順	−0.051	−0.03
	(0.033)	(0.036)
幼少期の居住地（都会であれば 1，そうでなければ 0）	0.05	0.08
	(0.029)*	(0.035)**
両親の 1993 年における年間所得（単位：百万円）の対数値		−0.022
		(0.024)
疑似決定係数	0.08	0.09
サンプル数	584	517

注：（ ）内はロバスト標準誤差を示す．
　　*10% 水準で有意．**5% 水準で有意．
　　都会と定義する都府県は表補-2 の脚注参照．
　　表中の係数は，説明変数の限界効果である．

たは 8% 増加する．しかし，この推定値には上方バイアスがかかる可能性がある．上述したように，丙午年に女子を生んだ親は都市部に引っ越すインセンティブがあるし，都市部に住む傾向がある．これらによって居住地の影響を過大評価している可能性がある．

4.2. 教育水準の比較

　教育水準は，女性の人生の初期段階において最も重要な変数であるといえるかもしれない．表補-4 は，各群の女性の教育年数の分布と平均を示している．興味深い所見の一つは，丙午コーホートとその周辺コーホートの間で，教育レベルが 14 年と 16 年の女性の割合に差があることである．丙午コーホートでは，14 年教育を受けた女性の割合が周辺コーホートよりも低い．一方，学士号（教育年数 16 年）を取得した女性の割合は，周辺コーホートよりも高い．サン

表補-4　教育年数の比較

教育年数	丙午コーホート	周辺コーホート	t 値	コルモゴロフ-スミルノフ検定の P 値
	サンプル数	サンプル数		
9	2　(1.75)	14　(2.44)		
12	55　(48.25)	259　(45.20)		
14	35　(30.70)	236　(41.19)		
16	21　(18.42)	63　(10.99)		
18 +	1　(0.88)	1　(0.17)		
平均（全サンプル）	13.35	13.20	0.955	0.506
	(1.68)	(1.50)		
平均（教育年数 14 年以上）	14.80	14.43	2.941	0.085
	(1.05)	(0.85)		
サンプル数	114	573		

注：丙午コーホート：1966 年生まれの女性.
　　周辺コーホート：1964, 65, 67, 68 年生まれの女性.
　　％ シェアは各観測値の後の（　）内に示されている.
　　（　）内は標準誤差が示されている.
　　t テストはそれぞれの変数について丙午コーホートと周辺コーホートを比較するためのものである.
　　P 値は分布の等質性に関する二標本コルモゴロフ-スミルノフ検定によるものである.
出所：「消費生活に関するパネル調査」から筆者が算出.

プルを 14 年以上の教育を受けた女性に限定すると，教育年数の平均と分布は，丙午コーホートとその周辺コーホートとの間で統計的に異なっている．二標本平均比較検定の t 値は 2.941 であり，二標本コルモゴロフ-スミルノフ検定の P 値は 0.085 である．前者は 1% 水準で統計的に有意であり，後者は 10% 水準で有意である．このことは，1966 年の出生率の急激な低下により，4 年制大学入試の競争率が低下し，その結果，丙午年の女性が短大（2 年制）卒よりも学士号を最高学歴として取得するようになったことを示唆している．しかしながらサンプルサイズが小さいことに注意が必要である．実際，Akabayashi (2006) は，マクロレベルのデータを用いて，われわれと同様の，しかしはるかに小さい（あるいは無視できる）影響を見いだした．同時に，Akabayashi (2006) は，学歴が 16 年である男性の割合について，丙午コーホートの男性とその周辺コーホートの男性の間に有意な差がないことを示している[8]．また，ここで用いているデータでは，全サンプルに対する単純な二標本平均比較検定と二標本コルモゴロフ-スミルノフ検定では，2 つの女性グループ間の教育水

準の平均と分布が等しいという仮説を棄却することはできない.

　まとめると，丙午コーホートとその周辺コーホートとの間で，4年制大学及び2年制大学卒の割合に差があることがわかったが，統計的検定では分布の類似性を完全に否定することはできない. 有意差が認められなかった理由はいくつか考えられる. 第1に，コーホート効果と迷信効果が相殺しあっている可能性がある. 第2に，コーホート効果と迷信効果の両方が無視できるほど小さい可能性がある. 例えば，大学は入学者数を減らすことで，コーホートサイズの変化に適応していた可能性がある. したがって，迷信効果が小さければ，コーホート効果も迷信効果も有意ではない. 最後に，女性の高等教育取得に関するデータをどのように解釈するかに関連している可能性がある. 例えば，結婚市場において男性が自分より学歴の低い女性を好むのであれば，たとえ女性に高学歴を求める機会があったとしても，丙午年の女性が2年制大学を選択することは合理的な戦略となりうる.

4.3. 結婚市場での違い

　ここでは，結婚市場における変数を検証する. 表補-5 はその結果をまとめたものである.

　婚姻率は1993年と2000年（利用可能なパネルデータの開始年と終了年）について算出した. 1993年，2000年ともに，丙午年の女性グループとその周辺年の女性グループの婚姻率は非常によく似ている. 両グループとも1993年の婚姻率は約57%，2000年の婚姻率は約78%である. 婚姻率だけから判断すると，結婚市場において丙午年の女性に対する差別は見られない[9].

　次に，女性たちが結婚した男性にシステマティックな違いがあるかどうかを調べた. 具体的には2000年の夫の学歴，年齢，所得を取り上げた. 一つの仮説は，迷信のために，丙午年の女性は結婚市場で良い相手を見つけることが難

8）　本補論の場合，調査対象の女性がこれらのコーホートの男性と結婚しない限り，1964年から1968年のコーホートの男性に関する情報がないため，男性についてこのような統計を作成することはできない.

9）　1993年から2000年までの婚姻率の変化も調べたが，丙午年の女性の婚姻率の変化が，その周辺コーホート女性の婚姻率と異なることを示す証拠はなかった.

表補-5 結婚市場に関する変数

変数名	丙午コーホート	周辺コーホート	t値	コルモゴロフ-スミルノフ検定のP値
1993年時点の婚姻率 (%)	57.4	57.6	-0.03	---
2000年時点の婚姻率 (%)	78.2	78.8	-0.12	---
夫の教育年数	13.7	13.6	0.58	0.977
	(2.23)	(2.18)		
2000年時点の夫の年齢	36.7	36.7	0.03	0.305
	(3.34)	(4.19)		
サンプル数	88	437		
2000年の夫の所得	628.7	629.4	-0.02	0.812
(年収、単位:万円)	(229.4)	(284.9)		
サンプル数	62	303		

夫婦の年齢差

妻の出生年	年齢差(平均)	年齢差(中央値)	標準誤差	サンプル数	t値	コルモゴロフ-スミルノフ検定のP値
1964	2.82	2	(3.76)	100	0.23	0.98
1965	2.70	2	(3.96)	115	0.00	0.43
1966	2.70	2	(3.34)	88	---	---
1967	3.00	2	(4.12)	109	0.55	0.56
1968	2.42	2	(3.58)	113	0.56	0.74

注:丙午コーホート:1966年生まれの女性.
周辺コーホート:1964, 65, 67, 68年生まれの女性.
( )内は標準誤差が示されている.
各変数に関して丙午コーホートと周辺コーホート間で二標本平均比較検定と分布の等質性に関する二標本コルモゴロフ-スミルノフ検定を行った.年齢差については、丙午コーホートと周辺コーホートの各出生年を比較する t検定とコルモゴロフ-スミルノフ検定を行った.
出所:「消費生活に関するパネル調査」から筆者が算出.

しく，低学歴や低所得の男性と結婚せざるをえないというものである．これらの女性が，周辺コーホートの女性よりもずっと若い男性と結婚するのか，あるいは年上の男性と結婚するのかは，先験的には確かではない．調べた結果，2000年の教育年数，所得，夫の年齢は，2つのグループの間で非常に似通っていた（あるいはほとんど同じであった）．これらの結果は，夫の学歴と所得に関する上述の2つの仮説を否定するものである．

　最後に，表補-5の下半分に，2000年のデータを用いて，妻の出生年別の夫と妻の年齢差を示す．理論的には，コーホートサイズ効果が典型的な夫婦の年齢差を変化させるという文献がある[10]．しかし，丙午年のケースは，男女ともわずか1年のみコーホートサイズが大幅に低下したため，文献の理論が想定しているよりもはるかに複雑である．年齢差の平均値と中央値を示した．単純二標本平均比較検定と二標本コルモゴロフ-スミルノフ検定を行って，丙午コーホートとその周辺コーホートの各出生年を比較した．これらの結果から判断すると妻が丙午年の女性である夫婦の年齢差は，1966年の周辺コーホートである夫婦の年齢差と比較して，差がないことがわかった．また平均年齢差は女性の出生年によって非常に似通っており，年齢差の中央値はすべての出生年において2歳であった．2つの検定（t検定とコルモゴロフ-スミルノフ検定）の結果は，丙午コーホートとその周辺コーホートの出生年の間の有意差を棄却した．

　まとめると，データからは結婚市場における丙午年の女性に対する明確な差別を見いだすことはできなかった．これは，迷信の影響が結婚市場には及んでいないようであるため，想定外ともいえなくはない．これは女性の数が相対的に少ないため，結婚市場では丙午年の女性の交渉力が強く，迷信の悪影響が緩和されたのかもしれない．しかし，1966年に女性の人口が1年間のみ大幅に減少した場合に，丙午年の女性だけの交渉力が高まるかどうかは明らかではなく，周辺コーホートの女性の交渉力も高まる可能性がある．同時に1966年の丙午年に関して最も注目すべき点は，男女ともに出生率が明らかに大きく低下していることである．したがって，丙午年の女性のコーホートサイズが小さか

---

10)　例えば，Anderson（2007）を参照．

ったことが，彼女たちの交渉力を高めたかどうかは明らかではない．

4.4. 家計内の資源配分

　結婚すれば，家庭内での交渉力は家計内の資源配分にとって重要である．もし丙午年に生まれたことが女性に不利に働くのであれば，家庭内交渉の結果に関する変数に不利な影響をもたらすはずである．ここではそのような影響があるかを検証する．考慮する変数は，妻と夫の支出＋貯蓄と時間配分である．支出と貯蓄に関しては毎年9月の情報に関して質問されている．具体的な質問は，"9月に妻／夫／子どものためにいくら支出／貯蓄しましたか？"である．時間配分については，典型的な平日と週末における妻と夫の時間配分を尋ねる質問である．表補-6はこれらの変数をまとめたものである．すべての調査（1993-2000年）で利用可能なすべてのサンプルをプールし，各平均を算出している．金額に関する変数は2000年の消費者物価指数を用いて実質ベースに変換している．

　もし丙午年の女性が，周辺のコーホートグループの女性よりも家計の交渉力が弱ければ，彼女は家計が消費したり貯蓄したりできる金額のうち，より少ない金額を受け取ることになるかもしれない．あるいは，丙午年の女性と結婚した男性は，周辺のコーホートグループの女性と結婚した男性よりも家計交渉力が高いかもしれない．その結果，丙午年の女性の夫の消費と貯蓄はより大きくなるであろう．

　しかし，表補-6は，これらの仮説が当てはまらないことを示している．丙午年生まれの妻の平均支出と貯蓄は，周辺コーホートの妻のそれとほぼ同等である．丙午年生まれの妻の夫の支出も貯蓄（4万2,530円）は，周辺コーホートの妻の夫の支出も貯蓄（4万2,270円）よりもやや多いが，その差はごくわずかである．夫婦の支出＋貯蓄の合計に対する妻の支出＋貯蓄の比率を計算し，各夫婦の交渉力も比較した．丙午年生まれの妻の支出＋貯蓄の比率の平均は，周辺コーホートの妻よりもわずかに低く，丙午年生まれの妻が他の妻よりも割合で見て少ない額を得ている可能性を示唆している．しかし，その差に統計的有意性は見られない．

　家計内資源配分に関しての他の重要な変数は，時間に関してのものである．

4. 丙午年生まれの女性は，その周辺の年に生まれた女性と大きく異なるのだろうか？　209

表補-6　家計内資源配分に関する変数

変数名	丙午コーホート	周辺コーホート	t 値
妻の支出及び貯蓄（単位：千円）	20.78	20.65	0.09
	(24.52)	(28.74)	
夫の支出及び貯蓄（単位：千円）	42.53	42.27	0.15
	(43.66)	(32.96)	
夫婦の総支出及び総貯蓄に対する妻の支出及び	0.32	0.3	0.95
貯蓄の割合	(0.010)	(0.00)	
時間配分			
妻の家事時間：平日（単位：時間）	8.1	7.9	0.99
	(4.35)	(4.36)	
夫の家事時間：平日（単位：時間）	0.71	0.69	0.31
	(1.11)	(1.12)	
妻の家事時間：週末（単位：時間）	8.3	8.15	0.79
	(3.85)	(4.00)	
夫の家事時間：週末（単位：時間）	3.03	2.88	0.98
	(3.20)	(3.03)	
サンプル数	527	2,631	

注：丙午コーホート：1966 年生まれの女性.
　　周辺コーホート：1964, 65, 67, 68 年生まれの女性.
　　（ ）内は標準誤差が示されている.
　　t テストはそれぞれの変数について丙午コーホートと周辺コーホート比較するためのものである.
出所：「消費生活に関するパネル調査」から筆者が算出.

丙午年生まれの妻は，周辺コーホートの妻よりも家事・育児に多くの時間を費やさなければならないかもしれない．逆に，丙午年生まれの妻を持つ夫は，周辺コーホートの女性を持つ夫よりも家事・育児に費やす時間を短くできるかもしれない．表補-6 は，妻と夫の家事・育児に費やす時間をそれぞれのグループごとに示したものである．平日の家事・育児に費やす時間は，丙午年生まれの妻は周辺コーホートの妻より平均12 分長い．しかし，その差は統計的に有意ではない．家事・育児の時間配分については，妻と夫で有意な差は見られなかった．この結果は，丙午の迷信に関する交渉力が時間配分に影響を及ぼさなかったことを示唆している．

　ここまでは，対象となる変数の単純な平均比較のみを行ってきた．しかし，すべての利用可能なサンプルをプールしたため，時間の影響と目的の変数に影響を与える可能性のある変数のコントロールができていない．表補-7 と表補-8 は，結果変数に影響するかもしれない丙午年生まれのステータス以外の変数を

表補-7　家計内資源配分（支出及び貯蓄）に関する OLS 推計結果

被説明変数	妻の支出及び貯蓄 （単位：千円）	夫の支出及び貯蓄 （単位：千円）	夫婦の総支出及び総貯蓄に対する妻の支出及び貯蓄の割合
丙午ダミー	0.47	0.4	0.02
（丙午年生まれなら 1，それ以外は 0）	(2.07)	(3.12)	(0.02)
妻の年齢の対数値	−126.67	−616.83	2.69
	(502.8)	(678.87)	(4.93)
妻の年齢の対数値の二乗	19.29	96.89	−0.4
	(74.56)	(100.44)	(0.72)
夫の年齢の対数値	−102.13	−145.97	−1.49
	(204.61)	(292.07)	(2.05)
夫の年齢の対数値の二乗	14.88	23.18	0.2
	(29.19)	(41.60)	(0.29)
妻の教育年数	1.88**	−0.03	0.01
	(0.58)	(0.75)	(0.01)
夫の教育年数	0.95**	0.73	0.01
	(0.44)	(0.52)	(0.004)
1994 年ダミー	3.25**	−0.44	0.05
	(1.33)	(2.36)	(0.02)
1995 年ダミー	5.30**	3.82	0.04
	(1.78)	(2.84)	(0.03)
1996 年ダミー	5.86**	3.36	0.06
	(2.24)	(3.30)	(0.03)
1997 年ダミー	2.82	−2.39	0.04
	(2.51)	(3.44)	(0.03)
1998 年ダミー	8.56**	0.29	0.04
	(3.63)	(4.09)	(0.04)
1999 年ダミー	2.82	−1.08	0.04
	(3.42)	(4.58)	(0.04)
2000 年ダミー	2.86	−3.29	0.03
	(4.06)	(5.45)	(0.03)
定数項	364.13	1237.42	−1.74
	(767.9)	(1120.3)	(7.71)
サンプルサイズ	3,009	3,009	3,009
F 値	3.60	3.40	2.66

注：(　) 内はロバスト標準誤差を示す.
　　*10% 水準で有意，**5% 水準で有意.
　　年ダミーのベースカテゴリーは 1993 年である.

4. 丙午年生まれの女性は，その周辺の年に生まれた女性と大きく異なるのだろうか？　211

表補-8　家計内資源配分（時間）に関する OLS 推計結果

被説明変数	家事と育児に費やした時間（1日当たり）			
	妻 平日	夫 平日	妻 週末	夫 週末
丙午ダミー	0.12	0.01	−0.02	0.28
（丙午年生まれなら 1，それ以外は 0）	(0.43)	(0.09)	(0.33)	(0.28)
妻の年齢の対数値	−300.50**	42.37	316.07**	253.02**
	(94.19)	(29.59)	(85.37)	(73.44)
妻の年齢の対数値の二乗	−45.52**	−6.52	−46.64**	−37.74**
	(13.91)	(4.34)	(12.6)	(10.81)
夫の年齢の対数値	11.7	−17.32	−31.56	11.68
	(35.98)	(24.08)	(32.84)	(44.60)
夫の年齢の対数値の二乗	−1.58	2.55	4.4	−1.59
	(5.10)	(3.46)	(4.67)	(6.39)
妻の教育年数	−0.14	0.02	−0.05	0.05
	(0.11)	(0.02)	(0.09)	(0.08)
夫の教育年数	0.09	−0.15**	−0.04	−0.06
	(0.08)	(0.02)	(0.06)	(0.05)
1994 年ダミー	−1.99**	−0.26**	−2.59**	−1.18**
	(0.26)	(0.07)	(0.26)	(0.19)
1995 年ダミー	−0.63*	−0.01	−1.09**	−0.25
	(0.35)	(0.08)	(0.32)	(0.23)
1996 年ダミー	−0.54	0.004	−1.08**	−0.35
	(0.43)	(0.09)	(0.38)	(0.27)
1997 年ダミー	−0.28	0.11	−0.67	0.16
	(0.50)	(0.10)	(0.44)	(0.34)
1998 年ダミー	−0.23	0.11	−1.28**	0.33
	(0.60)	(0.12)	(0.51)	(0.39)
1999 年ダミー	0.03	0.22	−1.00*	0.66
	(0.71)	(0.14)	(0.59)	(0.44)
2000 年ダミー	0.47	0.30*	−0.62	0.76
	(0.81)	(0.16)	(0.68)	(0.53)
定数項	−507.89**	−38.06	−468.56**	−441.93**
	(149.07)	(36.81)	(136.59)	(107.42)
サンプルサイズ	3,019	3,019	3,019	3,019
F 値	7.90	3.14	10.30	6.20

注：（　）内はロバスト標準誤差を示す．
　　*10% 水準で有意，**5% 水準で有意．
　　年ダミーのベースカテゴリーは 1993 年である．

コントロールした最小二乗法（OLS）回帰分析の結果を掲載している[11]．OLS回帰分析では，系列相関から生じるかもしれないバイアスを軽減するために，サンプルを世帯ごとにクラスター化した標準誤差を用いた．

表補-7と表補-8では，関心のある推定値は，丙午ダミー変数の係数である．表補-7と表補-8の丙午ダミー変数の係数はいずれも有意ではない．この結果は，上記の単純平均比較からの示唆を支持するものである[12]．よって，丙午の迷信による家計内資源の歪みは見られず，丙午の迷信は世帯内の交渉力に影響を及ぼしていない[13]．

5. 差の差分析を用いた丙午年生まれの男女間の比較

ここまでは丙午年の女性とその周辺コーホートの女性を比較したが，1966年の丙午年に生まれたことが不利であるという証拠は見つかっていない．そこで本節では，第2の識別戦略として，丙午年生まれの男性を丙午年生まれの女性の比較群として用いる．つまり，丙午年の女性と丙午年の男性に関して関心のある変数を比較するのである．丙午年の女性も丙午年の男性も1966年生まれであるが，迷信のスティグマは丙午年の女性にのみ適用される．したがって，丙午年の男性は比較グループの候補となりうる．しかし，女性と男性の結果の違いに生じる傾向を排除しなければならない．そこで差の差分析を用いる．

表補-9は，グループ別の各変数の記述統計量と差の差推定の結果を示している．前表の女性に関するいくつかの変数が表補-9に再掲されている．周辺

---

11) 丙午ダミー変数は時間を通じて変化しないので，標準的な固定効果推定は適用できない．まず結果変数の年次変化を計算し，それを丙午ダミー変数等で回帰することは可能ではある．しかし，概念的・理論的には，1966年生まれであることが，時間を通して世帯内配分にどのような影響を与えるのかは明確でないため，この定式化を正当化することは難しい．ランダム効果推定は適用可能であるため推計を行ったが，いずれの目的変数の場合でも丙午ダミー変数の係数は統計的に有意ではなかった．

12) 都市部とそれ以外のサンプルに分けて同様のOLS回帰分析も行ったが，全サンプルを用いた場合と同様の結果が得られた．

13) 結婚市場におけるマッチングが結婚後の家庭内の結果にどのような影響を与えるかを検討した研究は少ない．例えば，Behrman and Rosenzweig（2002）では，子どもの学業への影響を検証している．Choo and Siow（2006）は，米国の結婚市場におけるマッチングのみを研究している．

表補-9　記述統計及び差の差推計の値

変数名	男性			女性			差の差推計の値	t値
	丙午コーホート	周辺コーホート	t値	丙午コーホート	周辺コーホート	t値		
2000年時点の配偶者の年齢	32.19	32.75	−1.60	36.69	36.68	0.03	0.57	1.12
配偶者の教育年数	12.97	13.25	−1.37	13.74	13.58	0.61	0.44	1.29
サンプル数	69	343		88	437			
自分が拠出した結婚費用 （単位：万円）	340.30	351.03	−1.21	318.90	298.70	1.08	10.07	1.31
配偶者が拠出した結婚費用 （単位：万円）	325.20	315.07	−0.92	358.03	358.42	−0.01	10.34	0.71
サンプル数	48	221		68	330			
妻の支出及び貯蓄 （単位：千円）	21.41	20.74	0.37	20.78	20.65	0.10	−0.19	−0.09
夫の支出及び貯蓄 （単位：千円）	39.82	39.48	0.18	42.53	42.27	0.15	−0.50	−0.18
子どもに関する支出及び貯蓄 （単位：千円）	23.25	21.07	1.48*	23.58	25.02	−1.06	−3.61	−1.65*
サンプル数	322	1,802		522	2,583			

注：丙午コーホート：1966年生まれの女性.
　　周辺コーホート：1964, 65, 67, 68年生まれの女性.
　　tテストはそれぞれの変数について丙午コーホートと周辺コーホートを比較するためのものである.
　　最後の行のt値は差の差推計の値のものである.
　　*10% 水準で有意.
出所：「消費生活に関するパネル調査」から筆者が算出.

コーホートの定義はこれまでと同じである（1964年，1965年，1967年，1968年）．前述のように，独身男性のサンプルはない．ここでは，結婚市場と家計内資源配分に関連する変数，特に配偶者の年齢と学歴，結婚費用，支出に貯蓄を加えたものに限定する.

　第3，4節の単純平均比較における定性的な結論は，比較対象を周辺コーホートの女性から丙午年の夫に変えても，支出＋子どものための貯蓄を除いては変わらない．つまり，丙午年の女性の結果は丙午年の男性の結果と比べて統計的に有意な傾向は見られない．丙午年の女性は，丙午年の男性に比べ，配偶者が特段若かったり年上であるという証拠はないし，丙午年の女性の夫の教育水準が丙午年の男性の妻のそれよりも低いという証拠もない．丙午年の妻の結婚

表補-10　家計内資源配分（支出及び貯蓄）に関する差の差推計結果

被説明変数	妻の支出及び貯蓄 （単位：千円）	夫の支出及び貯蓄 （単位：千円）
丙午ダミー	−0.62	1.99
（丙午年生まれなら 1，それ以外は 0）	(2.58)	(2.61)
女性ダミー	−0.75	0.87
（女性なら 1，男性なら 0）	(1.10)	(1.16)
丙午ダミー＊女性ダミー	1.13	−1.74
（丙午年の女性なら 1，それ以外は 0）	(3.06)	(3.92)
妻の年齢の対数値	−460.63	−342.65
	(495.64)	(471.25)
妻の年齢の対数値の二乗	70.49	55.09
	(73.95)	(69.55)
夫の年齢の対数値	−9.74	−131.43
	(204.52)	(266.68)
夫の年齢の対数値の二乗	1.99	21.53
	(29.21)	(38.05)
妻の教育年数	2.08**	0.18
	(0.58)	(0.67)
夫の教育年数	0.71*	0.43
	(0.41)	(0.48)
1994 年ダミー	2.88**	0.75
	(1.29)	(2.14)
1995 年ダミー	4.03**	3.59
	(1.77)	(2.19)
1996 年ダミー	4.19**	3.34
	(1.88)	(2.52)
1997 年ダミー	0.90	−1.20
	(1.98)	(2.35)
1998 年ダミー	3.31	1.12
	(2.47)	(2.85)
1999 年ダミー	0.13	−1.06
	(2.35)	(3.08)
2000 年ダミー	−0.87	−1.32
	(3.38)	(3.52)
定数項	745.03	758.19
	(783.50)	(810.13)
サンプルサイズ	5,127	5,127
F 値	3.21	3.20

注：（　）内はロバスト標準誤差を示す.
　　*10% 水準で有意，**5% 水準で有意.
　　年ダミーのベースカテゴリーは 1993 年である.

費用は，丙午年の男性の妻のそれよりも有意に高いわけではない．

第4節と同様に，結果変数に影響を与える可能性のある他の変数をコントロールする．ここでは，妻と夫の支出と貯蓄に限定して以下の差の差分析の計量モデルを用いて分析を行う：

$$y_{it}=\alpha_1 Female_i+\alpha_2 FireHorse_i+\alpha_3 Female_i*FireHorse_i+x_{it}\beta+\varepsilon_{it}$$

ここで，y_{it} は結果変数，$Female_i$ はサンプル i が女性の場合に1をとるダミー変数，$FireHorse_i$ は i が丙午年生まれである場合に1をとるダミー変数，x_{it} は結果変数に影響を与える可能性のある他の独立変数のベクトルである．関心のあるパラメータである差の差推定量は α_3 である．表補-10 は，妻と夫それぞれの支出と貯蓄に関する推定結果である．妻と夫の支出と貯蓄の回帰の差の差推定量は，どちらも統計的に有意ではない．よって，丙午年生まれの男女間にも統計的有意差は見られなかった．

6. ディスカッション：予想通りか，不可解か，それとも何か考慮が欠けているのか？

多くの先行研究が，丙午という迷信が夫婦の出生行動に多大な影響を与えることを発見している．これは，特定の年に生まれた女性に不運をもたらすという迷信を，人々が強く信じていることを意味している．もし多くの人が迷信を信じているのであれば，この迷信が丙午年生まれ女性の生涯の結果変数に何らかの影響を与えるはずである．しかし，本補論で1966年の丙午年を分析した結果，迷信が丙午年の女性の人生におけるさまざまな結果変数に影響を与えたという証拠は見つからなかった．人的資本投資，結婚市場でのパフォーマンス，結婚後の世帯内資源配分において丙午年の女性が不利であるという証拠はない．

教育や結婚市場において負の結果が見られない理由として考えられる一つ目の説明としては，負のスティグマから生じる効果（すなわち迷信効果）を打ち消すコーホート効果である．しかし，この説明は十分ではないかもしれない．

第2に考えられる説明として，丙午年の女性の結婚市場や家計内資源配分に負の結果が見られない理由として考えられるのは，見合い結婚の割合が時代と

図補-2 初婚に占める恋愛結婚と見合い結婚の割合

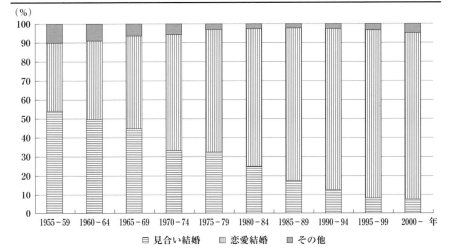

データソース：国立社会保障・人口問題研究所 https://www.ipss.go.jp/

ともに急速に低下していることである．図補-2 は，1955 年から 2000 年までの初婚全体に占める見合い結婚と恋愛結婚の割合の変化を示している．データは国立社会保障・人口問題研究所（http://www.ipss.go.jp/ps-doukou/j/doukou12/doukou12.htmL）である[14]．

図補-2 によると，1960 年から 1964 年の初婚の半数近くがお見合い結婚であった．1965 年から 1969 年にかけても，その割合は約 45％ であったが，その後激減し，2000 年には約 7％ に過ぎなくなった．これとは対照的に，恋愛結婚の割合は急速に増加した．1960 年から 1964 年までは 40％ 強に過ぎなかったが，1995 年から 1999 年には 90％ 近くまで増加した．なお，夫婦が丙午年の出産を決断した 1966 年当時は，まだ見合い結婚の割合が非常に高かった（約 45％）．よって，多くの夫婦が見合いで結婚しており，見合い結婚がどのようなものかをよく知っていたと推測できる．これらの事実は，1966 年に出産する可能性のあった両親の決断に影響を与えたかもしれない．当時は見合い

---

14) 残念ながら，出生年別のデータは入手できない．

6. ディスカッション：予想通りか，不可解か，それとも何か考慮が欠けているのか？　217

結婚の割合が高かったため，夫婦は娘が将来同じように結婚するのが難しいのではないかと心配していたことが示唆される[15]．1966 年生まれの丙午年の女性が結婚市場に出る頃には，見合い結婚の割合は激減していた．彼女たちが結婚市場に出始めたのは 1990 年頃と推測できる．その頃には，お見合い結婚の割合は 20% 以下に減少し，初婚の 80% 以上が恋愛結婚であった．このことは，丙午年の女性は結婚相手を紹介される以外の方法でパートナーを見つける可能性が高いことを示唆している．この場合，丙午年に生まれたことによる負の影響は，かなり弱いか，あるいは存在しないのかもしれない．これが上記の分析でわかったことかもしれない．データセットには結婚のタイプ（見合いか恋愛か）に関する情報が含まれていないため，この仮説を正式に検証することはできないが，それぞれのタイプの結婚の割合のダイナミックな推移が，1966 年の両親の出産に関する意思決定と，結婚市場における丙午年の女性のパフォーマンス，結婚後の家計内資源配分の間に異なった影響を与えたのではと考えられる．特に，一度結婚してしまえば，（コーホート規模が将来の離婚に対する交渉力として働かない限り）コーホート効果はあまり意味を持たないので，迷信効果は世帯内資源配分にとってより重要であると予想される．したがって，この 2 つ目の説明は，迷信効果が結婚後に有意でないことを部分的に示している．

　しかしながら，本補論で用いた「消費生活に関するパネル調査」のサンプリングに関しては注意が必要である．この調査は全国的に女性を抽出しているが，抽出された女性のうち何人が調査への参加を拒否したかが不明である．残念ながら，「消費生活に関するパネル調査」は回答拒否に関する詳細な情報を提供していない．調査への参加を拒否した丙午の女性が，調査への参加に同意した丙午年の女性とシステマティックに異なる場合，この調査にはサンプリングバイアスが生じる可能性がある．例えば，調査を拒否した女性が，調査に参加し

---

15)　統計学的に厳密な分析ではなく，観察的な研究ではあるが，いくつかの既存研究では，1906 年のコーホート（つまり，1966 年より一つ前の丙午年のコーホート）の丙午年の女性は，結婚市場で深刻な差別に直面し，1906 年のコーホートの女性の多くが社会的に追放され，ホームレスになったと報告している（Lebra 1978; Cortese 2004）．すでに言及したが，意外なことに，1966 年生まれの丙午年の女性の生涯の転帰を追跡した文献はほとんどない．

た女性よりもシステマティックに劣っていた場合，丙午年の女性とその周辺コーホートの女性との間で結果に有意な差が生じる可能性があり，本補論の分析はそのバイアスの影響を受けることになる．残念ながら，この問題には十分に対処できない．もう一つの懸念は，ホームレスの女性や，社会から追放された女性が調査の対象から外れている可能性があることである．もし1966年生まれの女性が，他の年生まれの女性よりもホームレスや社会から追放される可能性が高いのであれば，これらの女性は調査対象から外れる可能性が大きい．その結果，丙午年の女性に対する迷信の悪影響を過小評価している可能性がある．

7. 結論

　本補論は，1966年の丙午年に生まれたことが女性の人生に与える影響を，個人レベルのデータを用いて研究した初めての試みである．この方法を用いて，特定の性別とコーホートの人々に外生的に負の影響を与えうる迷信が，女性の人生にどのような影響を与えるかを検証した．その一方で，コーホートサイズが小さいことが彼女たちに利益をもたらす可能性もある．その結果，丙午年の女性のコーホートは，その小さなコーホートサイズから，教育を受ける上で若干の恩恵を受けているようにも見受けられるが，統計的検定では，丙午コーホートとその周辺コーホートとの間の教育レベルの平均値と分布が等しいという仮説を棄却することはできなかった．

　結婚市場でのパフォーマンスや結婚後の世帯内資源配分において，丙午年の女性が不利であるという証拠は見いだされなかった．この発見は一見意外であり，不可解でもある．なぜなら1966年当時，丙午の迷信は夫婦の出産行動に大きな影響を及ぼしていたからである．しかし，この迷信は丙午年の女性の生活には何の影響も与えていない．本補論では，このパズルの答えとして2つの可能性を提案した．それは，コーホート効果による相殺と，結婚のタイプ（見合いか恋愛か）の割合の劇的な変化である．後者は1966年の両親の決断に影響を与えただけでなく，丙午年の女性の結婚市場におけるパフォーマンスや結婚後の世帯内資源配分にも影響を与えたことがうかがえる．また社会・経済のダイナミックな変化に注目することの重要性を明確に示している．

第8章 歴史，文化，慣習と開発経済学

　本書では，標準的な経済理論や実証研究において，ややもすると組み込み難い要素である歴史，文化，慣習といった要因が，人々の社会経済活動にいかように影響を及ぼしているか・及ぼしうるかに関する実証分析をさまざまな東・東南アジアのいくつかの国のケーススタディーを用いて示した．多くのケースで，人間は歴史，文化，慣習といった要因から無関係ではいられないことが明らかとなった．これらより，政策志向的な開発経済学を探求する際には，対象とする国や地域の歴史や，根付く文化や慣習というものを軽視してはならないことが強く示唆される．

　また，歴史，文化，慣習らが（開発）経済学においても重要であるという認識は，実はひそかに政策に近いもしくは政策を担っているエコノミストの耳目を集めている可能性も重々考えられる．筆者の体験談になってしまうが，過去に勤務していた IMF での次のような経験を紹介したい．

　同僚のエコノミスト A 氏の下でインターンをしているアメリカの大学の博士課程に在籍中の学生がいた．その学生は，IMF から刊行されるワーキングペーパーを A 氏とともに執筆すべく，マクロ的な経済成長の要因に関してクロスカントリーデータを用いた実証分析を試みていた．標準的に推計に含められる物的資本水準や人的資本水準の変数，制度の変数，気候の変数らに加えて，本書で触れているような歴史的な起源の代理変数や，文化的な要素の代理変数を苦労して探していた．この学生に対して A 氏は，「歴史や文化などの経済成長への潜在的な影響は重々考えられるが，それらに対して政策的な側面から何かアクションを起こすことは不可能だよ．だから，それらはあくまで推計式の中ではコントロール変数の一部であり，仮に統計的に有意な結果を得たとしても，IMF のワーキングペーパーとしては政策的含意が小さいかもね」とコメ

ントしていた．マクロ経済政策を主に担っている IMF のエコノミストとしては，当然とも言えるまっとうなコメントであるようにうかがえるし，筆者も A 氏の意見に対して決して批判的ではない．

　その一方，IMF 勤務時はそれと真逆のような体験もあった．IMF では非定期に大学の研究者を招いて IMF エコノミスト向けのさまざまな内部研究セミナーが開催されていた．とある研究セミナーは，経済成長・発展の源泉に関して過去を遥かに遡って探求するような内容のものもあり，その中では歴史や，文化的な要素に関してもデータをたどって細かく丁寧に触れられていた．筆者も上司の許可を得てその研究セミナーに参加したが，驚いたことになんと満員御礼の入りであった．IMF エコノミストが政策議論とは程遠いような経済成長・発展の歴史的起源や文化的差異の話に熱心に聞き入っていたのである．

　この一見相反するような 2 つの経験を結び付けるものは何であろうか？　おそらく，「政策エコノミストは歴史，文化，慣習といったものが経済に影響を及ぼしうることは認識しているものの，それらに関しての一般的知識は必要最小限必要だが，深掘りすることは業務の範疇外であり，耳学問として吸収するにとどまらざるをえないのではないか」というのが筆者の解釈である．実際，日々変動する目の前の数字を追うことに時間をかけねばならず，業務に直接的にはつながらない歴史，文化，慣習といった要素を深く考えている余裕がないのも事実である．

　このような体験に基づいて考えた場合，研究としての歴史，文化，慣習から見た開発経済学の重要性は，単に純粋なアカデミックな興味本位なものにとどまらず，政策立案者や政策エコノミストに有益な知見を提供しうるという観点からも正当化できると考える．

　開発経済学という学問分野は，マクロ的な内容もミクロ的な内容も包含する極めて裾野の広い学問分野であり，それを研究するものはさまざまな応用経済分野の領域の知識を兼ね備える必要がある．加えて，データを用いた実証分析が主流となっている今日の開発経済学では，計量経済学の最先端の手法の知識も常にアップデートする必要がある．実際，開発経済学のトップジャーナルの論文で用いられている計量経済学的な識別戦略は極めて精緻なものが多い．

　これら一連の内容を習得するだけですら途方もない道のりであるのに，そこ

に歴史だ，文化だ，慣習だとさらに追加的な話を持ち出す本書は，開発経済学徒の方々にさらなる負荷を加えるように受け取られるかもしれない．加えて，仮に自身が扱っているトピックにおいて文脈的に歴史や文化，慣習が重要だという認識を研究者が持ったとしても，それらを実証分析に取り入れることができるようなデータが存在するか・入手できるかはまた全く別の問題・課題であり，ここにも大きな壁が立ちはだかる．

　しかしながら，第1章で述べたように，政策提言の際に，その政策と歴史や文化，慣習との相互作用に細心の注意が必要であることはここで再度強調したい．また，相互作用だけでなく，歴史，文化，慣習が経済活動の背景・土台となっているケースも世界を見渡せば尽きないことから，これらと経済行動の関係の研究は，政策立案者や政策エコノミストに有益な知見を提供する可能性を大いに秘めている．最先端の研究成果を生み出すべく研究に励みながら，個別の国や地域の文脈を深く追求していくことは極めて労力のいる困難なプロセスではあるが，政策志向的な学問である開発経済学にとっては宿命的な避けては通れないものであるのかもしれない．

　これから本書のような方向性の研究を考えている開発経済学徒の方は，自身が対象としている国や地域の情報に関して文献からネットニュースに至るまで全方位に情報のアンテナを張り巡らせ，可能であれば対象国・地域の人とあくまで中立的な立場から語り合い，得られた情報・仮説を扱えるようなデータがないか視野を広く持って探し，必要であればフィールド調査を実施し，どうしたらデータに落とし込めるかというプロセスをその都度繰り返していくことが肝要であると考える．これは，今後もこの方向性の研究も継続したいと考えている筆者自身への自戒であることは言うまでもない．

参考文献

Acemoglu, D., Johnson, S., and Robinson, J. A. (2002). "Reversal of fortune: Geography and institutions in the making of the modern world income distribution," *Quarterly Journal of Economics*, 117(4), pp. 1231-1294. https://doi.org/10.1162/003355302320935025

Acuña-Alfaro, J. (2009). "Media's coverage on corruption in the health sector in Viet Nam: The tip of the Iceberg? Unpublished manuscript," Cited in Vian, T., Brinkerhoff, D. W., Feeley, F. G., Salomon, M. and Nguyen, T. K. V. (2012). "Confronting corruption in the health sector in Vietnam: Patterns and prospects," *Public Administration and Development*, 32, pp. 49-63.

Adamczyk, A., and Hayes, B. E. (2012). "Religion and Sexual Behaviors: Understanding the Influence of Islamic Cultures and Religious Affiliation for Explaining Sex Outside of Marriage," *American Sociological Review*, 77(5), pp. 723-746. https://doi.org/https://doi.org/10.1177/0003122412458672

Ades, A., and Di Tella, R. (1999). "Rents, competition and corruption," *American Economic Review*, 89, pp. 982-993. doi: 10.1257/aer. 89.4.982

Adhikari, R., and Tamang, J. (2009). "Premarital Sexual Behavior among male college students of Kathmandu, Nepal," *BMC Public Health*, 9(1). https://doi.org/10.1186/1471-2458-9-241

Aidt, T. S. (2003). "Economic analysis of corruption: A survey," *The Economic Journal*, 113, pp. F632-652. doi: 10.1046/j.0013-0133.2003.00171.x

Akabayashi, H. (2006). "Does market force overcome superstition in the marriage market?" Manuscript.

Alesina, A., and Giuliano, P. (2015). "Culture and institutions," *Journal of Economic Literature*, 53(4), pp. 898-944. https://doi.org/10.1257/jel.53.4.898

Almond, D., Edlund, L., Li, H., and Zhang, J. (2007). "Long-term effects of the 1959-1961 China famine: Mainland China and Hong Kong," Unpublished paper.

Anderson, S. (2007). "Why the marriage squeeze cannot cause dowry inflation," *Journal of Economic Theory*, 137, 1pp. 40-152.

Angrist, J. D., and Evans, W. N. (1998). "Children and their parents' labor supply:

Evidence from exogenous variation in family size," *American Economic Review*, 88(3), pp. 450-477.

Angrist, J. D., and Pischke, J-S. (2009). *Mostly Harmless Econometrics: An Empiricist's Companion*, Princeton, NJ: Princeton University Press.

Arellano, M., and Bover, O. (1995). "Another look at the instrumental variable estimation of error-components models," *Journal of Econometrics*, 68(1), pp. 29-51. doi: 10.1016/0304-4076(94)01642-D

Ariyabuddhiphongs, V., and Li, J. (2015). "Buddhist Good Karma of Giving, Optimism, and Happiness Among Thai Female Sex Workers," *Social Indicators Research*, 127(2), pp. 903-917. https://doi.org/10.1007/s11205-015-0973-y

Arunachalam, R., and Shah, M. (2012). "The Prostitute's Allure: The Return to Beauty in Commercial Sex Work," *The B. E. Journal of Economic Analysis & Policy*, 12(1). https://doi.org/10.1515/1935-1682.3203

Asher, S., and Novosad, P. (2017). "Politics and local economic growth: Evidence from India," *American Economic Journal: Applied Economics*, 9(11), pp. 229-273. doi: 10.1257/app. 20150512

Ashraf, N., Bau, N., Nunn, N., and Voena, A. (2020). "Bride price and female education," *Journal of Political Economy*, 128(2), pp. 591-641.

Atkinson, R., and Flint, J. (2001). "Accessing hidden and hard-to-reach populations: Snowball research strategies," *Social Research Update*, 33(1), pp. 1-4.

Azfar, O., and Gurgur, T. (2008). "Does corruption affect health outcomes in the Philippines?" *Economics of Governance*, 9, pp. 197-244. doi: 10.1007/s10101-006-0031-y

Azumi, K. (1968). "The mysterious drop in Japan's birth rate," *Trans-Action*, May, pp. 46-48.

Balabanova, D., and McKee, M. (2002). "Understanding informal payments for health care: The example of Bulgaria," *Health Policy*, 62, pp. 243-273. doi: 10.1016/S0168-8510(02)00035-0

Bao, H. (2012). "Buddhism: Rethinking Sexual Misconduct," *Journal of Community Positive Practices*, 12(2), pp. 303-321.

Barcellos, S. H., Carvalho, L. S., and Lleras-Muney, A. (2014). "Child Gender and Parental Investments In India: Are Boys and Girls Treated Differently?" *American Economic Journal: Applied Economics*, 6(1), pp. 157-189. https://doi.org/10.1257/app.6.1.157

Becker, G. S., and Lewis, H. G. (1973). "On the Interaction between the Quantity and Quality of Children," *Journal of Political Economy*, 81(2), pp. S279–S288. https://doi.org/10.1086/260166

Becker, G. S., and Tomes, N. (1976). "Child endowments and the quantity and quality of children," *Journal of Political Economy*, 84(2, Part 2), pp. S143–S162.

Becker, S. O., Boeckh, K., Hainz, C., and Woessmann, L. (2016). "The empire is dead, Long live the empire! Long-run persistence of trust and corruption in the bureaucracy," *Economic Journal*, 126(590), pp. 40–74. https://doi.org/10.1111/ecoj.12220

Becker, S. O., and Woessmann, L. (2008). "Luther and the girls: Religious denomination and the female education gap in Nineteenth-century Prussia," *The Scandinavian Journal of Economics*, 110(4), pp. 777–805. https://doi.org/10.1111/j.1467-9442.2008.00561.x

Behrman, J. R., and Rosenzweig, M. R. (2002). "Does increasing women's schooling raise the schooling of the next generation?" *American Economic Review*, 92(1), pp. 323–334.

Belli, P., Gotsadze., G., and Shahriari, H. (2004). "Out-of-pocket and informal payments in health sector: Evidence from Georgia," *Health Policy*, 70, pp. 109–123. doi: 10.1016/j. healthpol. 2004.03.007

Bertoni, M., and Brunello, G. (2016). "Later-borns Don't Give Up: The Temporary Effects of Birth Order on European Earnings," *Demography*, 53(2), pp. 449–470. https://doi.org/10.1007/s13524-016-0454-1

Bertrand, M., Duflo, E., and Mullainathan, S. (2004). "How much should we trust differences-in-differences estimates?" *The Quarterly Journal of Economics*, 119, pp. 249–275. doi: 10.1162/003355304772839588

Besley, T., and Mclaren, J. (1993). "Taxes and bribery: The role of wage incentives," *The Economic Journal*, 103, pp. 119–141. doi: 10.2307/2234340

Bishwakarma, R., and Villa, K. M. (2019). "First come, first served? Birth order effects on child height in South Africa," *Journal of Demographic Economics*, 85 (1), pp. 71–94. https://doi.org/10.1017/dem.2018.23

Black, S. E., Devereux, P. J., and Salvanes, K. G. (2005). "The More the Merrier? The Effect of Family Size and Birth Order on Children's Education," *Quarterly Journal of Economics*, 120(2), pp. 669–700. https://doi.org/10.1162/0033553053970179

Black, S. E., Grönqvist, E., and Öckert, B. (2018). "Born to Lead? The Effect of Birth Order on Noncognitive Abilities," *The Review of Economics and Statistics*, 100 (2), pp. 274-286. https://doi.org/10.1162/rest_a_00690

Blundell, R. W., and Bond, S. (1998). "Initial conditions and moment restrictions in dynamic panel data models," *Journal of Econometrics*, 87(1), pp. 115-143. doi: 10.1016/S0304-4076(98)00009-8

Boelmann, B., Raute, A., and Schönberg, U. (2021). "Wind of change? Cultural determinants of maternal labor supply," CESifo Working Paper No. 9094. https://www.cesifo.org/en/publications/2021/working-paper/wind-change-cultural-determinants-maternal-labor-supply

Booth, A. L., Fan, E., Meng, X., and Zhang, D. (2019). "Gender differences in willingness to compete: the role of culture and institutions," *The Economic Journal*, 129(618), pp. 734-764. https://doi.org/10.1111/ecoj.12583

Booth, A. L., and Kee, H. J. (2008). "Birth order matters: the effect of family size and birth order on educational attainment," *Journal of Population Economics*, 22(2), pp. 367-397. https://doi.org/10.1007/s00148-007-0181-4

Brancati, D. (2014). "Democratic Authoritarianism: Origins and Effects," *Annual Review of Political Science*, 17(1), pp. 313-326. doi: 10.1146/annurev-polisci-052013-115248

Brennan, K. (2018). *Buddhism* (1st ed.), Britannica Educational Publishing.

Caicedo, F. V. (2021). "Historical econometrics: instrumental variables and regression discontinuity designs," in A. Bisin and G. B. T.-T. H. of H. E. Federico (eds.), *The Handbook of Historical Economics*, pp. 179-211, Academic Press.

Callaway, B., and Sant'Anna, P. H. (2021). "Difference-in-differences with multiple time periods," Journal of Econometrics, 225(2), pp. 200-230.

Campa, Pamela., and Serafinelli, M. (2019). "Politico-economic regimes and attitudes: Female workers under state socialism," *The Review of Economics and Statistics*, 10(2), pp. 1-16. https://doi.org/10.1162/rest_a_00772

Cantoni, D., and Yuchtman, N. (2021). "Historical natural experiments: Bridging economics and economic history," in A. Bisin and G. B. T.-T. H. of H. E. Federico (eds.), *The Handbook of Historical Economics*, pp. 213-241, Academic Press.

Carozzi, F., and Repetto, L. (2016). "Sending the pork home: Birth town bias in transfers to Italian municipalities," *Journal of Public Economics*, 134, pp. 42-52. doi: 10.1016/j. jpubeco. 2015.12.009

CECODES, VFF-CRT, and UNDP (2013). "The Vietnam governance and public administration performance index (PAPI) 2012: Measuring citizens' experiences" (A Joint Policy Research Paper by Centre for Community Support and Development Studies (CECODES), Centre for Research and Training of the Viet Nam Fatherland Front (VFF-CRT), and United Nations Development Programme (UNDP)), Hanoi: CECODES.

Chand, S. K., and Moene, K. O. (1999). "Controlling fiscal corruption," *World Development*, 27, pp. 1129–1140. doi: 10.1016/S0305-750X(99)00050-9

Chang, F. -R., and Trivedi, P. K. (2003). "Economics of self-medication: Theory and evidence," *Health Economics*, 12, pp. 721–739. doi: 10.1002/(ISSN)1099-1050

Chen, T., Kung, J. K., and Ma, C. (2020). "Long live Keju! The persistent effects of China's civil examination system," *Economic Journal*, 130(631), pp. 2030–2064. https://doi.org/10.1093/ej/ueaa043

Chen, Y., Li, H., and Meng, L. (2013). "Prenatal sex selection and missing girls in China: Evidence from the diffusion of diagnostic ultrasound," *Journal of Human Resources*, 48(1), pp. 36–70.

Choo, E., and Siow, A. (2006). "Who marries whom and why," *Journal of Political Economy*, 114(1), pp. 175–201.

Coffey, D., and Spears, D. (2021). "Neonatal Death in India: Birth Order in a Context of Maternal Undernutrition," *The Economic Journal*, 131(638), pp. 2478–2507. https://doi.org/10.1093/ej/ueab028

Communist Party of Vietnam (CPV) (2016). "Các Uỷ viên Trung ương Đảng" [List of Central Committee Members]. Retrieved from http://tulieuvankien. dangcongsan.vn/ban-chap-hanh-trung-uong-dang/ban-chap-hanh-trung-uong-dang/ [In Vietnamese]

Communist Party of Vietnam (CPV) (2017). "Điều lệ Đảng" [Regulations of the Party]. Retrieved from http://tulieuvankien.dangcongsan.vn/van-kien-tu-lieu-ve-dang/dieu-le-dang [In Vietnamese]

Cornell, L. L. (1996). "Infanticide in early modern Japan? Demography, culture, and population growth," *Journal of Asian Studies*, 55(1), pp. 22–50.

Cortese, J. (2004). "Onna no Hinoeuma: What it means to be a Fire Horse Woman." Retrieved from http://www.io.com/~cortese/hinoeuma/index.html

Das Gupta, M., Jiang, Z. H., Li, B. H., Xie, Z. M., Chung, W., and Hwa-Ok, B. (2003). "Why is son preference so persistent in East and South Asia? A cross-country study of China, India and the Republic of Korea," *Journal of Development Studies*, 40(2), pp. 153-187. https://doi.org/10.1080/00220380412331293807

de Chaisemartin, C., and D'Haultfœuille, X. (2020). "Two-way fixed effects estimators with heterogeneous treatment effects," *American Economic Review*, 110 (9), pp. 2964-2996. doi: 10.1257/aer. 20181169

Dell, M., Lane, N., and Querubin, P. (2018). "The historical state, local collective action, and economic development in Vietnam," *Econometrica*, 86(6), pp. 2083-2121. https://doi.org/10.3982/ECTA15122

Do, Q., Nguyen, K.-T., and Tran, A. N. (2017). "One mandarin benefits the whole clan: Hometown favoritism in an authoritarian regime," *American Economic Journal: Applied Economics*, 9(4), pp. 1-29. doi:10.1257/app. 20130472

Domar, E. D. (1946). "Capital expansion, rate of growth, and employment," *Econometrica*, 14(2), pp. 137-147.

Donaldson, D., and Hornbeck, R. (2016). "Railroads and American economic growth: A 'market access' approach," *The Quarterly Journal of Economics*, 131(2), pp. 799-858. doi: 10.1093/qje/qjw002

Dreher, A., Fuchs, A., Hodler, R., Parks, B. C., Raschky, P. A., and Tierney, M. J. (2019). "African leaders and the geography of China's foreign assistance," *Journal of Development Economics*, 140, pp. 44-71. doi: 10.1016/j. jdeveco. 2019.04.003

Ebenstein, A. Y. (2007). "Fertility choices and sex selection in Asia: Analysis and policy." Available at SSRN 965551.

Edlund, L. (1999). "Son preference, sex ratios, and marriage patterns," *Journal of political Economy*, 107(6), pp. 1275-1304.

Ejrnæs, M., and Pörtner, C. C. (2004). "Birth Order and the Intrahousehold Allocation of Time and Education," *Review of Economics and Statistics*, 86(4), pp. 1008-1019. https://doi.org/10.1162/0034653043125176

Ellard-Gray, A., Jeffrey, N. K., Choubak, M., and Crann, S. E. (2015). "Finding the Hidden Participant: Solutions for Recruiting Hidden, Hard-To-Reach, and Vulnerable Populations," *International Journal of Qualitative Methods*, 14(5), 160940691562142. https://doi.org/10.1177/1609406915621420

Emerson, P. M., and Souza, A. P. (2008). "Birth Order, Child Labor, and School Attendance in Brazil," *World Development*, 36(9), pp. 1647-1664. https://doi. org/10.1016/j.worlddev.2007.09.004

Erten, B., and Keskin, P. (2024). "Trade-Offs？The Impact of WTO Accession on Intimate Partner Violence in Cambodia," *The Review of Economics and Statistics*, 106(2), pp. 322–333. https://doi.org/10.1162/rest_a_01140

Esposito, L., Kumar, S. M., and Villaseñor, A. (2020). "The importance of being earliest: birth order and educational outcomes along the socioeconomic ladder in Mexico," *Journal of Population Economics*, 33(3), pp. 1069–1099. https://doi.org/10.1007/s00148-019-00764-3

Faccio, M. (2006). "Politically connected firms," *American Economic Review*, 96, pp. 369–386. doi:10.1257/000282806776157704

Falkingham, J. (2004). "Poverty out-of-pocket payments and access to health care: Evidence from Tajikistan," *Social Science & Medicine*, 58, pp. 247–258. doi: 10.1016/S0277-9536(03)00008-X

Ferguson, T., and Voth, H. J. (2008). "Betting on Hitler: The value of political connections in Nazi Germany," *The Quarterly Journal of Economics*, 123, pp. 101–137. doi: 10.1162/qjec. 2008.123.1.101

Fishback, P. (2017). "How successful was the new deal? The microeconomic impact of new deal spending and lending policies in the 1930s," *Journal of Economic Literature*, 55, pp. 1435–1485. doi: 10.1257/jel. 20161054

Fiva, J. H., and Halse, A. H. (2016). "Local favoritism in at-large proportional representation systems," *Journal of Public Economics*, 143, pp. 15–26. doi: 10.1016/j.jpubeco. 2016.08.002

Freedom House (2011). "Freedom in the World-Vietnam." Retrieved from http://www.freedomhouse.org/template.cfm?page=22&year=2011&country=8164

General Statistics Office of Vietnam (GSO) (2009). "Aggregated Results of the 2009 Population and Housing Census Survey."Retrieved from http://www.gso.gov.vn/Modules/Doc_Download.aspx?DocID=12724

General Statistics Office of Vietnam. (2013). *Statistical Handbook of Vietnam*, Hanoi: Statistical Publishing House.

General Statistics Office of Vietnam (GSO) (2015a). "Tổng hợp đơn vị hành chính" [The Division of Administrative Units]. Retrieved from http://www.gso.gov.vn/dmhc2015/TongHop.aspx [In Vietnamese]

General Statistics Office of Vietnam (GSO) (2015b). "Statistical data." Retrieved from http://www.gso.gov.vn/Default_en.aspx?tabid=766

General Statistics Office of Vietnam (GSO) (2021). "Investment at constant 2010 prices by kinds of economic activity."Retrieved from https://www.gso.gov.vn/en/px-web/?pxid=E0404&theme=Investment

Giuliano, P. (2017). "Gender: An historical perspective," NBER Working paper 23635. https://doi.org/10.3386/w23635

Global Integrity (2009). "Global Integrity's Vietnam Country Report." Retrieved from http://report.globalintegrity.org/Vietnam/2009

Goldin, C. (2019). "Human capital," in C. Diebolt, and M. Haupert (eds.), *Handbook of Cliometrics*, Springer, Cham, pp. 147-177. https://doi.org/10.1007/978-3-030-00181-0_23

Goodman-Bacon, A. (2021). "Difference-in-differences with variation in treatment timing," *Journal of Econometrics*, 225(2), pp. 254-277.

Government of Vietnam (2006). "Decree No. 43/2006/ND-CP," Hanoi: Government of Vietnam.

Gubbins, J. H. (1911). *The Progress of Japan, 1853-1871*, Clarendon Press.

Guerrico, S. F. (2021). "The effects of trade-induced worker displacement on health and mortality in Mexico," *Journal of Health Economics*, 80, 102538. https://doi.org/10.1016/j.jhealeco.2021.102538

Gupta, S., Davoodi, H., and Tiongoson, E. (2000). "Corruption and the provision of health care and education services" (IMF Working Paper WP/00/116/). Retrieved from http://www.imf.org/external/pubs/ft/wp/2000/wp00116.pdf

Guriev, S. (2004). "Red tape and corruption," *Journal of Development Economics*, 73 (2), pp. 489-504. doi: 10.1016/j. jdeveco. 2003.06.001

Ha, D. (2011). "Social health insurance as a means to achieving universal health coverage and more equitable health outcomes," Hanoi: UNICEF.

Haan, M. D., Plug, E., and Rosero, J. (2014). "Birth Order and Human Capital Development: Evidence from Ecuador," *Journal of Human Resources*, 49(2), pp. 359-392. https://doi.org/10.1353/jhr.2014.0008

Hanley, S. B. (1983). "A high standard of living in nineteenth-century Japan: Fact or fantasy?" *Journal of Economic History*, 43(1), pp. 183-192.

Hanley, S. B. (1985). "Family and fertility in four Tokugawa villages," in S. B. Hanley and A. P. Wolf (eds.), *Family and population in East Asian history*, Stanford University Press.

Hanley, S. B. (1991). "Tokugawa society: Material culture, standard of living, and lifestyles," in J. W. Hall (ed.), *The Cambridge history of Japan, Volume 4*, Cambridge University Press.

Harrod, R. F. (1939). "An essay in dynamic theory," *The Economic Journal*, 49 (193), pp. 14–33.

Havari, E., and Savegnago, M. (2022). "The Intergenerational Effects of Birth Order on Education," *Journal of Population Economics*, 35, pp. 349–377. https://doi.org/10.1007/s00148-020-00810-5

Heath, R., and Mobarak, A. M. (2015). "Manufacturing growth and the lives of Bangladeshi women," *Journal of Development Economics*, 115, pp. 1–15. https://doi.org/10.1016/j.jdeveco.2015.01.006

Hodler, R., and Raschky, P. A. (2014). "Regional favoritism," *The Quarterly Journal of Economics*, 129, pp. 995–1033. doi:10.1093/qje/qju004

Holmstrom, B., and Milgrom, P. (1991). "Multitask principal-agent analyses: Incentive contracts, asset ownership, and job design," *Journal of Law, Economics, and Organization*, 7, pp. 24–52. doi: 10.1093/jleo/7.special_issue.24

Horton, S. (1988). "Birth Order and Child Nutritional Status: Evidence from the Philippines," *Economic Development and Cultural Change*, 36(2), pp. 341–354.

Hotz, V. J., and Pantano, J. (2015). "Strategic Parenting, Birth Order, and School Performance," *Journal of Population Economics*, 28(4), pp. 911–936. https://doi.org/10.1007/s00148-015-0542-3

Houston, J. W. (2003). *The legend of Fire Horse Woman*, Kensington Books.

Hunt, J. (2010). "Bribery in health care in Uganda," *Journal of Health Economics*, 29 (5), pp. 699–707. doi: 10.1016/j. jhealeco. 2010.06.004

Imai, K., and Kim, I. (2021). "On the Use of Two-Way Fixed Effects Regression Models for Causal Inference with Panel Data," *Political Analysis*, 29(3), pp. 405–415. doi: 10.1017/pan.2020.33

Islam, A., and Smyth, R. (2012). "The Economic Returns to Good Looks and Risky Sex in the Bangladesh Commercial Sex Market," *The B. E. Journal of Economic Analysis & Policy*, 12(1). https://doi.org/10.1515/1935-1682.3059

Itoh, T., and Bando, R. (1987). "Fertility change of the year of Hinoe-uma," *Jinko Mondai Kenkyu*, 181, pp. 31–43.

Jain, A. K. (2001). "Corruption: A review," *Journal of Economic Surveys*, 15(1), pp. 71–121. doi: 10.1111/joes. 2001.15. issue-1

Jayachandran, S., and Pande, R. (2017). "Why Are Indian Children So Short? The Role of Birth Order and Son Preference," *American Economic Review*, 107(9), pp. 2600-2629. https://doi.org/10.1257/aer.20151282

Jinno, N. (1999). "The 'Japanese-model' fiscal system," in T. Okazaki and M. Okuno-Fujiwara (eds.), *The Japanese economic system and its historical origins*, Oxford University Press.

Jofre-Bonet, M., Serra-Sastre, V., and Vandoros, S. (2018). "The impact of the Great Recession on health-related risk factors, behavior and outcomes in England," *Social Science & Medicine*, 197, pp. 213-225. https://doi.org/10.1016/j.socscimed.2017.12.010

Jones, A. (2007). *Applied econometrics for health economists: A practical guide* (2nd ed.), Oxford: Radcliffe Publishing.

Jowett, M., Deolalikar, A., and Martinsson, P. (2004). "Health insurance and treatment seeking behaviour: Evidence from a low income country," *Health Economics*, 13(9), pp. 845-857. doi: 10.1002/(ISSN)1099-1050

Kain, V. J. (2013). "Babies Born Dying: Just Bad Karma? A Discussion Paper," *Journal of Religion and Health*, 53(6), pp. 1753-1758. https://doi.org/10.1007/s10943-013-9779-x

Kaku, K. (1972). "Are physicians sympathetic to superstition? A study of Hinoe-Uma," *Social Biology*, 19(1), pp. 60-64.

Kaku, K., and Matsumoto, Y. S. (1975). "Influence of a folk superstition on fertility of Japanese in California and Hawaii, 1966," *American Journal of Public Health*, 65(2), pp. 170-174.

Kennedy, P. E. (1981). "Estimation with correctly interpreted dummy variables in semilogarithmic equations," *American Economic Review*, 71(4), pp. 801.

Khwaja, A. I., and Mian, A. (2005). "Do lenders favor politically connected firms? Rent provision in an emerging financial market," *The Quarterly Journal of Economics*, 120, pp. 1371-411. doi: 10.1162/003355305775097524

Killingsworth, J., Hossain, N., Hedrick-Wong, Y., Thomas, S., Rahman, A., and Begum, T. (1999). "Unofficial fees in Bangladesh: Price, equity and institutional issues," *Health Policy and Planning*, 14, pp. 152-163. doi: 10.1093/heapol/14.2.152

Kim, T. (1997). "The effects of sex-selective abortion on fertility level in Korea," *Korea Journal of Population and Development*, 26(1), pp. 43-60.

Kiviet, J. F. (2020). "Testing the impossible: Identifying exclusions restrictions," *Journal of Econometrics*, 218(2), pp. 294-316. https://doi.org/10.1016/j.jeconom.2020.04.018

Klitgaard, R. (1988). *Controlling corruption*, Berkeley: University of California Press.

Kojima, F. (2005). "The economics of infanticide," Mimeograph, Harvard University.

Koyama, T. (1961). *The changing social position of women in Japan*, Geneva: UNESCO.

Krueger, A. O. (1974). "The political economy of the rent-seeking society," *American Economic Review*, 64, pp. 291-303.

Kung, J. K., and Zhou, T. (2017). "Political representation and hometown favouritism in famine-stricken China," Unpublished working paper. Retrieved from https://docs.wixstatic.com/ugd/02822d_4784b6c2ba7145469875ae457e5a9ad5.pdf

Lebra, T. S. (1978). "Japanese women and marital strain," *Ethos*, 6(1), pp. 22-41.

Lee, J. (2005). "Marriage, female labor supply, and Asian zodiacs," *Economics Letters*, 87(3), pp. 427-432.

Lee, J., and Paik, M. (2006). "Sex preferences and fertility in South Korea during the year of the Horse," *Demography*, 43(2), pp. 262-269.

Leff, N. H. (1964). "Economic development through bureaucratic corruption," in A. J. Heidenheimer (ed.), *Political corruption: Readings in comparative analysis*, New York, NY: Holt Renehart, pp. 8-14.

Lehmann, J. -Y. K., Nuevo-Chiquero, A., and Vidal-Fernandez, M. (2018). "The Early Origins of Birth Order Differences in Children's Outcomes and Parental Behavior," *Journal of Human Resources*, 53(1), pp. 123-156. https://doi.org/10.3368/jhr.53.1.0816-8177

Lewis, M. (2007). "Informal payments and the financing of health care in developing and transition countries," *Health Affairs*, 26, pp. 984-997. doi: 10.1377/hlthaff.26.4.984

Li, H., and Zhou, L. (2005). "Political turnover and economic performance: The incentive role of personnel control in China," *Journal of Public Economics*, 89, pp. 1743-1762. doi: 10.1016/j. jpubeco. 2004.06.009

Liaropoulos, L., Siskou, O., Kaitelidou, D., Theodorou, M., and Katostaras, T. (2008). "Informal payments in public hospitals in Greece," *Health Policy*, 87, pp. 72-81. doi: 10.1016/j. healthpol. 2007.12.005

Lieberman, S. S., and Wagstaff, A. (2009). *Health financing and delivery in Vietnam*, Washington, DC: The World Bank.

Lindkvist, I. (2013). "Informal payments and health worker effort: A quantitative study from Tanzania," *Health Economics*, 22(10), pp. 1250–1271. doi: 10.1002/hec. v22.10

Luca, G. D., Hodler, R., Raschky, P. A., and Valsecchi, M. (2018). "Ethnic favoritism: An axiom of politics," *Journal of Development Economics*, 132, pp. 115–129. doi: 10.1016/j. jdeveco. 2017.12.006

Lui, F. (1985). "An equilibrium queuing model of bribery," *Journal of Political Economy*, 93, pp. 760–781. doi: 10.1086/jpe. 1985.93. issue–4

Maddala, G. S. (1983). *Limited-dependent and qualitative variables in econometrics*, Cambridge: Cambridge University Press.

Majlesi, K. (2016). "Labor market opportunities and women's decision making power within households," *Journal of Development Economics*, 119, pp. 34–47. https://doi.org/10.1016/j.jdeveco.2015.10.002

Malesky, E., and Schuler, P. (2010). "Nodding or needling: Analyzing delegate responsiveness in an authoritarian parliament," *American Political Science Review*, 104, pp. 482–502. doi: 10.1017/S0003055410000250

Marsico, K. (2017). *Buddhism*, Cherry Lake Publishing.

Meng, X., and Kidd, M. (1997). "Labour market reform and the changing structure of wage determination in China's state sector during the 1980s," *Journal of Comparative Economics*, 25(3), pp. 403–421.

Mincer, J. (1958). "Investment in human capital and personal income distribution," *Journal of Political Economy*, 66(4), pp. 281–302.

Ministry of Health of Vietnam (2011). *Health statistic year book 2011*, Hanoi: MOH.

Ministry of Justice of Vietnam (MOJ) (2017). "The Constitution 1992: National Assembly."Retrieved from http://www.moj.gov.vn/vbpq/en/Lists/Vn%20bn%20php%20lut/View_Detail.aspx?ItemID=10450

Miyamoto, M., Sakudō, Y., and Yasuba, Y. (1998). "Economic development in preindustrial Japan, 1859–1894," in M. Smitka (ed.), *Japanese economic history 1600–1960, Vol. 1, Japanese prewar growth: Lessons for development theory?* Garland Publishing, Inc.

Mookherjee, D., and Png, I. P. L. (1995). "Corruptible law enforcers: How should they be compensated?" *The Economic Journal*, 105, pp. 145–159. doi: 10.2307/2235324

Mosk, C. (1983). *Patriarchy and fertility: Japan and Sweden, 1880–1960*, New York: Academic Press.

Mourelo, E. L., and Samaan, D. (2017). "Can labor provisions in trade agreements promote gender equality? Empirical evidence from Cambodia," *Review of Development Economics*, 22(1), pp. 404-433. https://doi.org/10.1111/rode.12347

Mu, R., and van de Walle, D. (2011). "Rural roads and local market development in Vietnam," *Journal of Development Studies*, 47, pp. 709-734. doi: 10.1080/00220381003599436

Muramatsu, M. (1967). "Policy measures and social changes for fertility decline in Japan," in World Population Conference, 1965, Vol. 2, New York: United Nations.

Muramatsu, M. (1974). "Abortion research: International experience," in H. P. David (ed.), *Abortion Research: International Experience*, Lexington Books, Lexington, MA.

National AIDS Programme (NAP) (2019). "Myanmar Integrated Biological and Behavioral Surveillance Survey and Population Size Estimates among Female Sex Workers" (pp. 64-65), Ministry of Health and Sports.

Ngo, D. T. (2006). *List of Vietnamese imperial elites 1075-1919* (*Các nhà khoa bảng Việt Nam* in Vietnamese). Edited by Ngo Duc Tho, Literature Publishing House: Hanoi.

Nguyen, H. M. (2005). *Several documented imperial education at village and commune level from recorded stele* (*Vài nét về tình hình giáo dục Nho học ở cấp làng xã qua tư liệu văn bia* in Vietnamese), Shino-Nom proceedings (*Tạp chí Hán Nôm* in Vietnamese). 4, 71. Link: http://www.hannom.org.vn/web/tchn/DATA1/0504.HTM (accessed July 8, 2021).

Nguyen, T. -H., and Leung, S. (2013). "Dynamics of health insurance enrollment in Vietnam, 2004-2006," *Journal of the Asia Pacific Economy*, 18, pp. 594-614. doi: 10.1080/13547860.2013.803842

Nguyen, V. C. (2021). "Last corrupt deed before retirement? Evidence from a lower middle-income country," *Journal of Development Economics*, 151, 102673. doi: 10.1016/j. jdeveco. 2021.102673

Nickell, S. (1981). "Biases in dynamic models with fixed effects," *Econometrica*, 49 (6), pp. 1417-1426. doi: 10.2307/1911408

Nolte, S. H., and Hastings, S. A. (1991). "The Meiji state's policy toward women, 1890-1910," in G. L. Bernstein (ed.), *Recreating Japanese women, 1600-1945*, University of California Press.

Nunn, N. (2014). "Gender and Missionary Influence in Colonial Africa," in: E. Akyeampong, R. Bates, N. Nunn, and J. A. Robinson (eds.), *Africa's Development in Historical Perspective*, New York: Cambridge University Press, pp. 489-512.

Nunn, N. (2020). "The historical roots of economic development," *Science*, 367, 6485. https://doi.org/10.1126/science.aaz9986

Ohkawa, K., and Rosovsky, H. (1998). "Postwar Japanese growth in historical perspective: A second look," in M. Smitka (ed.), *Japanese economic history 1600-1960, Vol. 1, Japanese prewar growth: Lessons for development theory?* Garland Publishing, Inc.

Olken, B. A. (2009). "Corruption perceptions vs. corruption reality," *Journal of Public Economics*, 93, pp. 950-964. doi: 10.1016/j. jpubeco. 2009.03.001

Park, C. B., and Cho, N. (1994). "Gender preference and sex imbalance in the population and their implications in Korea," *Journal of the Population Association of Korea*, 17(1), pp. 87-114.

Pavan, R. (2015). "On the Production of Skills and the Birth-Order Effect," *Journal of Human Resources*, 51(3), pp. 699-726. https://doi.org/10.3368/jhr.51.3.0913-5920r

Pew Research Center (2015). *Religious Composition by Country, 2010-2050*, Pew Research Center's Religion & Public Life Project. https://www.pewforum. org/2015/04/02/religious-projection-table/2010/percent/Asia-Pacific/

Prendergast, C. (1999). "The provision of incentives in firms," *Journal of Economic Literature*, 37, pp. 7-63. doi: 10.1257/jel. 37.1.7

Price, J. (2008). "Parent-Child Quality Time: Does Birth Order Matter?" *Journal of Human Resources*, 43(1), pp. 240-265. https://doi.org/10.1353/jhr.2008.0023

Puri, N., Shannon, K., Nguyen, P., and Goldenberg, S. M. (2017). "Burden and correlates of mental health diagnoses among sex workers in an urban setting," *BMC Women's Health*, 17(1). doi: 10.1186/s12905-017-0491-y

Qian, N. (2006). "Quantity-quality and the one child policy: The positive effect of family size on school enrollment in China," Unpublished paper.

Quinn, D., and Lewin, A. (2019). "Family Religiosity, Parental Monitoring, and Emerging Adults' Sexual Behavior," *Religions*, 10(2), 114. https://doi.org/10.3390/rel10020114

Ranjbar, F., Sadeghi-bazargani, H., Pishgahi, A., et al. (2018). "Mental health status among female sex workers in Tabriz, Iran," *Arch Women Ment Health*, 22(3), pp. 391-397. doi: 10.1007/s00737-018-0907-1

Ranis, G. (1957). "Factor proportions in Japanese economic development," *American Economic Review*, 47(5), pp. 594-607.

Robinson, J., and Yeh, E. (2011). "Transactional Sex as a Response to Risk in Western Kenya," *American Economic Journal: Applied Economics*, 3(1), pp. 35-64. https://doi.org/10.1257/app.3.1.35

Rosenlee, LH. L. (2006). *Confucianism and women - A philosophical interpretation* (SUNY series in Chinese philosophy and culture), Albany, New York: State University of New York Press.

Rosenzweig, M. R., and Schultz, T. P. (1982). "Market opportunities, genetic endowments, and intrafamily resource distribution: Child survival in rural India," *American Economic Review*, 72(4), pp. 803-813.

Rosenzweig, M. R., and Wolpin, K. I. (1980). "Testing the quantity-quality fertility model: The use of twins as a natural experiment," *Econometrica*, 48(1), pp. 227-240.

Saga, J. (1990). *Memories of silk and straw: A self-portrait of small-town Japan*, New York: Kodansha America, Inc.

Schultz, T. W. (1961). "Investment in Human capital," *American Economic Review*, 51(1), pp. 1-17. https://www.jstor.org/stable/1818907

Scott, B. R., Rosenblum, J. W., and Sproat, A. T. (1980). "Case studies in political economy: Japan 1854-1977," Course module, Division of Research, Harvard Business School.

Sen, A. (1992). "Missing women," *BMJ: British Medical Journal*, 304(6827), p. 587.

Sen, A. (2017). "More than 100 million women are missing," in *Gender and Justice*, Routledge, pp. 219-222.

Sepehri, A. I., Sarma, S., and Simpson, W. (2006). "Does non-profit health insurance reduce financial burden? Evidence from the Vietnam living standards survey panel," *Health Economics*, 15, pp. 603-616. doi: 10.1002/(ISSN)1099-1050

Shaghaghi, A., Bhopal, R. S., and Sheikh, A. (2011). "Approaches to Recruiting "Hard-To-Reach" Populations into Research: A Review of the Literature," *Health Promotion Perspectives*, 1(2), pp. 86-94. https://doi.org/10.5681/hpp.2011.009

Shimizutani, S., and Yamada, H. (2014). "Long-term consequences of birth in an 'unlucky'year: evidence from Japanese women born in 1966," *Applied Economics*

Letters, 21(16), pp. 1174-1178.

Skinner, G. W. (1993). "Conjugal power in Tokugawa Japanese families: A matter of life or death," in B. D. Miller (ed.), *Sex and gender hierarchies*, Cambridge University Press.

Smith, T. C. (1977). *Nakahara: Family farming and population in a Japanese village, 1717-1830*, Stanford, CA: Stanford University Press.

Sohn, K. (2016). "Men's revealed preferences regarding women's ages: evidence from prostitution," *Evolution and Human Behavior*, 37(4), pp. 272-280. https://doi.org/10.1016/j.evolhumbehav.2016.01.002

Song, S., and Chea, P. (2023). "Vocational Education and Training in Cambodia," in *International Handbook on Education in South East Asia*, Springer, pp. 1-24.

Spolaore, E., and Wacziarg, R. (2013). "How deep are the roots of economic development?" *Journal of Economic Literature*, 51(2), pp. 325-369. https://doi.org/10.1257/jel.51.2.325

Sun, L., and Abraham, S. (2021). "Estimating dynamic treatment effects in event studies with heterogeneous treatment effects," *Journal of Econometrics*, 225(2), pp. 175-199.

Szende, A., and Culyer, A. J. (2006). "The inequity of informal payments for health care: The case of Hungary," *Health Policy*, 75, pp. 262-271. doi: 10.1016/j.healthpol. 2005.04.001

Taeuber, I. B. (1956). "Fertility and research on fertility in Japan, *The Milbank Memorial Fund Quarterly*, 34(2), pp. 129-149.

Taeuber, I. B., and Notestein, F. W. (1947). "The changing fertility of the Japanese," *Population Studies*, 1(1), pp. 2-28.

Tatar, M., Özgen, H., Sahin, B., Belli, P., and Berman, P. (2007). "Informal payments in the health sector: A case study from Turkey," *Health Affairs*, 26, pp. 1029-1039. doi: 10.1377/hlthaff. 26.4.1029

Tenikue, M., and Verheyden, B. (2010). "Birth Order and Schooling: Theory and Evidence from Twelve Sub-Saharan Countries," *Journal of African Economies*, 19(4), pp. 459-495. https://doi.org/10.1093/jae/ejq013

Thein, S. T., Aung, T., and McFarland, W. (2015). "Estimation of the Number of Female Sex Workers in Yangon and Mandalay, Myanmar," *AIDS and Behavior*, 19(10), pp. 1941-1947. https://doi.org/10.1007/s10461-015-1169-9

Thornton, A., and Camburn, D. (1989). "Religious Participation and Adolescent Sexual Behavior and Attitudes," *Journal of Marriage and the Family*, 51(3), 641. https://doi.org/10.2307/352164

Towards Transparency (2011). *Vietnam 2010 global corruption barometer*, Hanoi: Transparency International.

Tran, T. K. (1920). A brief history of Vietnam (*Việt-Nam Sử-Lược* in Vietnamese). Edited by Tran Trong Kim. Literature Publish, 2008: Hanoi, Vietnam.

Tran, T. V., Do, D. H., Truong, T. Y., and Nguyen, T. P. C. (2017). The History of Vietnam: Part IV from 17th to 18th century (*Lịch sử Việt Nam, Tập 4 Từ thế kỷ XVII đến thế kỷ XVIII* in Vietnamese). Edited by Tran Thi Vinh. Social Sciences Publishing House, 2017: Hanoi, Vietnam.

Trommlerová, S. K. (2020). "When children have children: The effects of child marriages and teenage pregnancies on early childhood mortality in Bangladesh," *Economics and Human Biology*, 39, 100904. https://doi.org/10.1016/j. ehb.2020.100904

Truong, T. Y, Vu, D. M., Nguyen, D. N., Nguyen, H. T., and Pham, A. P. (2017). The History of Vietnam: Part V from 1802 to 1858 (*Lịch sử Việt Nam, Tập 5 Từ năm 1802 đến năm 1858* in Vietnamese). Edited by Truong Thi Yen. Social Sciences Publishing House, 2017: Hanoi, Vietnam.

Tsang, E. Y., and Lowe, J. (2019). "Sex Work and the Karmic Wheel: How Buddhism Influences Sex Work in China," *International Journal of Offender Therapy and Comparative Criminology*, 63(13), pp. 2356–2377. https://doi.org/10. 1177/0306624x19847437

Tsurumi, E. Patricia (1990). *Factory girls: women in the thread mills of Meiji Japan*, Princeton University Press, Princeton, NJ.

Uecker, J. E. (2008). "Religion, Pledging, and the Premarital Sexual Behavior of Married Young Adults," *Journal of Marriage and Family*, 70(3), pp. 728–744. https://doi.org/10.1111/j.1741-3737.2008.00517.x

Unemura, M., Takamatsu, N., and Itoh, S. (1983). *Regional economic statistics* (Volume 13 of Estimates of long-term economic statistics of Japan since 1868), Toyo Keizai Shinposha. Tokyo.

UNAIDS (2017). *KEY POPULATIONS ATLAS*, UNAIDS. https://kpatlas.unaids. org/dashboard

UNAIDS (2019). *AIDSinfo | UNAIDS*, Unaids. org. https://aidsinfo.unaids.org/

United Nations, Department of Economic and Social Affairs. Statistical Office

(1973). *Demographic yearbook, 1972*, New York.

US Department of State (2011). *2011 Investment climate statement - Vietnam*. Retrieved from http://www.state.gov/e/eb/rls/othr/ics/2011/157384.htm

Valencia Caicedo, F. (2019). "The mission: Human capital transmission, economic persistence, and culture in South America," *Quarterly Journal of Economics*, 134(1), pp. 507-556. https://doi.org/10.1093/qje/qjy024

Van Rijckeghem, C., and Weder, B. S. (2001). "Corruption and the rate of temptation: Do low wages in the civil service cause corruption?" *Journal of Development Economics*, 65, pp. 307-331. doi: 10.1016/S0304-3878(01)00139-0

Vian, T., Brinkerhoff, D. W., Feeley, F. G., Salomon, M., and Nguyen, T. K. V. (2012). "Confronting corruption in the health sector in Vietnam: Patterns and prospects," *Public Administration and Development*, 32, pp. 49-63. doi: 10.1002/pad.1607

Vietnam Social Security (2010). *Vietnam social security annual report*, Hanoi: VSS.

Visser, R. O. de, Smith, A. M. A., Richters, J., and Rissel, C. E. (2006). "Associations Between Religiosity and Sexuality in a Representative Sample of Australian Adults," *Archives of Sexual Behavior*, 36(1), pp. 33-46. https://doi.org/10.1007/s10508-006-9056-0

Voth, H.-J. (2021). "Persistence-myth and mystery," in A. Bisin and G. B. T.-T. H. of H. E. Federico (eds.), *The Handbook of Historical Economics*, pp. 243-267. https://doi.org/10.1016/B978-0-12-815874-6.00015-0

Vu, T. M. (2022). "Effects of heat on mathematics test performance in Vietnam," *Asian Economic Journal*, 36(1), pp. 72-94. https://doi.org/10.1111/asej.12259

Vu, T. M., and Yamada, H. (2018). "Decomposing Vietnamese gender equality in terms of wage distribution," *Pacific Economic Review*, 23(5), pp. 705-731. https://doi.org/10.1111/1468-0106.12269

Vu, T. M., and Yamada, H. (2022). "Do enterprise zones promote local business development? Evidence from Vietnam," *Journal of Regional Science*, 62(4), pp. 1206-1224.

Vu, T. M., and Yamada, H. (2023). "Returns in wage and employment from test scores: evidence from Vietnamese national university entrance exams 2009 and household data 2018-2020," *Applied Economics Letters*, 30(12), pp. 1652-1655. https://doi.org/10.1080/13504851.2022.2075538

Vu, T. M., Yamada, H., and Otsuki, T. (2017). "Rise and fall of multinational enterprises in Vietnam: Survival analysis using census data during 2000-2011," *Asian Economic Journal*, 31, pp. 83-109. doi:10.1111/asej.12114

Wagstaff, A. (2010). "Estimating health insurance impacts under unobserved heterogeneity: The case of Vietnam's health care fund for the poor," *Health Economics*, 19, pp. 189-208. doi: 10.1002/hec.v19: 2

Wagstaff, A., and Pradhan, M. (2005). "Health insurance impacts on health and non-medical consumption in a developing country," World Bank Policy Research Working Paper 3563, Washington, DC: World Bank.

Walque, D. de (2005). "Selective Mortality During the Khmer Rouge Period in Cambodia," *Population and Development Review*, 31(2), pp. 351-368. https://doi.org/10.1111/j.1728-4457.2005.00069.x

Walque, D. de (2006). "The socio-demographic legacy of the Khmer Rouge period in Cambodia," *Population Studies*, 60(2), pp. 223-231. https://doi.org/10.1080/00324720600684767

Wang, J. (2013). "The economic impact of special economic zones: Evidence from Chinese municipalities," *Journal of Development Economics*, 101(1), pp. 133-147. doi: 10.1016/j. jdeveco. 2012.10.009

Wantchekon, L., Klasnja, M., and Novta, N. (2015). "Education and human capital externalities: Evidence from Colonial Benin," *Quarterly Journal of Economics*, 130(2), pp. 703-757. https://doi.org/10.1093/qje/qjv004

Watts, J. (2004). "China offers parents cash incentives to produce more girls," *The Guardian*. Retrieved from http://www.theguardian.com/world/2004/jul/16/china.gender

Weng, Q., Gao, X., He, H., and Li, S. (2019). "Family size, birth order and educational attainment: Evidence from China," *China Economic Review*, 57, 101346. https://doi.org/10.1016/j.chieco.2019.101346

WHO (2013). *Research for universal health coverage: World health report 2013*, Geneva: Author.

WHO (2014). *Global health observatory data repository*. Retrieved from http://apps.who.int/gho/data/node.imr

Wong, K., and Yung, L. (2005). "Do dragons have better fate?" *Economic Inquiry*, 43(3), pp. 689-697.

World Bank (2010). *Vietnam development report (VDR) 2010*, Hanoi: Author.

World Bank (2020). "Fertility rate, total (births per woman) | Data," Worldbank.

org. https://data.worldbank.org/indicator/SP.DYN.TFRT.IN

Zehnder, M., Mutschler, J., Rössler, W., Rufer, M., and Rüsch, N. (2019). "Stigma as a Barrier to Mental Health Service Use Among Female Sex Workers in Switzerland," *Front. Psychiatry*, 10. doi: 10.3389/fpsyt. 2019.00032

毎日新聞社（Mainichi News Service）（1958）．"Fourth public opinion survey on birth control in Japan,"Tokyo: Mainichi Newspaper Co.

毎日新聞社（1970）．『日本の人口革命』毎日新聞社．

索　引

アルファベット
Missing women　154

ア　行
育児放棄　151
医療従事者　99
医療満足度　99
因果関係　7
嬰児殺し　155
エリート　11
汚職　101
音声コンピューター支援自己インタビュー
　72

カ　行
回帰不連続デザイン　5
外的妥当性　7
回避戦略　154
科挙　11
家計生活水準調査　18
家計内資源配分　197
家族固定効果　126
カルマ　53
頑健性テスト　143
規範　13
逆の因果関係　7
教育支出　18
教育達成度　126
教育投資　14
教育年数　17
教育費　24
共産主義　13
行政パフォーマンス指数　100
極東仏語学校　15
禁欲　155
クメール・ルージュ　127

経済活動参加率　34
経済センサス　35
健康状態　100
合計特殊出生率　149
孔子　47
交渉力　197
皇帝試験　11
公的医療保険　99
効用関数　5
五行　153
国勢調査　17
子どものコーホート固定効果　126
子どもの量と質のトレードオフ　128
コーホート効果　194
婚姻率　205

サ　行
再帰的二変量プロビットモデル　113
最高学歴　130
最高職位者　35
最終学歴　133
差の差の推計法　80
サンプリング法　59
サンプルセレクションバイアス　124
ジェンダー規範　45
識字能力　130
識字率　133
識別戦略　4
識別問題　4
自己負担額　105
市場の失敗　3
自然実験　5
自然実験アプローチ　7
持続可能な開発目標　12
シノ・ベトナム研究所　15
釈迦　58

社会的望ましさのバイアス　72
十二支　153
儒教　13
儒教文化　11
出生順序　125
出生年の誤表示　155
出生率　131
出身地贔屓　73
出席率　17
商業的性行為　53
上座部仏教　58
省略変数　96
除外制限　113
人的資本　11
信頼性革命　7
スティグマ　196
性選択的嬰児殺し　151
性的売春婦　54
性比　13, 34
性別構成　127
性別嗜好　154
性別選択的　153, 154
性別盲目的　154
世界保健機関　103
世代間伝達　12
線形確率モデル　111
操作変数法　5, 14
相対的出生順序　131
粗死亡率　107

タ　行
大学入学共通テスト　19
大乗仏教　58
ダイナミック・パネルデータ分析　85
脱落率　17
男児選好　128
男女不平等　12
致命的ネグレクト　155
中央政府　33
中絶　155
地理情報システム　21
ディープパラメーター　5
転職可能性　55

ナ　行
内生性　7
ニッケル・バイアス　85
乳児死亡率　107
妊娠　155
認知能力　128
ネグレクト　153
涅槃　58

ハ　行
八正道　58
パネルデータ　80
避妊　155
丙午　153
仏教　53
プリンシパル・エージェント理論　99
プロビットモデル　113
平均就学率　133
平行トレンド　84
ベトナム企業調査　78
ベトナム共産党中央委員会　74
ベビーブーム　149
ポル・ポト政権　148

マ　行
未就学率　17
無作為化比較実験　4
迷信　8, 153
迷信効果　194

ヤ　行
夜間光　73
雪だるま式　59
ユニバーサル・ヘルス・カバレッジ　100
輸入代替工業化政策　3

ラ　行
輪廻転生　53

ワ　行
賄賂　99

著者略歴

1974 年生まれ
1997 年　慶應義塾大学経済学部卒業
1997 年－1999 年　青年海外協力隊（ザンビア，理数科教師）
2002 年　東京大学大学院経済学研究科修士課程修了
2008 年　シカゴ大学大学院経済学研究科博士課程修了（Ph. D.）
2008 年－2011 年　国際通貨基金（International Monetary Fund, IMF）エコノミスト
2011 年－2015 年　大阪大学国際公共政策研究科専任講師・准教授
2015 年　慶應義塾大学経済学部准教授
2016 年－現在　慶應義塾大学経済学部教授
専門分野：経済発展，開発経済学，応用計量経済学

開発経済学の挑戦 Ⅷ

歴史，文化，慣習から考える開発経済学

2025 年 1 月 10 日　第 1 版第 1 刷発行

著　者　山　田　浩　之
　　　　　　　　　やま　だ　　ひろ　ゆき

発行者　井　村　寿　人

発行所　株式会社　勁　草　書　房
　　　　　　　　　　　　　けい　　　そう

112-0005　東京都文京区水道 2-1-1　振替　00150-2-175253
　　　　　（編集）電話 03-3815-5277／FAX 03-3814-6968
　　　　　（営業）電話 03-3814-6861／FAX 03-3814-6854
　　　　　　　　　　　　　　　大日本法令印刷・牧製本

©YAMADA Hiroyuki 2025

ISBN978-4-326-54607-7　　Printed in Japan

JCOPY 〈出版者著作権管理機構　委託出版物〉
本書の無断複製は著作権法上での例外を除き禁じられています。
複製される場合は，そのつど事前に，出版者著作権管理機構
（電話 03-5244-5088，FAX 03-5244-5089、e-mail: info@jcopy.or.jp）
の許諾を得てください。

＊落丁本・乱丁本はお取替いたします。
　ご感想・お問い合わせは小社ホームページから
　お願いいたします。

https://www.keisoshobo.co.jp

開発経済学の挑戦

三重野文晴
金融システム改革と東南アジア【オンデマンド版】
　　　　長期趨勢と企業金融の実証分析
A5 判　4,620 円
98583-8

国宗浩三
IMF 改革と通貨危機の理論【オンデマンド版】
　　　　アジア通貨危機の宿題
A5 判　4,840 円
98530-2

森　壮也・山形辰史
障 害 と 開 発 の 実 証 分 析【オンデマンド版】
　　　　社会モデルの観点から
A5 判　4,180 円
98582-1

高橋基樹
開　　　発　　　と　　　国　　　家
　　　　アフリカ政治経済論序説
A5 判　4,620 円
54602-2

黒崎　卓
貧 困 と 脆 弱 性 の 経 済 分 析
A5 判　3,740 円
54601-5

戸堂康之
技 術 伝 播 と 経 済 成 長
　　　　グローバル化時代の途上国経済分析
A5 判　3,630 円
54600-8

――――――――――――――――――――――――――― 勁草書房刊

＊表示価格は 2025 年 1 月現在，消費税（10％）が含まれています。